全国扶贫培训专题教材(2012)

连片特困地区扶贫规划编制理论与方法

本书编写组 编著

中国财政经济出版社

图书在版编目（CIP）数据

连片特困地区扶贫规划编制理论与方法/《连片特困地区扶贫规划编制理论与方法》编委会编著. —北京：中国财政经济出版社，2011.12

全国扶贫培训专题教材

ISBN 978-7-5095-3179-2

Ⅰ.①连…　Ⅱ.①连…　Ⅲ.①不发达地区-经济规划-研究-中国　Ⅳ.①F127

中国版本图书馆CIP数据核字(2011)第205176号

责任编辑：刘景梅　　责任校对：王　英

封面设计：汪俊宇　　版式设计：汤广才

中国财政经济出版社出版

URL：http：//www.cfeph.cn

E-mail：cfeph@cfeph.cn

社址：北京市海淀区阜成路甲28号　邮政编码：100142

营销中心电话：88190406　北京财经书店电话：64033436　84041336

三河市国英印务有限公司印刷　各地新华书店经销

787×1092毫米　16开　17.25印张　255 000字

2011年12月第1版　2011年12月北京第1次印刷

定价：38.00元

ISBN 978-7-5095-3179-2/F·2689

（图书出现印装问题，本社负责调换）

质量投诉电话：88190744

本书由全国贫困地区干部培训中心、北京师范大学中国扶贫研究中心组织编写。系北京师范大学985三期重点项目——连片特困地区扶贫战略研究成果。

本书编委会

主　任： 范小建

副主任： 王国良　郑文凯

编　委：（按姓氏笔划排序）

王国良　司树杰　冯　强　李春光

范小建　郑文凯　洪天云　海　波

夏更生　黄承伟　蒋晓华

编著者： 黄承伟　张　琦

序

消除贫困，实现共同富裕，是社会主义制度的本质要求。改革开放以来，我国大力推进扶贫开发，特别是随着《国家八七扶贫攻坚计划(1994~2000年)》和《中国农村扶贫开发纲要（2001~2010年)》的实施，扶贫事业取得了巨大成就，农村贫困人口大幅减少，收入水平稳步提高，贫困地区基础设施明显改善，社会事业不断进步，最低生活保障制度全面建立，农村居民生存和温饱问题基本解决，探索出一条中国特色扶贫开发道路，为促进我国经济发展、政治稳定、民族团结、边疆巩固、社会和谐发挥了重要作用，为推动全球减贫事业发展做出了重大贡献。2011年，以中共中央、国务院颁布实施《中国农村扶贫开发纲要（2011~2020年)》（以下简称：新扶贫纲要）为标志，扶贫开发进入了新的阶段。

近年来，中国的贫困人口主要集中在一些集中连片特殊困难地区(简称“连片特困地区”)。这些地区由于自然、民族、历史、政治等多种复杂因素的共同作用，一般经济增长已难以带动其发展、常规的扶贫手段也难以奏效。因此，把连片特困地区作为扶贫开发的主战场，创新扶贫开发机制，推进片区扶贫开发，帮助连片特困地区在2020年和全国其他地区一起进入全面小康社会，已成为未来十年扶贫开发战略及路径的必然选择。

新扶贫纲要已经把全国11个集中连片特殊困难地区（包括六盘山区、秦巴山区、武陵山区、乌蒙山区、滇桂黔石漠化区、滇西边境山区、大兴安岭南麓山区、燕山—太行山区、吕梁山区、大别山区、罗霄山区）和中央明确实行特殊政策的西藏、四省藏区、新疆南疆三地州确定为扶贫攻坚主战场。并要求：加大投入和支持力度，加强对跨省片区规划的指导和协调，集中力量，分批实施。各省（自治区、直辖市）对所属连片特困地区负总责，在国家指导下，以县为基础制定和实施扶贫攻坚工程规划。新扶贫纲要对连片特困地区的扶贫攻坚责任关系、主要任务、实现路径进行了规定。其中，编制好连片特困地区扶贫规划，是新阶段扶贫开发工作的基础，也是落实各方职责的依据，更是体现新扶贫纲要核心精神的载体。

编好连片特困地区扶贫规划，从宏观层面来看，将有助于中央及地方政府对连片特困地区的发展、建设进行宏观调控，有助于确保中央与地方政府扶贫开发政策的形成、落实与贯彻实施；从微观层面来看，将有助于细致勾勒集中连片特殊困难地区的未来发展蓝图，有助于逐步完善我国扶贫规划体系，逐级落实扶贫规划中的目标任务。

如何编制好连片特困地区扶贫规划，对于扶贫系统和其他方面参与连片特困地区扶贫规划编制的人员，是一项新的命题和新的任务。要保证规划编制的质量，规划编制人员不仅要对本片区贫困现状、特征、制约因素及扶贫开发需求有深入的了解，而且要掌握基本的规划编写理论、编写方法和编写素材，还要对连片特困地区扶贫规划的编制意义、作用、程序和内容等有详尽的了解。为此，全国贫困地区干部培训中心及时组织编写《连片特困地区扶贫规划编制理论与方法》一书，旨在通过理论与方法的讨论，全面、详细、深入地阐述连片特困地区扶贫规划编制的基本理论、基本方法、基本步骤与基本内容，帮助规划编写人员较短时间迅速掌握连片特困地区扶贫规划的理论、技术与方法。

全书一共分为7章19节，分别从概述、区域规划理论、扶贫开发规划理论、片区扶贫规划理论、片区扶贫规划编制方法、片区扶贫规划编制阶段与程序、片区规划编制问题讨论等七个方面，并结合国家各相关部门新近出台的“十二五”时期各类与扶贫开发有关的方针、规划、政策措施等，全面阐述了片区扶贫规划编制及规划编制所需要的各类基本理论、方法支撑。

本书较其他教材而言，有如下特点：一是主题选择时效性强。本书编著与出版时机选择在国家新扶贫纲要颁发之后，具有很强的时效性。全书围绕连片特困地区扶贫规划编制这一主题内容，特色鲜明，针对性强。二是理论分析综合性强。本书集合了近几年来我国连片特困地区扶贫开发研究的最新成果，对相关理论的综述全面、深入，有助于读者在短时间内迅速掌握国内外最新的扶贫开发规划编制的相关理论。三是内容安排全面性强。本书充分考虑了一线扶贫开发规划编制人员提高理论水平和业务能力的具体需求，囊括了工作所需的规划理论、扶贫开发理论和片区扶贫规划编制理论等，兼具理论学习和实践指导的双重作用。四是学习工作参考性强。本书集理论与实践于一体，既有深度的理论分析与探讨，又有具体能够辅助工作的规划编制的方法、程序和步骤建议，是一本颇具使用价值的研究型工具类图书。

国务院扶贫开发领导小组副组长、办公室主任 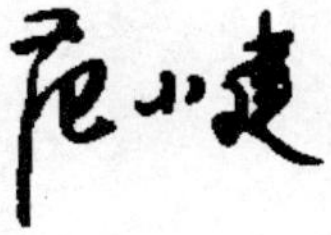

2011 年 10 月 8 日

目　录

第一章　片区扶贫规划编制概述

本世纪的第一个十年，中国农村扶贫开发继续取得显著成效，贫困人口明显下降，贫困地区基础设施明显改善，公共服务水平明显提高，《中国农村扶贫开发纲要（2001~2010年）》的目标任务如期完成，扶贫开发进入了新的阶段。近年来，中国的绝对贫困人口在分布上表现大分散、小集中的态势。贫困人口主要集中在一些集中连片特殊困难地区。这些地区由于自然、民族、历史、政治等多种复杂因素的共同作用，一般经济增长已无法带动其发展，常规的扶贫手段也难以奏效。因此，把集中连片特殊困难地区作为扶贫开发的主战场，创新扶贫开发机制，推进片区扶贫开发，实现基本消除绝对贫困现象的目标，帮助连片特困地区在2020年和全国其他地区一起进入全面小康社会，已成为未来十年扶贫开发战略及路径的必然选择。

《中国农村扶贫开发纲要（2011~2020年）》已经把全国14个集中连片特殊困难地区（包括六盘山区、秦巴山区、武陵山区、乌蒙山区、滇贵黔石漠化区、滇西边境山区、大兴安岭南麓山区、燕山—太行山区、吕梁山区、大别山区、罗霄山区和西藏、四省藏区、新疆南疆三地州）确定为未来十年扶贫开发的主战场。并明确：加大投入和支持力度，加强对跨省片区规划的指导和协调，集中力量，分批实施。各省（自治区、直辖市）对所属连片特困地区负总责，在国家指导下，以县为基础制定和实施扶贫攻坚工程规划。

因此，以连片特困地区推进扶贫开发，是中国扶贫开发体制机制及方式的系统创新。有力、有序、有效推进片区扶贫开发，必须加强相关研究。一是需要从理论上提高和深化对片区扶贫必然性和规律性的认识，从而增强相关方面开展工作的自觉性和主动性，这是确保片区扶贫目标实现的前提；二是需要从实践上系统总结三十多年来全国、片区内扶贫开发的成功实践和失败教训，准确了解和把握贫困地区、贫困人群的真实愿望和迫切需求，这是片区扶贫针对性和效果提高的必然要求，更是确保片区扶贫目标实现的基础；三是需要从战略上明确片区扶贫的总体思路、目标定位、重点内容、主要途径、保障措施等要素，同时理清片区扶贫与区域发展、专项扶贫与行业扶贫、开发扶贫与保障扶贫等关系，这是确保片区扶贫目标实现的关键；四是需要从规划上明确片区扶贫规划编制的指导思想、基本原则、建设内容、项目布局、实施管理等要求，及其与区域发展规划和专项扶贫规划的关系，这是确保片区扶贫目标实现的保障；五是需要从扶贫规划的实施需要上研究政策体系的创新需求、内容体系及创新路径，这是片区扶贫目标实现的根本。

可见，研究与讨论区扶贫理论、片区扶贫实践、片区扶贫战略、片区扶贫规划、片区扶贫政策创新这五个方面的内容，对构建实施大扶贫格局，推进集中连片特殊困难地区的扶贫工作将起到重要的作用。

第一节　片区扶贫规划编制的指导思想

规划编制的指导思想是规划编制工作的总纲，也是各方面参与片区扶贫规划编制人员所要共同具备的思想共识。确立好这一指导思想，对于统一认识、提高水平、指导规划和促进工作具有重要意义。

一、指导思想

新阶段，连片特困地区扶贫规划编制的指导思想是：高举中国特色社会主义伟大旗帜，以邓小平理论和“三个代表”重要思想为指导，深入贯彻落实科学发展观，把连片特困地区作为主战场，把稳定解决扶贫对象温饱、尽快实现脱贫致富作为首要任务，在坚持政府主导和统筹发展的前提下，更加注重转变经济发展方式，更加注重增强扶贫对象自我发展能力，更加注重基本公共服务均等化，更加注重解决制约发展的突出问题，努力推动贫困地区经济社会更好更快发展。

二、基本方针

在2011年颁布实施的《中国农村扶贫开发纲要（2011～2020年）》中提到的主要方针包含坚持开发式扶贫方针，实行扶贫开发和农村居民最低生活保障制度有效衔接。这就要求我们在编制片区扶贫规划过程中，要把扶贫开发作为脱贫致富的主要途径，鼓励和帮助有劳动能力的扶贫对象通过自身努力摆脱贫困；把社会保障作为解决温饱问题的基本手段，逐步完善社会保障体系。同时，从纲要中的工作方针可以看出，规划必须要体现两轮驱动的扶贫格局，没有这两轮驱动，未来的整个扶贫将是不完整的。所以在编制片区规划中，仍然延续原有思路，只考虑基础设施建设，不兼顾产业发展带动扶贫中的做法难以满足形势发展的需要。连片特困地区扶贫攻坚规划的编制，还需要充分体现新阶段扶贫开发的基本原则要求：政府主导，分级负责；突出重点，分类指导；部门协作，合力推进；自力更生，艰苦奋斗；社会帮扶，共同致富；统筹兼顾，科学发展；改革创新，扩大开放。

三、编制原则

为了保证扶贫开发规划具有针对性和可行性，规划在制定时需要遵循一定的原则，从而避免规划流于形式。扶贫开发规划所应该遵循的原则是多方面的，根据不同的着眼点，偏重也有所不同。就片区的扶贫规划而言，除了在传统扶贫开发规划所应遵循的目标瞄准原则、广泛参与原则、综合设计原则和可持续发展原则等基本原则基础上，还需要赋予更多新的内涵。对于片区的规划原则，可以将其简单归结为减贫原则、适用性原则、统筹性原则、可操作性原则、科学性原则和与其他规划相协调原则等方面。

（一）扶贫原则

片区扶贫规划规划的对象是集中连片贫困地区。正如前面所提到的那样，集中连片困难地区生产生活条件十分恶劣，自然灾害多、基本公共服务滞后，自我发展能力弱、生态环境保护任务重，同时缺乏足够的生态补偿资金，由于这些客观条件的全方位落后，同时缺乏有效监管，使得在资金落实上往往容易产生挪用等现象，从而导致扶贫效率的下降。

因此，在制定片区扶贫规划的时候最重要的仍然是落实到关注片区的贫困问题，减贫才是扶贫规划的最终目的，在规划的具体内容当中应当将更多的资金和力量集中到片区贫困的减少上，加强片区基础设施建设和民生工程建设。改善片区贫困居民的住房、出行、饮水条件；改善片区义务教育的硬件设施和软件设施，修建更好的校舍，引进更好的教师；加大片区基础社会保障的资金投入，尽量让基本的社会保障惠及所有的贫困居民，解决最起码的生存问题，同时也要注重社会保障分配的公平性和合理性；根据片区的实际情况开发具有片区特色的产业，增强片区的造血功能，使减贫具有持续性；加大对片区防灾减灾的投入，增强片区抵御自然灾害的能力，降低返贫风险等等。简单地讲，就是确保扶贫资源能够被正确的运用到贫困人口的能力建设，并最终体现到收入增加上。

总而言之，减贫是编制片区扶贫规划最为根本的原则，在编制片区扶贫规划的时候应主要考虑围绕突出具有明显针对性的减贫效应，避免片区扶贫开发规划沦为一般性的区域经济发展规划。

（二）适用性原则

我国自改革开放以来社会经济都取得了巨大的发展，人们生活也日益富足，尤其是在完成“十一五”规划之后，国家实力得到了更大的提升。现阶段我国正处于“十二五”发展的背景下，社会经济形势也有很大的转变，在制定片区扶贫规划的时候应充分考虑片区的国民经济和社会发展的实际水平，与当地的发展水平相适应。

例如1994年划定592个国家扶贫工作重点县，从贫困县（旗、市）的空间分布来看，我国的贫困县绝大部分都是分布在山区或高原地区，特别是在一些呈群山连绵特点的地区，集中分布的状态更为明显；除去少数呈现离散分布的县之外，我国集中连片分布或基本呈现集中连片分布的贫困县共计373个，可以粗略分为乌蒙山区、横断山区、秦巴山区、六盘山及陇中南地区、武陵山区、吕梁山区、太行山区、大小兴安岭南麓、南疆地区、三江源地区、桂黔川滇毗邻地区、赣南地区、琼中地区共计13个片区，约170万平方公里，1.19亿人，其中1.04亿为乡村人口。在最新的集中连片特殊困难地区的片区划分中，这个特点仍然有所延续。

对于这些不同的集中连片贫困地区，各个片区有着不一样的特征，有些片区属于生态脆弱型，很难开展各项开发工作，只能采用搬迁式扶贫和退耕还林、退牧还草等手段；有些片区则属于生存条件亟待改善型，这些地区生态环境有一定的承受能力，可以进行适当的开发工作改善经济发展条件。所以片区间的扶贫开发规划在制定时不能简单地套用和复制，要有所针对。而即便是在同一个片区内，尽管有相似性，但各个地区仍然存在一定的差别。由于片区通常包含不止一个区县，在空间上跨度比较大，这样就使得每个集中连片贫困地区内部都存在着微观不均一性的特点。所以在编制片区扶贫规划的时候不仅要看到不同片区之间的差异，也要看到片区内部的特殊性，针对不一样的特性，"对症下药"，避免"一刀切"，切实做到适宜片区的脱贫和发展。

（三）统筹性原则

片区扶贫规划不同于一个省或一个县的规划，一个片区通常跨越了多个省、市、自治区，在制定规划的时候不仅要考虑到适用性的原则，充分尊重特殊性，同时也要注重统筹兼顾的原则，从而有效地协调各方发展。

在编制片区扶贫规划的时候应充分体现综合性和全方位的特点，协调发展扶贫开发的各个领域片区。新阶段的扶贫规划是在国家"十二五"规划大背景下的，在编制的时候应统筹片区与国家发展战略之间的关系，统筹片区扶贫开发与社会经济的协调发展。在关注片区之间以及片区内部差异性的同时，也要统筹各集中连片贫困地区之间的协调发展，统筹各集中连片贫困地区内部各地区之间的协调发展，统筹突出问题和新问题之间的协调发展。同时，规划不是一个短期的计划，是一个片区长期的发展战略，所以，需要统筹集中连片贫困地区短期减贫与长期开发之间的协调发展，实现阶段性目标和长远目标的统一。

在规划的时候可根据实际情况适当提倡资源共享，以最优化的投入换取最佳的扶贫开发效果。使得扶贫资源向需求大，见效快，收益大的地方流动，向贫困山区、灾害多发区、疾病多发区等地方倾斜，使扶贫资源能够得到最大程度的发挥和运用，减少重复投入和不必要的区域竞争。

（四）可操作性原则

近年来各级政府对扶贫规划都有一定程度上的重视，花费不少的精力和财力编制规划，包括引进国内外一流的规划编制单位和专家，出现了不少有影响的规划成果，但是规划的编制和实施仍然存在很多问题。往往指明了发展的方向、布局、重点和阶段，忽略了实际操作的可行性，实施起来比较困难。诸如控制性详细规划刚性太足，灵活性不够；规划实施的严肃性和法制性存在不少问题，造成了规划编制与实施的脱节等问题频现。

因此，在编制片区扶贫规划的时候应注意避免上述问题的出现，即要遵循规划的可操作性原则。规划编制内容与方法充分考虑可实施性，在规划编制中强调刚性与弹性相结合。对于政府主导的项目体现规划的刚性，对于需要引导市场参与的项目，模糊其项目的性质，增加规划的弹性；另外，在规划的时候应注重发挥市场机制的引导作用，提前公布规划的目标及进程，帮助投资者决策，通过市场引导各投资主体对扶贫开发的投入。同时，通过严肃的法制建设和行政行为促进规划的执行，不可随意更改。即使更改，也要经过一定的程序，避免出现与规划相违背的行为。

扶贫规划主要是扶贫项目的设立和实施，对于扶贫开发来说资金往往是最重要的，所以对资金必须做充分测算和统筹安排，扶贫资金跟着项目走，要求项目都有实施方案和年度计划，有明确的技术标准、操作规程、检查验收标准、奖惩办法和监测体系，不可随意更改。保证扶贫规划实施的可操作性。

（五）科学性原则

科学性原则就是符合集中连片贫困地区自身的本质和规律的根本原则，具有充分的理论依据和逻辑性。集中连片贫困地区本身贫困状况非常复杂，存在诸多致贫因素，在制定扶贫规划时，更应注重其科学性，在充分识别致贫因素的基础上制定针对性的扶贫开发规划，才能真正达到扶贫、减贫的目的。

在编制规划的时候首先需要先进的规划理念：要有很强的前瞻性、要充分体现“以人为本”的理念、要贯彻经济社会发展与环境保护、历史文化遗产保护相结合的理念。其次在规划过程中也要充分体现科学性的原则：邀请专家领衔，各部门积极配合，大家分别提出详细的研究报告，为科学编制规划提供充足的依据；编制过程中突出公众参与，总体规划在审批之前必须公开展示，专业组织、企业家、社会团体以及公众代表等都应被邀请并发表自己的观点，所有有用的意见都应融入最终的“总体规划”，使规划成果真正体现政府及社会各阶层的共同意愿；突出规划的延续性和动态性，规划的编制都有一定的时间间隔，每一轮规划都应根据各阶段不同的特点、不同的问题提出相应的策略，但在长期发展的布局上应彼此承接。规划的动态调整和连续，使得规划本身能够不断应对扶贫开发出现的新问题，更好地将近期建设与远期目标有机地统一起来，使规划编制更加科学合理。

作为科学性原则的前提保证，除了在理念上遵循逻辑的思路外，在规划制定的具体方法上也应严谨。现代的规划制定方法强调充分利用现代技术手段，从多个角度论证规划内容，提高规划内容的客观性内涵，减少领导个人好恶或政治运动式的主观臆断，从而编制出稳健的片区扶贫开发规划。

（六）与其他规划协调性原则

各级政府、各个部门都有自己的规划，每个部门又有长期规划和近期规划，有总体规划和专项规划，一旦规划与规划之间产生冲突，就会存在整合困难，从而很难达到规划的预期目标。因此，在片区的扶贫开发规划制定时应当注重与其他规划相协调，在制定规划时就预设好规划间的衔接点。

作为扶贫开发规划的基本组成，村级扶贫开发规划仍然是编制片区扶贫规划的最基本单元，在进行村级扶贫开发规划整合的时候应以中央和地方政府的政府总体规划和专项规划为指导，在充分研究中央和地方政府规划的基础上，领会中央和各级政府的规划的精神，使整合编制出的片区扶贫规划能够保证中央和各级政府之间的扶贫开发目标相互协调，保证片区扶贫规划实施的顺畅。鉴于一些片区可能跨越了多个省、市、自治区，此时在编制规划的时要充分考虑各个省、市、自治区的情况，了解其规划的方向，做到求同，避免与某个地方相冲突，致使规划难以实施；片区扶贫规划不仅有总体规划，而且有相应的专项规划，专项规划与总体规划也应做到相互协调，保证都能达到预期的目标。在协调片区扶贫规划与其他规划的过程中，应避免以下三个问题：首先要避免多头管理，协调好各部门之间的利益；其次，避免规划编制、标准制定的时间差异；最后，避免编制深度与指导思想上的不协调。

当然需要指出的是，总地来讲政府内部的规划整合由于内部协调机制健全，就结果而言整合和协调难度并没有想象中大。相反，未来真正的协调问题可能在于政府目标与农户需求之间。为了解决政府扶贫开发规划容易产生目标偏离的问题，近些年来在一些乡村正在尝试引入参与式扶贫规划方法，农户的参与和需求被放到了首位，但在农户与政府间事实上并没有形成有效的协调机制，双方的目标和需求存在落差，因此基层基于参与式方法所编制出的扶贫规划与政府系统的扶贫规划间存在衔接困难等问题。如果在协调整合时偏向政府环节，那么可能会导致农户对政府扶贫开发失去兴趣，甚至使扶贫开发工作失去原有意义；而如果偏向农户环节，可能会出现难以操作和管理，甚至与政府精神相悖的情况。因此，如何平衡和协调双方的目标和需求，是片区扶贫开发规划编制者所应当思考的问题。

四、影响因素

影响我国整体扶贫战略格局有多重因素，这些因素如何在片区规划中充分体现，是规划内容完整性和水平高低的重要体现。

一是经济发展方式是否有利于贫困地区，有利于贫困人口的，也就是近些年讨论比较多的包容式增长和共享性发展方式的选择问题。如果撇开了宏观经济背景，仅靠专项扶贫工作，新阶段扶贫任务肯定就难以完成。落后地区的发展不仅仅是扶贫资金投入的问题，它还涉及发展理念的问题。特别是从减贫的角度上讲，如果国家的发展方式、经济的增长方式不调整、不改变，还是盲目追求 GDP 的增长，每个地区都同样以经济增长为重要的考核标准，必然难以缩小发展差距。

二是各种强农惠农的政策是否有利于贫困地区和贫困人口。在这方面我国还缺少差异化的政策，这就使得贫困地区接收到的帮助更少，力度更小。

三是大扶贫格局能否落实。大扶贫格局的设计符合贫困村、贫困地区扶贫发展的需求，如果大扶贫格局能够落实，对贫困村而言，村内多个需求都有资金和项目对接，加以社会力量的帮扶，再结合村庄发挥自身的比较优势，几年后就会摘掉贫困的帽子。所以，片区规划需要以专项扶贫为主线，衔接好行业扶贫、社会扶贫等项目。当然，这样的要求操作起来很困难，而且不是说某个部门就能解决的问题。其实，这涉及规划管理和项目管理的问题。应该说，规划管理和项目管理是两个不同的概念，规划管理主要管大的原则和方向，但现实中却把项目管理和规划管理混为一谈。

很多基层干部反映，项目管理的太死，实施起来效果不好，但不实施又不符合上级的要求。另外是政策反馈和政策调整滞后，发现存在问题从基层向上流动，到中央研究再到政策调整，估计需要 4 ~5 年的时间，当政策调整过来后情况又发生了新的变化。因此地方缺少行动的自主权，也会成为扶贫工作中面临的难题。

四是社会保障体系和救助体系是否不断完善。我国社会保障体系建设才刚刚开始，推行社会保障政策意味着国家实力在增强，财政投入在增加。没有一定的经济实力，保障体系很难完善，救助体系更是如此。近几年的灾害特别多，而且都是几十年一遇、百年一遇的灾害，这也需要我们反思过去发展路径，很多措施都是着眼于短期的发展和绩效，没有从长远的角度去谋划与布局，只有短期的投入，没有长期性的、连续性的支持。

第二节　片区扶贫规划编制的目标任务

明确连片特困地区扶贫规划编制的目标与任务，了解未来十年我国扶贫开发的主战场，熟悉新阶段我国扶贫开发的工作格局和政策保障，对一线规划编制人员和扶贫工作参与者来说很有帮助。

一、总体目标

新阶段，我国扶贫开发工作的总体目标是：到 2020 年，稳定实现扶贫对象不愁吃、不愁穿，保障其义务教育、基本医疗和住房权利；贫困地区农民人均纯收入增长幅度高于全国平均水平，基本公共服务主要领域指标接近全国平均水平，扭转发展差距扩大的趋势。

在总目标中，前一个方面是对人的，后一个方面是对区域的。主要任务包含地方基本农田和农田水利、特色优势产业、饮水安全、生产生活用电、交通、农村危房改造、教育、医疗卫生、公共文化、社会保障、人口和计划生育、林业和生态十二个方面，基本涵盖了农村发展所需的各种条件。

应该说，现阶段规划编制的目的与全国扶贫开发工作的目标是一致的。制定规划的目的就是找出贫困乡村现状与目标任务之间的差距，通过安排合适的政策和项目，以投入最少、最省力的方式，确定改变落后状态，缩小差距的途径。所以，了解现状和确定目标是规划制定的两个最为基础的工作。不同的地区现状可能不一样，与目标任务的距离也不一样，有些地方的距离可能还比较大，这就需要思考应采用什么样的发展理念和工作思路，使用什么样的实施办法来尽力缩小差距。对于云南和贵州的大部分贫困地区，能够基本实现上述目标已是很好的结果。要求太高，反而会降低规划的可行性和可操作性。

二、战略布局

未来我国扶贫开发工作的主战场，就是14个连片特困地区。关于连片特困地区，可以从三个层面来理解。

第一，未来国家要加大对这14个片区的投入和支持力度，加强对跨省片区规划的指导和协调，集中力量，分批实施。实际上，14个片区中除了西藏、云南的滇西边境山区之外，其他的都是跨省片区，这必然需要从中央层面来协调这些片区规划的制定。

第二，各省（自治区、直辖市）对所属连片特困地区负总责，在国家指导下，要以县为基础制定和实施扶贫攻坚工程规划。比如贵州涉及3个片区，云南涉及4个片区，从责任制的角度来讲，省里要负总责，但要以县为基础。

第三，国务院各部门、地方各级政府要加大统筹协调力度，集中实施一批教育、卫生、文化、就业、社会保障等民生工程，培育壮大一批特色优势产业，加快区域性重要基础设施建设步伐，加强生态建设和环境保护，着力解决制约发展的瓶颈问题，促进基本公共服务均等化，从根本上改变连片特困地区面貌。如果把这段话转变成规划的语言，实际上就对未来连片特困地区的规划确定了一个基本的框架。因为，任何的规划一般都包含三个部分，一是从空间上，时间上是如何布局规划？理论基础是什么；二是规划的核心内容是什么，未来要做什么事？三是保障体系设计。

从上述内容来看，至少包含社会事业的发展，特色优势产业的培育，生态环境建设和保护以及区域性的重要基础设施等方面的内容。但就区域性重要基础设施属不属于扶贫的范畴，一直在讨论中。比如说铁路、机场、整个公路网，这些工程能否纳入到片区规划。按照扶贫部门对纲要的解读，规划应该要涉及这些内容，如果是这样的话，就意味着中央的政策、资金和项目安排都会有调整。另外像贵州、云南这样的贫困人口相对集中，区域优势不明显的地区，制约发展的瓶颈问题很多，其中最为关键的是人力资源的开发，人口流动的问题。这些地区解决贫困最根本的路径还是得依靠教育。改善贫困地区教育条件，再加上专项扶贫所能解决的农村基本生产生活条件面临的问题，解决贫困的成功率就会增加很多。

三、规划定位与属性

首先是规划定位。片区扶贫规划应是一个集行业扶贫、专项扶贫和社会扶贫于一体的大扶贫规划，对外与区域经济社会发展规划相衔接，对内专项扶贫规划与行业部门相关规划、社会扶贫规划相结合。

其次是规划属性。根据片区扶贫攻坚的目标任务，需要编制两个规划，即：区域发展规划和片区扶贫规划，前者为后者提供发展环境及基础，后者以贫困区域、贫困人群为目标，两者共同促进片区扶贫攻坚目标的实现。

再次是规划期限。与连片特困地区扶贫攻坚的长期性、艰巨性相适应，片区规划期限应为十年，可以以五年为界分两个实施阶段，既与新扶贫纲要的时间相统一，又与全国及各地的“十二五”规划相一致。

四、工作格局和政策保障

在规划当中，要反映出纲要的核心要求，即三位一体的工作格局和八大政策保证，也就是七项专项扶贫内容、七项行业扶贫内容、四项社会扶贫内容和八个方面的政策措施。新阶段扶贫开发纲要的落实，除了应构建这种工作格局外，还涉及整个政策怎么去落实的问题。在我国，每个部门都会有自己的政策，如果一项政策不是出自他所在的部门，往往难以引起重视，至少比较难于放在优先考虑的地位。但从贫困地区、贫困群体的需求来看，首先是资金投入不够，现在我国有 2688 万贫困人口，270 亿元的投入，平均每人得不到 1000 元资金的扶持，各地都反映扶持投入太少。比如，目前种植 1 亩核桃，启动成本就需要五六百元。现在建一个沼气池就需要 3000 元，移民搬迁的投入更高。所以，从需求的角度看，投入足够的资金是实现新阶段扶贫目标的前提。但是从中央来看，各行各业都需要资金，2010 年中央财政共安排了 8 万多亿元的资金，2011 年应该会超过 10 万亿元，但是在整体预算中，用于扶贫的比例就很少。按照财政部的考虑，每年用于涉农的投入达 9800 多亿元，其中有相当多的部分是覆盖贫困乡村的。这些资金算不算扶贫资金呢？从国家的整体布局来看，应该也算。但是由于国家部门分割的体制，一般很难围绕着某一类群体开展各种项目或提供各类扶持。所以，我们在编制连片特困地区规划的时候，一定要体现三位一体的扶贫格局，为新阶段的扶贫攻坚提供必要的政策保障。

第三节　片区扶贫规划编制的内容特征

片区扶贫规划的主要内容是指规划的基本结构与框架；片区扶贫规划的主要特征是指该规划与其他部门规划等的区别。

一、主要内容

片区扶贫规划既与一般规划在内容架构上类似，又突出了大扶贫格局和专项规划的特点。一般要包括十二个方面的内容。

（一）基本情况

基本情况包含区域范围和国土面积、自然资源与生态环境、经济社会发展概况、贫困与扶贫状况、挑战与机遇、重大意义等等。在这一章中我们要注重突出区域贫困与扶贫状态、挑战与机遇的亮点，要着重分析出片区的特殊性和个性。

（二）总体思路

总体思路包含指导思想、基本原则、战略定位、发展目标。

（三）空间布局

这是片区规划的一个突出特点，没有空间布局，就很难体现省区之间的协作，区域之间的互动。空间布局包含功能分区、城乡布局、大扶贫格局、产业布局、重大项目布局和交通网络布局。特别是交通网络，只有在国家层面才能构建区域内部相连，与外部相接的网络。

（四）基础设施建设

基础设施建设实际上给区域扶贫奠定了重要的基础。具体包含交通（交通布局和体系、铁路、公路、港口和航道、机场）、水利、能源、通信和信息化、城镇化。

（五）产业发展

产业发展包括产业布局与产业结构、特色农业、旅游业、加工制造业、现代服务业、民族文化产业、产业扶贫机制创新。之所以要加上产业扶贫机制创新，是因为产业发展必须要涵盖贫困群体的利益。

（六）农村基本生产生活条件

农村基本生产生活条件包括村庄规划、乡村道路、土地整治与农田改造、小型农田水利建设、“六到农家”工程、人畜饮水工程。这基本上是“两不愁、三保障”的内容，也是专项扶贫的核心。

（七）社会事业发展

社会事业发展包括教育、医疗卫生、科技文化体育、就业、社会保障。

（八）生态建设和环境保护

生态建设和环境保护包括重点生态区、生态建设、环境保护、防灾减灾与应对气候变化。

（九）人力资源开发

人力资源开发包括人口流动与布局、农村人力资源开发、社区组织能力建设、人才建设。

（十）改革创新

改革创新包括深化改革、扩大开放、区域协作机制、扶贫机制。根据中央领导提到的相关要求，扶贫机制具体有扶贫攻坚与跨省合作的协同机制；片区扶贫攻坚与生态主体功能区建设，环境保护的共赢机制；在“片区、重点县、贫困村、贫困户”四个层次，按照“政府主导、部门分工、各方参与、合力攻坚”的大扶贫工作体制；投入增加机制；扶贫攻坚瞄准机制。

（十一）政策支持

政策支持包含财政、税收和金融；投资、产业政策；土地政策；生态补偿政策；帮扶政策；重大政策和项目贫困影响评估。

（十二）规划实施

规划实施包括组织协调、保障措施、监测评估。

二、主要特征

片区扶贫规划至少包括以下特征。

（一）片区扶贫攻坚是国家发展的战略布局

一定要从国家发展的战略布局的高度去认识片区扶贫攻坚，否则无论是做规划还是政策创新，都只能停留在非常小的范畴内。

（二）片区扶贫攻坚是国家扶贫战略的重大部署

与新阶段贫困特征相适应，未来国家扶贫战略至少包括四个方面重要内容，即：益贫性更加明显的经济增长方式，更有利于贫困地区、贫困人口的社会发展及惠农政策，更有针对性、有效性的专项扶贫政策，更加完善的社会保障和社会救助体系等。

（三）规划先行体现了片区科学发展的根本要求

按照中央的统一部署，在全国扶贫工作会议召开以前需要启动武陵山区的扶贫攻坚。领导同志一再强调，启动之前一定要有成熟的规划，没有规划就没办法启动。现在国务院扶贫办和国家发改委联合正在编。下一步各省再根据国家总体规划编制各自的规划。当然，也不是说各省非要等到总体规划完成后再编制各省规划，总体规划只是起到指导性、方向性的作用，它们的基本理念和基本框架是一样的。

（四）片区扶贫规划是体现未来扶贫战略与政策体系的重要载体

新纲要的战略思想、原则要求、支持政策如何相互配合、相互支持、形成一个有机的系统，发挥整体功能，就需要通过编制片区扶贫规划进行精心设计、有机衔接，确保国家扶贫战略和政策体系在连片特困地区扶贫开发中得以充分体现、形成合力。

（五）上下互动是编制片区扶贫规划的重要特点

我国政府其他部门规划编制的方法基本上都还是在沿用发改委的方法体系，主要是从上到下的设计思路。这种方法有它的合理性，因为其针对的是物，而不是人，规划执行效果也体现在物的好坏层面。但扶贫规划不同，其目的在于解决贫困群体温饱问题，巩固温饱成果，提升人的能力，所以扶贫系统制定规划必须要有上下互动的过程。如果只是以从上到下的方式规划项目，等于是完全取代了目标人群的想法。实践证明，没有目标群体参与制定的规划，肯定是一个没有灵魂的规划，也不是能真正代表贫困群体利益的规划。

三、关键立足点

在编制片区扶贫规划中，要重点把握四个方面的关键立足点。

（一）让片区扶贫规划立足于国家的整体战略

区扶贫规划与各省区市自己制定的扶贫规划之间的不同点，主要在于规划的目标定位等不仅仅从本省区市出发，而是按照片区的整体性要求进行布局。显然，这就需要站在国家发展的全局编制片区扶贫规划，也即片区扶贫规划需要上升为国家战略规划，只有这样才能保证规划的权威性，实现规划的预期目标。既然总体规划是站在国家发展全局的高度编制，那么省一级扶贫规划需要考虑上升到省级发展战略规划，县级同样也面临这样的问题。有关部门正极力推动片区扶贫规划上升为国家战略规划，从现在的趋势看，武陵山区扶贫规划可能由国务院批复。由国务院批复的规划，就意味着规划内容成为国家发展战略中的组成部分。

（二）让片区扶贫规划立足于大扶贫的战略格局

大扶贫格局由专项扶贫、行业扶贫和社会扶贫有机构成。片区扶贫规划的核心和关键，是要通过科学的设计、布局，实现行业扶贫、专项扶贫和社会扶贫的有机衔接，形成大扶贫格局推进的依据和基础。

（三）让片区扶贫规划立足于片区扶贫相关部门的协作与协调

从我国行政管理体制的现实出发，由上一级政府部门设立有权威的协调性机构，相对来说效果会更好。对于片区扶贫规划而言，在国务院或至少在国务院扶贫领导小组下设立片区扶贫攻坚协调领导小组及办公室，在制定片区扶贫规划、出台特殊支持政策、协调跨省利益关系等方面将能够发挥关键作用，也是确保片区扶贫目标如期实现的最重要保证之一。最近国务院已经研究决定，不再专门设立协调小组，而是由现在的扶贫领导小组来代替协调领导小组，明确扶贫办为片区扶贫攻坚协调办公室。尽管机构的这种设计和片区扶贫攻坚的需求还是有些差距的，但至少为协调片区扶贫提供的一定的组织保障。

四是让片区扶贫规划立足于体现贫困群体的主体性。作为扶贫来讲，贫困人口、贫困群众、贫困家庭是扶贫开发的主体，贫困问题的最终解决还得取决于贫困人口。外部力量只能起到辅助作用，外因只能通过内因起作用。政府帮助穷人应该有贫困群体主体性的意识，否则只会遭遇失败。这是全球几十亿人口发展积累的经验。

第四节　片区扶贫规划编制的作用意义

片区扶贫规划的编制要服务于未来十年我国的扶贫攻坚主战场定位于14个集中连片特殊困难地区这一核心任务，因此，编制好片区扶贫规划，对于解决上述问题的贫困问题，进一步推进贫困工作的协调化、机制化，推进大扶贫的战略格局有重要作用和意义。

一、主要作用

片区扶贫规划是代表地方政府意志的政府行为，是政府通过确定集中连片贫困地区未来实现脱贫以及发展目标，制定实现这些目标的途径、步骤和行动纲领，以及对片区的资源的合理配置，来引导和控制未来集中连片贫困地区脱贫致富的纲领性文件。片区扶贫规划编制的主要作用体现在以下三个方面。

（一）片区扶贫规划是中央以及地方政府对集中连片贫困地区的发展、建设进行宏观调控的手段

片区扶贫规划是中央和地方政府调控、维持和发展集中连片贫困地区的重要手段。通过片区扶贫规划的编制，中央和地方政府宏观调控的作用体现在：可以保障必要的集中连片贫困地区基础设施建设和基本的公共服务设施建设资金需求；在“市场失灵”情况下规范农产品交易市场，片区通常处于老少边穷地区，传统农业发展条件不足，但大部分都有自己的特色农产品，通过建立健全农产品交易市场，促进当地特色农业的发展，保障农民的利益；保证扶贫资金在总体利益下进行合理的分配、利用和开发，避免出现当地政府为了政绩而大搞“形象工程”，将更多的资金投入到贫困人们更关心的民生领域，从根本上改善贫困人们的生活质量；以政府干预的方式保证片区资源的利用符合社会公共利益，片区特色资源丰

富，有丰富的物质资源和文化资源，政府应当通过片区扶贫规划保障这些资源的开发和利用，使片区全体公众受益。

（二）片区扶贫规划是中央和地方政府政策形成、政策实施的有利工具和可靠保证

从本质上讲，片区扶贫规划是一种政策表述，表明政府对集中连片贫困地区的建设和发展在未来时段将要采取的行动，具有对社会团体与公众开发建设导向的功能。片区扶贫规划通过政策引导和信息传输，帮助片区内各级政府、各个部门在面对未来建设和发展决策时，克服未来发展的不确定性可能带来的损害，提高决策的质量。片区扶贫规划可以把不同类型、不同性质、不同层次的规划决策相互协调并统一到与片区发展的总体目标相一致的方向上来。片区扶贫规划一旦形成，就是片区内各级地方政府和各个部门在扶贫方面的行动纲领，各级地方政府和部门应严格按照规划的要求，落实各项政策，以达到规划所预期的目标，切实解决集中连片贫困地区的贫困问题。

（三）片区扶贫规划形成了集中连片贫困地区未来的发展蓝图

片区扶贫规划的主要对象是整个片区立体的发展规划，尤其是片区的整体的社会、经济，以及隐藏在社会、经济后面的利益分配。片区扶贫规划以片区扶贫资金以及片区可开发利用资源的配置为核心，建立起集中连片贫困地区未来发展的社会经济空间结构。片区扶贫规划限定了片区内各项未来建设的强度和广度，在具体的建设过程中担当了监督者的角色，使各类建设活动都成为实现既定目标的实施环节。片区未来社会经济发展空间架构的实现过程，也是规划演变、实现的过程。

另外值得补充说明的一点是，近年来中国各地正在逐渐引入参与式扶贫开发规划方法。相比更加强调政府意志的传统扶贫开发规划，这种新型的扶贫规划编制方法更加强调农户自身的参与性。目前参与式扶贫开发规划方法主要集中在村乡级别的扶贫开发规划中，仍然是一种处于探索中的规划方法，所以在与上级政府的传统扶贫开发规划衔接上存在较大的问题，当然政府的扶贫开发目标与农户的需求之间存在落差也是其中的原因之一。在未来的新阶段，鉴于参与式扶贫规划制定方法将在减少扶贫开发目标偏离等方面扮演越来越重要的角色，所以未来片区的扶贫规划编制也需要逐渐起到系统的整合和衔接各地参与式扶贫规划内容的作用。

二、重要意义

规划是预先决定要做何事、如何去做、为何这样做、何时去做、由何人来做以及在何处做等一系列的安排，它是经由合理的程序，对于各种行动方案做有意识的决定，并根据目标、事实和经过思考的估计，作为制定决策的基础。具有未来性、程序性、领先性、结构性、普遍性、持续性等特性。对集中连片贫困地区制定相应的扶贫规划具有重要的意义，体现在以下四个方面。

（一）片区扶贫规划编制有利于完善扶贫理论体系

我国由于地缘辽阔，加之改革开放后实行的不均衡的发展战略，各地发展步伐不一致，东中西差距日益扩大，贫困地区与富裕地区的差距也越来越明显。党和政府都非常关心我国的贫困问题，许多学者也对贫困问题展开了深入的研究，逐步形成了具有我国特色的扶贫理论体系，诸如开发式扶贫、产业扶贫、整村推进、对口支援等等。尽管集中连片贫困地区的概念较早就提出来了，但关于集中连片贫困地区的研究并不是很多，片区扶贫规划编制的研究对于研究集中连片贫困地区的扶贫有着重要的意义，同时对于丰富我国特色的扶贫理论体系也是有重要推动作用。

（二）片区扶贫规划编制有利于完善我国扶贫规划体系

片区扶贫规划编制不仅可以从理论上完善了我国扶贫理论体系，在现实中，可以完善我国扶贫规划体系。我国现行的扶贫规划编制体系一般分为扶贫总体规划和详细规划两个阶段。总体规划一般是中央政府对全国的贫困地区进行研究，统筹安排扶贫投入，合理配置各项扶贫资金，其编制内容从宏观到微观，涉及扶贫开发的方方面面，内容繁杂。片区扶贫规划坚持了总体规划提出的长远目标、整体构想，确保了实施的严肃性，同时又充分考虑了现实条件，兼顾各方利益，并根据实施情况及时反馈修正，确保了规划的灵活性，使规划编制与规划管理紧密结合。片区扶贫规划的编制既可以有效解决总体规划分阶段发展的问题，又可以妥善解决不同片区发展实际的问题，它的编制与实施对完善我国扶贫规划体系无疑将是一个有力的推动。

（三）片区扶贫规划编制有利于发挥宏观调控的作用

片区扶贫规划有利于发挥市场经济条件下扶贫规划对集中连片贫困地

区社会经济发展宏观调控的作用。片区扶贫规划在国民经济和社会发展五年计划总体目标以及中央的扶贫建设目标指引下，根据片区现有的环境、财力、物力和人力条件，进一步明确集中连片贫困地区扶贫开发的重点，并以解决集中连片贫困地区扶贫开发面临的实际问题为出发点，确定片区扶贫开发的目标、重点发展区域，主要做好基础设施建设和民生工程建设。另外，规划对集中连片贫困地区发展方向、社会经济结构、重大基础设施的建设起到积极的引导与控制作用。合理均衡的扶贫投资不仅要求运用政府自有资金进行配套，更重要的是运用市场经济的推力，引导社会资金参与投资。在片区扶贫规划中通过对各项建设项目的明确界定，将有力地引导各类资金的投入，从而推动片区的整体协调发展。

（四）片区扶贫规划编制有利于加强集中连片贫困地区规划管理

片区扶贫规划可以理解为政府对于集中连片贫困地区扶贫开发工作的行动计划，是对即将开展项目的统筹安排。规划一旦确定，对政府的工作就形成了一种约束，用以指导扶贫开发工作有计划有步骤地实施。片区扶贫规划向社会公布以后，片区所在的政府工作就可以随时接受群众监督，确保具体建设项目在一定期限内逐一落实，把握有限的扶贫开发资金合理的流向，杜绝扶贫开发建设的随意性，增强扶贫开发规划的连续性。

综上所述，无论在理论上还是实践上，片区扶贫规划编制的意义都极为重大。而从更直接的角度讲，片区扶贫规划就是片区广大贫困人群致富的路线图，也是国家社会稳定的减压阀，在经济发展不确定性增多，贫富差距日益拉大的情况下，片区扶贫规划作为我国社会主义现代化精神的具体化途径，其意义是极为深远的。

第二章 区域规划理论

片区扶贫规划理论是区域规划理论与扶贫开发理论的结合体，既具备了其他区域规划所共有的理论和方法，也包括了具体的国内外对扶贫开发经验的基本共识。因此，本部分主要分为两节内容，第一节从区域规划理论与内涵、区域规划的目的和意义、区域规划的基本内容等方面对区域规划原理与基本方法进行简要概述，第二节重点阐述区域空间结构理论、增长极理论、圈层结构理论、梯度推移理论、二元结构理论、协调发展理论、可持续发展理论、区域创新理论、科学发展理论、主体功能区理论、包容性增长理论等十一个一般性的区域规划理论。

第一节 区域规划理论概述

区域经济的发展、区域可持续发展能力的培育，对于地区乃至国家的发展具有重要地位。正如迈克尔·波特所言："国家竞争优势的最终源泉和落脚点是一国内区域竞争力和区域内产业集群"。而地方政府在区域经济竞争优势的培育中扮演着非常重要的角色。

区域发展规划，作为一个区域对未来发展的设想，一方面体现为对资源、人口、经济活动的综合性空间配置，以解决区域性问题，提升区域整体竞争力；另一方面关注协调不同空间单元的关系，缓解区域内、区域间的失调和矛盾。此外，区域规划具有强烈的公共政策属性，涉及区域内、外发展的均衡，资源、环境等的可持续性，以及社会进步、人类发展等更广泛的非经济因素。区域规划的效果，取决于规划目标确定、规划制定、规划实施和管理等全过程，其中，确定合理的规划目标并形成可操作的规划，作为整个过程的基础，尤其需要机制来保障。

自从区域规划诞生以来，国内外不少学者从各个角度出发，研究了多个方面区域规划的制定、实施和管理，例如，从空间规划和管制角度、从产业布局和产业链培育角度、从城市化（城镇化）发展和城市集群角度、从资源开发和利用角度等。这些研究提供了广义上区域规划的不同组成部分，并从不同视角探讨了区域规划的性质、目标（目的），规划制定和形成机制，以及规划的实施和管理方式。

一、区域规划理论及其内涵

规划理论的发展历经了两个多世纪，有很多文献从理论层面阐释了规划的定义和内涵（汤筠等，2009）。Waterston 认为，规划在本质上是致力于选择最佳方案以达到特定目标的一种组织性的、有意识的、持续的努力。即：在分析事实和状况的基础上，将人类的理性知识用于支持决策的制定，探寻解决问题的最佳途径，形成人类行动的基础（Waterston，1965）。有学者从过程论、系统论的角度分析规划。Schaffer 认为规划是一种决策制定过程，它是根据事实、资料和预期来优化决策的过程。也有学者从规划的具体内容和实际作用出发，认为规划是未来拟采取的一系列行动的指南，并通过最佳的手段达到预期的行动目标。Churchman 认为规划是人们对于未来的设想以及为实现这种设想拟采取的行动方案（Churchman，1971）。还有一些学者注重规划的公共性。Friedmann 认为，公共领域的规划就是运用科学技术知识来支持行动，其作用在于引导社会转变。Mayer 也指出，规划是政府、组织和社会团体为完成未来特定的任务而拟定的合理执行程序，包括经由事先的资料收集、分析和整合来寻找最佳的任务完成方案，根据事先预测的可能状况提出预防应对策略。

国内也有一些学者从不同的侧面对规划做出了定义，如孙施文认为：规划作为人类的一项社会行动，是人类有目的地改造和利用自然与创建人类环境的具体行动，具有鲜明的社会目标导引和参与者本身的社会特征；它以未来时间或状态（目标）作为组织现在和今后一段时间内的行动和过程的原因和依据，并将成为实现目标的过程中所有发生或过程演进的规范，不是前因后果的，而是前果后因的（孙施文，1999）。张景秋认为规划等同于公共政策，规划是为有关单位、部门和地区制定措施服务的，故在国外有时也将其称为“公共政策”。

此外，一些规划行业协会或组织，以其物质空间规划的实践为基础对规划进行了界定。美国国家资源委员会 NRC 认为，规划是一种科学、一种艺术、一种政策活动，它设计并指导空间的和谐发展，以适应社会与经济的需要。美国规划院校联合会 ACSP 将规划定义为影响社区、城市、乡村和大都市地区乃至整个国家和世界的一种系统性、创造性的手段。在美国规划师协会 APA 的定义中，规划也称城市规划或区域规划，是一个处于变化中的行业，它通过创造更舒适、和谐、健康、有效的居住环境来提高社区居民的福利水平。欧洲规划院校联合会认为，规划是促进和管理空间变化的一种手段，也是环境保护和文化遗产保护的一种手段，其核心任务是通过规划行为使整个社会受益，并且实现经济、社会、环境等方面的目标。日本都市计划教育研究会指出，规划是以实现城市政策为目标，为达成、实现、运营城市功能，对城市结构、规模、形态、系统进行规划、设计的技术。

实际上，随着对区域规划的理论研究，实践过程中，人们也进行了大量针对区域进行规划的探索。20 世纪 60 年代以来，随着世界范围内工业的迅速发展和城市化过程的加速，区域规划受到经济发达国家和发展中国家的普遍重视。前苏联是世界上最早进行具有地区经济发展规划性质的广义的区域规划的国家。资本主义国家只是在 1929 ~ 1932 年出现世界性的经济危机以后，才开始对某些经济严重衰退的地区进行区域经济发展规划。世界各国区域规划的发展与各国区域经济发展的进程是密切相关的，早期的区域规划始于对经济发展迅猛超常地区基础设施的统一协调性规划，如美国的纽约城市区域规划（1929 年）、苏联的顿巴斯矿区规划（1934 ~ 1936 年）等。20 世纪 30 年代开始，尤其是第二次世界大战以后，经济工业化和社会城市化的急剧发展，以及生产力的巨大进步和生产力的广泛应用，迅速改变了原有的区域经济结构、社会结构和生活环境：工业和交通设施高度集中，大城市人口持续增长，土地供应越来越紧张，空气、水体等环境卫生状况严重恶化，等等，导致社会经济区域空间组织矛盾日益复杂化、尖锐化。在这种情况下，为了建立和保持区域生产、生活的适宜条件和状况，各国的区域发展纷纷提出了要对经济社会的地域结构进行重整，将工业生产适当分散布局，规划开发新区，控制疏散大城市人口，加强土地利用的管理，改善原有的区域交通运输网，进行环境保护与整治等。由此，区域规划被认为是解决这些问题的重要前提与手段，成为区域立法和行政部门制定有关法令和区域政策的基础，因此得到了广泛的推行。

我国区域规划工作始于20世纪50年代，是伴随着解放后的大规模基本建设而开展的。1956年国家建委设立了区域规划与城市规划管理局，拟订了《区域规划编制与审批暂行办法》。1980年中共中央（13号）文作出了开展区域规划工作的决定：（区域规划是）为了搞好工业的合理布局，落实国民经济的长远计划，使城市规划有充分的依据。1985年国务院再次发文，要求编制全国和各省、市、区的国土总体规划。在国土规划的推动下，以综合开发整治为特征的不同层次的区域规划在全国范围内全面展开。1990年，国家计委在总结全国各地经验及借鉴国外经验的基础上，组织编制了全国国土总体规划纲要（草案），内容包括国土资源的基本状况、国土开发整治的目标、国土开发的地域总体布局、综合开发的重点地区、基础产业布局、国土整治与保护、国土开发中的几个问题的对策（耕地问题、水资源供需平衡问题、人口的地域分布和劳动就业问题、城市化问题等）、有待进一步研究的若干问题和规划纲要的实施。在1990年开始实施的《中华人民共和国城市规划法》中，以城镇体系规划为标志的区域规划被作为法定的内容，近年来适应社会经济形势的变化，我国的区域规划得到了新的发展。

二、区域规划的主要性质

区域规划是在一定地区范围内对整个国民经济建设进行总体的战略部署。它以国家和地区的国民经济和社会发展长期计划为指导，以区内的自然资源、社会资源和现有的技术经济构成为依据，考虑地区发展的潜力和优势，在掌握工农业、交通运输、水利、能源和城镇等物质要素的基础上，研究确定经济的发展方向、规模和结构，合理配置工业和城镇居民点，统一安排为工农业、城镇服务的区域性交通运输、能源供应、水利建设、建筑基地和环境保护等设施，以及城郊农业基地等，使之各得其所，协调发展，获得最佳的经济效益、社会效益和生态效益，为生产和生活创造最有利的环境。

区域规划为制订国民经济和社会发展长期计划奠定基础，为城市规划和专业工程规划提供宏观的技术经济依据，它也是基本建设前期工作的一个重要组成部分。因而，它对所规划地区的整个经济建设的重要决策具有指导性。由于它涉及的面广、政策性、综合性强，因此，要求规划工作者要以辩证唯物主义与历史唯物主义的思想为指导；努力学习党的方针、政策；要具有较高的理论修养和广博的知识；要善于从宏观着眼，微观着手，运用现代科学技术手段和方法进行综合分析与论证；全面规划，统一布局，协调各方面的矛盾，使规划方案在经济上合理，技术上先进、适用，建设上现实、可行。

因此，区域规划是以跨行政区的经济区为对象编制的规划，是国家总体规划或省级总体规划在特定经济区的细化和落实。区域规划是战略性、空间性和有约束力的规划，不是纯粹的指导性和预测性规划。

这种规划通常兼有两方面的含义：一是描绘未来，根据现在的认识对未来目标和发展状态的构想；二是行为决策，即实现未来目标或达到未来发展状态的行动顺序和步骤的决策。区域规划就是要在多种方案的比较和选择中确定适合规划区域未来的发展目标和经济建设的总体蓝图。它的作用是划定主要功能区的“红线”，主要内容是把经济中心、城镇体系、产业聚集区、基础设施以及限制开发地区等落实到具体的地域空间。编制区域规划，要着眼于打破地区行政分割，发挥各自优势，统筹重大基础设施、生产力布局和生态环境建设，发挥区域的整体优势，提高区域的整体竞争能力，达到人和自然的和谐共生，促使区域社会经济快速、稳定、协调和可持续发展。

三、区域规划的主要任务

区域规划的任务，就是要建立合理的区域生产和生活体系。具体说：就是在规划地区，从整体与长远利益出发，统筹兼顾，因地制宜，正确配置生产力和居民点，全面安排好地区经济和社会发展长期计划中有关生产性和非生产性建设，使之布局合理、比例协调，发展速度快，为居民提供最优的生产环境、生活环境和生态环境。

具体来说，完成区域规划的任务，应进行以下几个主要方面的工作：

（一）全面掌握地区经济和社会发展的基础资料

编制地区发展的规划纲要，通过调查研究，搜集有关地区经济和社会发展长期计划以及各项基础技术资料。在搜集整理资料过程中，必须对本地区的资源作全面分析与评价。所谓资源，指的是自然资源（土地、水、气候、生物、矿产、天然风景等）、社会资源（男女劳动力数量、年龄构成、就业比重、劳动技能、文化教育水平等）和经济资源（指在某地区内已积累的物质财富，包括工农业生产、交通运输、水利能源、城乡建设等物质技术基础）。通过对本地区的资源分析与评价，以便进一步制定地区经济和社会发展的性质、任务和方向，确定地区工农业生产发展的专业化和综合发展的内容与途径，编制地区发展的规划纲要。

（二）搞好地区内工农业生产力的合理布局

首先，要对工业分布的现状进行分析，揭露问题和矛盾，以便从根本上去解决。其次，要根据地区发展的规划纲要，结合地区经济、社会、历史以及地理条件，将各类工业合理地组合布置在最适宜的地点，使工业布局与资源、环境以及城镇居民点、基础设施等建设布局相协调。农业是国民经济的基础。农业的发展与土地的开发利用，关系特别密切。发展农业，就要结合农业区划提供的情况，因地制宜地安排好农、林、牧、副、渔等各项生产用地；加强城郊副食品基地的建设；妥善解决工、农业之间以及农业与各项建设之间在用地、用水、能源等方面的矛盾。

（三）拟订地区城镇居民点体系的发展规划

人口是开发利用土地、发展生产必不可少的社会资源，而发展生产的主要目的则是为了满足人民日益增长的物质和文化生活的需要。区域规划正是以处理好人与自然的关系为自己的任务。在开发利用土地的同时，要搞好地区城镇居民点规划。这就要求对地区城乡人口的变化和城镇人口的增长趋势进行预测，引导人口的合理分布，拟订与工农业发展相适应的、不同等级的、不同规模的，各具特点、互相联系的城镇居民点体系，为地区城镇居民提供良好的工作、居住和生活环境。同时，以各级中心城市（镇）为依托，带动广大地区的发展。

（四）统一规划区域性公用基础设施

发展生产和改善城乡人民生活，都离不开交通运输、能源供应、给排水、生活服务等公用基础设施。这些基础设施的构成、布局必须同工农业生产和城镇居民点体系的布局互相协调配合。如单项工程的建设要根据各自特点与要求进行布局，使之既能形成本身的完整体系，同时，又要与其他专业工程设施的建设相协调。例如，水利建设，在开发利用水资源时，就要综合考虑并解决部门之间和地区之间用水的合理分配，再进行地区水利建设规划。

（五）搞好环境保护，建立区域生态系统的良性循环

由于社会化大工业生产和资源的大量开发，引起了生态环境的变化和环境的污染。环境保护已成为人们普遍关心的问题。防止水源地、城镇居民点与风景旅游区的污染，保护有生态意义的自然区和历史文物古迹，建设供人们休息的场地，已成为社会普遍的呼声。区域规划应力求减轻或避免自然灾害的威胁，恢复已被破坏的生态平衡，使大自然的生态向良性循环发展；还应进一步改善和美化环境，对局部被人类活动改造过的地表进行适当修饰，搞好大地绿化和重点园林绿地规划，丰富文化设施，增加休闲的活动场所。

（六）统一规划，综合平衡，以求达到最优的社会经济效果统一规划，综合平衡

要做多方案的技术经济论证与比较，选择经济上合理、技术上先进、建设上可行的最佳方案，以求达到最大的经济效益、社会效益和生态效益。

第二节　一般性区域规划理论

区域规划理论由区域发展（开发）理论、区域空间结构理论和区域规划调控理论共同构成，区域发展（开发）理论来源于区域经济学和经济地理学，研究区域发展的战略模式、区域发展的动力机制、区域开发的战略与策略等，是客观区域发展规律与主观人为战略的结合。区域空间结构理论则来源于地理学、土地利用学、生态学，主要研究区域土地利用类型的分布、区域城镇体系的结构、社会经济发展在空间布局的特征，是对区域发展景观的客观分析。区位论是经典区域空间结构理论的基础，而增

长极理论、梯度理论等则构成了区域发展（开发）理论的主体，区域规划、市场与政府发挥调控作用的途径等构成了区域规划调控模式理论的主要内容。纵观各种类型、不同国家的区域规划，以及不同的区域规划理论与方法，基本上都是围绕三大主题展开的：如何认识和协调区域的发展差异，如何认识和协调区域城市与乡村的发展差异，以及如何认市场、政府、社会三种力量在区域发展中的作用。可以说区域规划理论的差异，根本在于对上述三大问题认识的区域规划思想的差异。

一、区域空间结构理论

区域空间结构理论产生于20世纪30～40年代，以区位论为基础，并且沿用了区位论学者思考问题的方法。区域空间结构理论不是要求得出各种单个社会经济事物的最佳区位，而是研究各种客体在空间中的相互作用及相互关系，以及反映这种关系的客体和现象的空间集聚规模和集聚程度，因此把一定范围内的有关客体看成了具有一定功能的有机体。依据空间结构理论，区域经济的发展过程在地域空间上也有一个演进过程，即任何一个区域的发展，都是先从一些点上开始，然后在各点之间沿着一定的轴线发展，并辐射到面，最终交互成经济网络。

当前，在区域空间结构理论的研究方面，具有较大影响的理论主要有弗里德曼的区域空间结构演变理论、唐富藏的区域空间结构演变理论和陆大道的区域空间结构演变理论。

（一）弗里德曼的区域空间结构演变理论

美国学者弗里德曼（J. R. Friedman）在1966年出版的《区域发展政策》一书中把区域空间结构的演变划分为四个阶段。在每个阶段，区域空间结构表现出特有的形式。

1. 前工业阶段的区域空间结构

这个阶段代表了工业化之前的时期。区域空间结构的基本特征是区域空间均质无序，其中有若干个地方中心存在，但是它们之间没有等级结构分异。由于这个时期区域的生产力水平低下，经济极不发达，总体上处于低水平的均衡状态，对应的区域空间结构是由一些独立的地方中心与广大的农村所组成的，每个地方中心都占据一块狭小的地方。区域内部各地区之间相对封闭，彼此很少联系。

2. 过渡阶段的区域空间结构

这个阶段是工业化的初期。在工业化的进程中，某个地方经过长期积累或外部刺激而获得发展的动力，经济快速增长，发展到一定程度就成了区域经济的中心。这个中心的产生就打破了区域空间结构的原始均衡状态。在这个阶段区域空间结构由单个相对强大的经济中心与落后的外围地区所组成。该中心以其经济发展的优势吸引外围地区的要素不断向它集聚，越来越强大，而外围地区则更趋向落后，从而致使区域空间结构日趋不平衡。

3. 工业化阶段的区域空间结构

在工业化阶段，随着经济活动范围的扩展，在区域其他地方产生了新的经济中心。这些新经济中心与原来的经济中心在发展上和空间上相互联系、组合，就形成了区域的经济中心体系。由于每个经济中心都有与其规模相应的大小不一的外围地区，这样，区域中就出现了若干规模不等的中心——外围结构。这些中心——外围结构依据各自中心在经济中心体系中的位置及关系，相互组合在一起，构成了区域的空间结构。在这个时期，区域空间结构趋向复杂化和有序化，并对区域经济的增长有着积极的影响。

4. 后工业化阶段的区域空间结构

在这个时期，经济发展达到了较高的水平，区域内各地区之间的经济交往日趋紧密和广泛。同时，不同层次和规模的经济中心与其外围地区的联系也越来越紧密，它们之间的经济发展水平差异在缩小。所以，区域内就逐步形成了功能上一体化的空间结构体系。随着中心与外围地区界线的逐渐消失，区域将最终走向空间一体化。

（二）唐富藏的区域空间结构演变理论

台湾学者唐富藏通过对区域空间结构演变过程的研究，认为区域空间结构的演变一般要经过早期发展的集中阶段、集中后分散阶段和分散后地方中心成长阶段等三个阶段。

1. 早期发展的集中阶段

这个阶段反映的是产业革命前和进入产业革命后的区域空间结构的变化情况。在产业革命之前，区域中少数地方由于区位条件（如是原料地，交通枢纽，或其他历史原因）比其他地方好，就成了区域内人口的聚集中心。开始产业革命之后，随着经济的快速发展，区域中的人口和产业活动便不断地向这些人口聚集中心聚集，区域的中心城市就因此而产生。其结果是扩大了区域空间结构中的各要素差异程度。

2. 集中后分散阶段

在不断增强的集聚效应的作用下，中心城市的经济力量日益强大。通过产生对外部的需求和向外部扩散技术知识，中心城市将工业化、城市化的影响传递到其他空间点。受其影响，区域中的次级中心兴起。这些次级中心又会通过同样的集聚过程，增强自己的集聚力量，同时，也向周围扩散影响，从而刺激更低一级中心的兴起。

3. 分散后地方中心成长阶段

由于不断地受到中心城市的影响和刺激，区域中次级中心的发展一旦达到了成长所需的最小规模就将进入快速成长时期。次级中心成长速度有可能超过中心城市。中心城市扩张到一定的限度后，由于市区内的距离相对过大，导致生产和生活的时间成本上升，要素价格上涨，环境开始恶化，于是就出现了集聚不经济现象。这就迫使中心城市的部分要素和经济活动向外迁移，中心城市的成长速度逐步减缓，甚至低于次级中心的成长速度。这时，区域内空间成长的差异将缩小，并趋于空间均衡成长。

（三）陆大道的区域空间结构演变理论

中国科学院的陆大道先生在1988年出版的《区位论及区域研究方法》一书中，总结前人的研究成果，提出了由四个阶段组成的区域空间结构演变过程的观点。

1. 社会经济结构中以农业占绝对优势的阶段

在此阶段，区域的总体生产力水平低下，社会生产和生活封闭性明显，区域内的居民点呈散布状态。随着商品经济发展，城市逐步出现，但它们之间在性质和规模上没有从属关系或等级关系，是一种低级的居民点体系。城市与乡村之间在人员、物资、信息等方面的交流不多，道路等区域性基础设施水平低，没有形成网络。区域空间结构总体上处于低水平的“平衡状态”，且比较稳定。

2. 过渡阶段

由于受到内部社会变革和外部条件变化的影响，区域经济开始呈现较快的增长。手工业和采矿业日趋繁荣，初级原材料工业和制造业的逐步兴起，水运、铁路、公路运输开始出现，与之相伴的是区域商品生产与交换规模的扩大，同时农村人口大量地流入城市，客观上使城市与乡村的联系得到加强。区域经济增长主要发生在城市，因而导致区域内部的空间不平衡，远离城市的边缘地区仍然处于极不发达状态。

3. 工业化和经济起飞阶段

在技术进步和社会变革的推动下，社会生产力得到进一步的解放，区域经济开始进入强烈动态增长期。从产业发展看，以钢铁、机械、化工、动力、纺织等为主的第二产业及第三产业均发展迅速，交通运输网络深入到区域的各个部分。区域中原有的城市逐渐发展成为大城市，第二和第三级中心也逐步成长起来。在上一阶段形成的单一“中心—边缘”结构逐步演变为多核心的结构。城乡之间、城市之间的交流日趋活跃，在这个过程中城市的等级体系开始形成，边缘落后地区也因此而得到一定程度的开发。

4. 技术工业和高消费阶段

在这个时期，区域社会生产力因科学技术的高速发展和广泛应用而得到高度发展，现代交通运输和通讯网络形成，各地区之间的不平衡和就业、收入、消费水平和选择机会等方面的差异逐步消失。区域内的空间和资源得到更充分合理的利用。城镇居民点、服务设施及其影响范围都已形成了各自的等级体系。区域空间结构中的各组成部分完全融合为一个有机的整体，空间结构在较高的水平上重新达到“平衡”状态。

二、增长极理论

区域经济学中的增长极理论是在法国经济学家弗郎索瓦·佩鲁的增长极理论基础上发展起来的。佩鲁增长极理论的基本观点是，经济增长不是同时出现在所有的部门，而是首先集中在那些具有创新能力的行业和主导产业部门。由于供给函数和市场需求的不可分性，这些具有创新能力的行业与主导产业部门常常聚集于经济空间的某些点上，形成增长极。增长极是一种具有推动性的经济单位，或是具有空间聚集特点的推动性单位的集合体。经济的增长将首先发生在增长极上，然后通过各种方向向外扩散，对整个经济发展产生影响。

佩鲁首先提出了一个完全不同于地理空间的经济空间。他主张经济空间是以抽象的数字空间为基础，经济单位不是存在于地理上的某一区位，而是存在于产业间的数学关系中，表现为存在于经济元素之间的经济关系。其次，佩鲁认为经济发展的主要动力是技术进步与创新。创新集中于那些规模较大、增长速度较快、与其他部门的相互关联效应较强的产业中，具有这些特征的产业佩鲁称之为推进型产业。推进型产业与被推进型产业通过经济联系建立起非竞争性联合体，通过后向、前向连锁效应带动区域的发展，最终实现区域发展的均衡。这种推进型产业就起着增长极的作用，它对其他产业（或地区）具有推进作用。第三，增长极理论的核心是推进型企业对被推进型企业的支配效应。支配，是指一个企业和城市、地区、国家在所处环境中的地位和作用。区域经济学者把佩鲁的增长极概念和思想引入到区域经济研究之中，融入地理空间概念，从而产生了区域经济的增长极理论。法国的另一位经济学家布代维尔认为，经济空间是经济变量在地理空间之中或之上的运用，增长极在拥有推进型产业的复合体城镇中出现。因此，他定义：增长极是指在城市配置不断扩大的工业综合体，并在影响范围内引导经济活动的进一步发展。布代维尔主张，通过最有效地规划配置增长极并通过其推进工业的机制，来促进区域经济的发展。美国经济学家盖尔在研究了各种增长极观点后，指出影响发展的空间再组织过程是扩散—回流过程，如果扩散—回流过程导致的空间影响为绝对发展水平的正增长，即是扩散效应，否则是回流效应。

（一）增长极理论的主要优势

增长极理论提出以来，被许多国家用来解决不同的区域发展和规划问题，这是因为它具有其他区域经济理论所无法比拟的优点。

1. 增长极理论对社会发展过程的描述更加真实

新古典经济学学者信奉均衡说，认为空间经济要素配置可以达到帕累托最优，即使短期内出现偏离，长期内也会回到均衡位置。佩鲁则主张非对称的支配关系，认为经济一旦偏离初始均衡，就会继续沿着这个方向运动，除非有外在的反方向力量推动才会回到均衡位置。这一点非常符合地区差异存在的现实。

2. 增长极概念非常重视创新和推进型企业的重要作用

这一理论鼓励技术革新，符合社会进步的动态趋势。

3. 增长极概念形式简单明了，易于了解，对政策制定者很有吸引力同时，增长极理论提出了一些便于操作的有效政策，使政策制定者容易接受。例如，佩鲁认为现代市场充满垄断和不完善，无法自行实现对推进型企业的理性选择和环境管理问题，因此，提出政府应对某些推进型企业进行补贴和规划。

（二）增长极理论的主要缺陷

很多国家的实践表明，增长极理论指导的区域发展政策没有引发增长极腹地的快速增长，反而扩大了它们与发达地区间的差距，尤其是城乡差距，所以20世纪70年代以来增长极理论的有效性受到怀疑，究其原因，增长极理论的主要缺陷有：

1. 增长极的极化作用

增长极主导产业和推动性工业的发展，具有相对利益，产生吸引力和向心力，使周围地区的劳动力、资金、技术等要素转移到核心地区，剥夺了周围区域的发展机会，使核心地区域周围地区的经济发展差距扩大，这是增长极对周围区域产生的负效果。

2. 扩散阶段前的极化阶段时间过于漫长

扩散作用是极化作用的反向过程，两者作用力的大小是不等的。缪尔达尔认为市场力的作用通常是倾向扩大而不是缩小地区间的差异，在增长极作用过程中，如果不加强国家干预，回流效应（即极化效应）总是大于扩散效应。但赫希曼认为，增长的累积性不会无限地进行下去，从长期看，地理上的涓滴效应（即扩散效应）将足以缩小区域之间的差距。1979年，布赛尔在其论文《增长极：它们死了吗》中，提出扩散效应和回流效应随时间推移而变化的观点。无论哪种观点，增长极的扩散效应不可否认，扩散阶段前的极化阶段是漫长的也毋庸置疑。然而，要度过这个漫长时间，落后地区的人民要继续忍受贫困，政治不安定因素可能增加。对于讲求政绩的政府官员，在短期内看不到政策的显著效果，也一定程度上对增长极政策的实施起到阻碍。

3. 推动性产业的性质决定增长极不能带来很多就业机会

推动性产业是同主导产业紧密配合的新兴产业，具有很强的技术创新能力，属于迅速增长的企业类型，而且具有较大的规模。推动性产业的性质决定了增长极一般——现代工业为目标，技术装备和管理方法较为先进，因此培育增长极并不可能解决很多的结业问题，而且容易形成“飞地”型的增长极。

4. 新区开发给投资带来一定难度

上文已经论述从政府角度增长极政策实施的难度，从投资商角度，增长极一般以城镇为依托，又常不在已有建成区，这些地方交通一般不便，生活服务设施相对较差，投资者往往不愿意为这种新区投资，而基础设施的建设需要政府的投入，如果政府不采取积极的态度，增长极政策的实施困难很大。

5. 增长极理论是一种“自上而下”的区域发展政策，它单纯依靠外力（外来资本以及本地自然资源禀赋等），可能导致国民经济的脆弱性。

三、圈层结构理论

所谓“圈”，实际上意味着“向心性”，“层”则体现了“层次分异”的客观特征。圈层结构反映着城市的社会经济景观由核心向外围呈规则性的向心空间层次分化。圈层结构中，城市是圈层构造的主体。

圈层结构理论最早由德国农业经济学家冯·杜能提出。其主要观点是，城市在区域经济发展中起主导作用，城市对区域经济的促进作用与空间距离成反比，区域经济的发展应以城市为中心，以圈层状的空间分布为特点逐步向外发展。

（一）圈层结构理论的代表理论

圈层结构理论的代表理论主要有杜能的农业区位理论（农业圈）、伯吉斯的同心圆理论等。

德国的农业经济学家冯·杜能在其名著《孤立国》中就已经指出，城市郊区的农业经济活动，农业的布局会呈圈层式分布，将会以城市为中心，围绕城市呈向心环状分布，从中心向外，分别为自由农作区，林业区，轮作农业区，谷草农作区，三圃农作区和畜牧业区。这种圈层空间结构模式，被誉为“杜能环”。

1925 年美国芝加哥大学社会学教授 E. W. 伯吉斯对城市用地功能区的布局研究后指出，城市五大功能区是按同心圆法则，自城市中心向外缘有序配置的，并认为这是城市土地利用结构理想模式。这种模式的空间结构是，从中心向外，分别是中心商业区、过渡性地区、工人阶级住宅区、中产阶层住宅区、高级或通勤人士住宅区，呈现出有序的圈层状态。

20 世纪 50 年代以后，狄更生和木内信藏对欧洲和日本的城市分别研究，提出了近似的城市地域分异三地带学说，认为大城市圈层是由中心地域，城市的周边地域和市郊外缘的广阔腹地三大部分组成，它们从市中心向外有序排列。1979 年木内信藏在《都市地理学》书中对三个城市地带作了进一步说明，中心地域是城市活动的核心；周边地域是与市中心有着上班、电话、购物等密切联系的日常生活圈；市郊外缘是城市中心和周边地缘向外延伸的广大地区或远郊区。

（二）圈层结构理论的内涵

城市是一个不断变动着的区域实体，从外表形态来说，它是指有相当非农业人口规模的社会经济活动的实际范围。城市和周围地区有密切的联系，城市对区域的作用受空间相互作用的“距离衰减律”法则的制约，这样必然导致区域形成以建成区为核心的集聚和扩散的圈层状的空间分布结构。由建成区至外围，由城市核心至郊外，各种生活方式、经济活动、用地方式都是从中心向外围呈现圈层状的有规律变化的。

（三）圈层结构理论的基本特征

圈实际上意味着向心性，层体现了层次分异的客观特征。圈层结构反映着城市的社会经济景观由核心向外围呈规则性的向心空间层次分化。世界城市和周围地区，由内到外可以分为内圈层、中圈层和外圈层。

1. 内圈层

内圈层即中心城区或城市中心区，该层是完全城市化了的地区，基本没有大田式的种植业和其他农业活动，以第三产业为主，人口和建筑密度都较高，地价较贵，商业、金融、服务业高度密集。

2. 中圈层

中圈层即城市边缘区，既有城市的某些特征，又还保留着乡村的某些景观，呈半城市、半农村状态，居民点密度较低，建筑密度较小，以第二产业为主，并积极发展高效农业。

3. 外圈层

外圈层即城市影响区，土地利用以农业为主，农业活动在经济中占绝对优势，与城市景观有明显差别，居民点密度低，建筑密度小，是城市的水资源保护区、动力供应基地、假日休闲旅游之地。外圈层中也许会产生城市工业区、新居住区的“飞地”，并且一般在远郊区都有城市卫星镇、农村集镇或中小城市。

（四）圈层结构理论的实践意义

圈层结构理论主张以城市为中心，逐步向外发展，适合于工业化程度较高的地区。圈层理论总结了城市扩张和发展的一般规律，对发展城市经济、推动区域经济发展具有重大指导意义。尤其是我国正在大力发展小城镇，提高城市化水平，这对我们合理规划和发展城市经济、合理规划小城镇的发展更具有现实意义。圈层结构理论已被广泛地应用于不同类型、不同性质、不同层次的空间规划实践。圈层结构理论在日本已成为国土综合规划的重要指导思想，并且进一步发展为大城市经济圈构造理论。我国的大城市比较重视该理论的应用，注重研究城市发展和边缘区的关系，提出了城市经济圈的许多构想。南京、上海、石家庄、武汉、广州、北京等地对城市经济圈的模式都曾进行了深入的研究，并以该理论为指导对城市经济发展进行了规划。卫星城镇的规划、建设也是该理论的应用之一。卫星城镇依托大城市进行圈层布局，既强化了大城市的经济中心地位，又充分利用大城市的辐射促进了卫星城镇的发展，进而在较大的范围内促进了经济增长。

四、梯度推移理论

20世纪60、70年代，区域经济学家克鲁默、海特等人，在赫克曼、威廉姆斯的不平衡发展理论和美国哈佛大学弗农等人的工业生产生命循环阶段论的基础上创立了区域发展梯度推移理论。

梯度推移理论主要指无论在世界范围内，还是在一国范围内，经济技术的发展是不平衡的，客观上已形成一种技术梯度，有梯度就有空间推移。生产力的空间推移要从梯度的实际情况出发，首先让有条件的高梯度地区引进、掌握先进生产技术，然后逐步向处于二、三级梯度的地区推移。随着经济的发展，推移速度加快，也就可逐步缩小地区间的差距，实现经济分布的相对均衡。这一观点引起了一些争论，提出了一些新的空间推移理论，如反梯度推移式、跳跃式、混合式等，但多数学者认为起主导作用的还是梯度推移方式。主要理论根据是：推移之所以能够进行，一方面是因为扩散有其内在动力和外在压力，愿意自发进行；另一方面是由于接受地区存在着接受扩散的引力场，推移方向的选择，主要看接受地区引力场的状况。接受地区的引力场主要有劳动力场、资源场、区位场。对于缺乏资金和技术的落后地区，主要靠上述三个场的引入吸引高梯度地区的新产业、新产品、新技术扩散到本地区来。

在创立至今的四十多年中，梯度推移理论主要表现为三种学说的理论方式，即主导产业说、创新活动说和城市系统扩展说。

（一）主导产业说

区域经济的盛衰主要取决于它的产业结构优劣。而产业结构的优劣又取决于地区经济部门，特别是主导专业化部门在工业生命循环中所处的阶段。如果一个区域的主导专业化部门主要是由处在创新阶段的兴旺部门所组成，则不但说明它经济发展实力雄厚，而且说明它在今后一个时期内仍然可以保持发展的势头，这种地区因此被列入高梯度地区。如果一个地区的主导专业化部门都是由那些处在成熟阶段后期或衰老部门所组成，则地区经济必然会呈现出增长缓慢、失业率上升、人均收入下降等种种不良的征兆，或已陷入严重危机之中。这种地区属于低梯度地区。

（二）创新活动说

创新活动，包括新产业部门、新产品、新技术、新的生产管理与组织方法等大都发源于高梯度地区，然后随着时间的推移，生命循环阶段的变化，按顺序由高梯度地区向低梯度地区转移。

（三）城市系统扩展说

梯度转移主要是通过多层次城市系统扩展开来。创新在空间上的扩展主要有局部范围的与大范围的两种形式。局部范围的扩展指的是创新活动由发源地大致按距离远近、向经济联系比较密切的邻近城市转移。这种转移发生的原因可能是因为创新多发源于城市密集带的中心城市。所以当社会上对新产品的需求增大，创新地区已经没有能力单独把生产发展到能够充分满足需求的水平时，领近的城市就会凭借其地理位置上的优势，把这种产品的生产接过来。这时，即使它们本身的条件并不十分具备，例如，技术力量不足，协作条件不完全具备，也可以靠与创新地之间业已建立起的密切关系，通过协作来求得问题的解决。大范围的扩展则是指创新活动由发源地按全国行政区域城市系统顺序蛙跳式地向广大地区扩展。例如由纽约向芝加哥、旧金山等城市扩展。这时决定转移去向的就不是距离远近，而是接受新事物能力的差距，而梯度划分正是这种差距的反映。只有处在第二梯度的城市才有能力很快接受并消化发源于第一梯度的创新产业部门或创新产品，并把这些产品更广泛、更深入地销售到它们各自控制的市场中。同理，以后随着产品生命的成熟与老化，它们的生产还会依次向第三梯度、第四梯度上的城市转移，甚至还会由城市向乡镇、农村转移。农村地区的许多创新（主要在农林牧业生产及其产品加工等方面）也往往是先反馈到城市系统中，然后通过这个系统，扩展到全国有需要的地区。

五、二元结构理论

20 世纪 50 年代以来，各国发展经济学家、现代化理论家、区域学家，不约而同地注重研究经济增长模式和现代化道路，特别是发展中国家或地区的经济增长模式和现代化道路。二元结构的概念和理论，逐步形成、发展和完善。最初提出的二元结构，主要是二元经济结构和社会结构。后来，研究的重点完全转向了二元经济结构，取得了一系列重大成果。20 世纪 70 年代以后，二元结构研究延伸并且拓展到经济以外的政治、文化、社会等各个领域。扩大了的二元结构概念和理论脱颖而出，很快引起国际社会的关注和认同。

刘易斯（A. Lewis，1954）较早地揭示了发展中国家并存着农村中以传统生产方式为主的农业和城市中以制造业为主的现代化部门，由于发展中国家农业中存在着边际生产率为零的剩余劳动力，因此农业剩余劳动力的非农化转移能够促使二元经济结构逐步消减。此后费景汉、拉尼斯（H. Fei&G. Ranis，1964）修正了刘易斯模型中的假设，在考虑工农业两个部门平衡增长的基础上，完善了农业剩余劳动力转移的二元经济发展思想。同时，各国发展经济学家、现代化理论家、区域学家，系统地丰富、深化、完善了二元结构特别是二元经济结构的概念和理论。大体上构建了五大研究流派或理论模型，诸如工业化带动论、产业结构转变论、现代要素引入论、诱导技术变迁论、核心——边缘关系论等。

（一）二元经济的产生原因

由于传统农业部门人口过剩，而耕地数量是有限的，加之生产技术简单而很难有突破性进展，生产的产量在达到一定的数量之后，基本是无法再增加的，所以每增加一个人所增加的产量几乎为零，即农业生产中的边际生产率趋于零，有时甚至是负增长，那部分过剩的劳动力被称为“零值劳动人口”。正是由于大量的“零值劳动人口”的存在，才导致发展中国家经济发展水平长期处于低水平，造成城乡差距。在城市现代工业体系中，各工业部门具有可再生性的生产资料，生产规模的扩大和生产速度的提高可以超过人口的增长，即劳动边际生产率高于农业部门的生产边际生产率，工资水平也略高于农业生产部门，所以可以从农业部门吸收农业剩余劳动力。由于工业部门所支付的劳动力价格只要比农业部门的收入略高，农业剩余劳动力就会选择到工业部门去工作，所以农村劳动力是廉价的，这样工业部门可以支付较少的劳动报酬，而把多余资本再投入到扩大在生产的过程中，这样一来又可以吸收更多的农民到工业部门，形成一个良性运行过程，促使农业剩余劳动力的非农转移，使二元经济结构逐步消减。这是发展中国家摆脱贫困走上富裕的惟一途径。

（二）二元经济理论的逐步完善

在刘易斯之后费景汉、拉尼斯（H. Fei&G. Ranis）于 1964 年修正了刘易斯模型中的假设，在考虑工农业两个部门平衡增长的基础上，完善了农业剩余劳动力转移的二元经济发展思想。他们首先将剩余农民分为两个部分：一部分是不增加农业总产出、边际产出为零的那一部分人；另一部分是不增加农业总剩余，虽然边际产出不为零，但并不能满足自己消费需求的那一部分人。他们认为，工农数量的转换必须经过三个阶段：第一阶段是边际劳动生产率为零的农民向工业部门转移。这部分农民的转移，不会对农业总产出水平发生影响，所以，只要工业部门的发展有增加劳动力的需求，就会吸引这部分农民向工业部门转移。付给这部分农民的工资只要相当于他们在农业部门所得到的报酬就可以，促进工业积累和工业部门的进一步扩张。并且由于农民数量的减少，使其他农民的人均所得也有增加。当前一部分人转移到工业部门之后，后一部分人由于工业部门的吸引也开始流向工业部门，这时，工农数量的转换就进入第二阶段。由于后一部分农民的边际产出不为零，他们转出农业部门后，不仅农业总产出水平会下降，而且其他未流出的农民人均所得也下降，当农民总产出下降到一定水平，必然引起农产品（尤其是粮食）相对价格的上涨，从而迫使工业部门提高工资，增加成本。这样就妨碍工业部门的积累和扩张，进而妨碍其对剩余农民的吸纳，因此，这一阶段必须依靠提高农业劳动生产率的办法，以补偿那些并不完全“剩余”的农民流出农业部门所造成的影响。否则，工农数量的转换就难以顺利实现，当工农数量的转换度过费景汉和拉尼斯所谓的“粮食短缺点”后，工业部门继续吸纳剩余农民。当农业部门中不再有剩余农民（不增加总产出的和不增加总剩余的）时，工农数量的转换就进入第三阶段，这时，社会劳动力在工农两部门间的分配将由竞争性的工资水平决定，不仅农业部门要向工业部门继续提供剩余劳动力，而且工业也要反过来支持农业的发展。这就意味着传统农业必然转化为商业化农业。

六、协调发展理论

20 世纪 50 到 60 年代，人们在经济增长、城市化、人口、资源等所形成的环境压力下，对增长—发展的模式产生怀疑。1962 年，美国女生物学家莱切尔·卡逊（RachelCarson）发表了一部引起很大轰动的环境科普著作《寂静的春天》，作者描绘了一幅由于农药污染所事业的可怕景象，惊呼人们将会失去“春光明媚的春天”，在世界范围内引发了人类关于发展观念上的争论。十年后，两位著名美国学者巴巴拉·沃德（Barbara Ward）和雷内·杜博斯（Rene Dubos）的享誉全球的《只有一个地球》问世，把人类生存与环境的认识推向了一个新境界。同年，一个非正式国际著名学术团体——罗马俱乐部发表了有名的研究报告《增长的极限》，明确提出“持续增长”和“合理的持久的均衡发展”的概念。1987 年，以挪威首相布伦特兰为主席的联合国世界与环境发展委员会发表了一份报告《我们共同的未来》，正式提出可持续发展概念，并以此为主题对人类共同关心的环境与发展问题进行了全面论述，受到世界各国政府组织和舆论的极大重视，在 1992 年联合国环境与发展大会上可持续发展观念得到与会者共识与承认。

（一）着重于从自然属性定义可持续发展

较早的时候，持续性这一概念是由生态学家首先提出来的，即所谓生态持续性。它旨在说明自然资源及其开发利用程度间的平衡。1991 年 11 月，国际生态学协会和国际生物科学联合会联合举行关于可持续发展问题的专题研讨会。该研讨会的成果不仅发展而且深化了可持续发展概念的自然属性，将可持续发展定义为：保护和加强环境系统的生产和更新能力。从生物圈概念出发定义可持续发展，是从自然属性方面定义可持续发展的一种代表，即认为可持续发展是寻求一种最佳的生态系统以支持生态的完整性和人类愿望的实现，使人类的生存环境得以持续。

（二）着重于从社会属性定义可持续发展

1991 年，由世界自然保护同盟、联合国环境规划署和世界野生生物基金会共同发表了《保护地球——可持续生存战略》（以下简称《生存战略》）。《生存战略》提出的可持续发展定义为：在生存于不超出维持生态系统涵容能力的情况下，提高人类的生活质量，并且提出可持续生存的九条基本原则。在这九条基本原则中，既强调了人类的生产方式与生活方式要与地球承载能力保持平衡，保护地球的生命力和生物多样性，同时，又提出了人类可持续发展的价值观和 130 个行动方案，着重论述了可持续发展的最终落脚点是人类社会，即改善人类的生活质量，创造美好的生活环境。《生存战略》认为，各国可以根据自己的国情制定各不相同的发展目标。但是，只有在“发展”的内涵中包括有提高人类健康水平、改善人类生活质量和获得必须资源的途径，并创造一个保持人们平等、自由、人权的环境，“发展”只有使我们的生活在所有这些方面都得到改善，才是真正的“发展”。

（三）着重于从经济属性定义可持续发展

这类定义有不少表达方式。不管哪一种表达方式，都认为可持续发展的核心是经济发展。在《经济、自然资源、不足和发展》一书中，作者 Edward B. Barbier 把可持续发展定义为在保持自然资源的质量和其所提供服务的前提下，使经济发展的净利益增加到最大限度。还有的学者提出，可持续发展是今天的资源使用不应减少未来的实际收入。当然，定义中的经济发展已不是传统的以牺牲资源和环境为代价的经济发展，而是不降低环境质量和不破坏世界自然资源基础的经济发展。

（四）着重于从科技属性定义可持续发展

这类实施可持续发展，除了政策和管理国家之外，科技进步起着重大作用。没有科学技术的支持，人类的可持续发展便无从谈起。因此，有的学者从技术选择的角度扩展了可持续发展的定义，认为可持续发展就是转向更清洁、更有效的技术，尽可能接近“零排放”或“密闭式”工艺方法，尽可能减少能源和其他自然资源的消耗。还有的学者提出，可持续发展就是建立极少产生废料和污染物的工艺或技术系统。他们认为，污染并不是工业活动不可避免的结果，而是技术差、效益低的表现。

（五）被国际社会普遍接受的布氏定义的可持续发展

1987 年，布伦特兰夫人主持的世界环境与发展委员会，对可持续发展给出了定义：可持续发展是指既满足当代人的需要，又不损害后代人满足需要的能力的发展。1988 年春，在联合国开发计划署理事会全体委员会的磋商会议期间，围绕可持续发展的含义，发达国家和发展中国家展开了激烈争论，最后磋商达成一个协议，即请联合国环境理事会讨论并对“可持续发展”一词的含义，草拟出可以为大家所接受的说明。1989 年 5 月举行的第 15 届联合国环境署理事会期间，经过反复磋商，通过了《关于可持续的发展的声明》。

七、可持续发展理论

可持续发展思想是建立在社会、经济、人口、资源、环境相互协调和共同发展的基础上，其宗旨是既能相对满足当代人需求，又不对后代人发展构成危害。另有学者认为，可持续发展要以人类生活质量和与之相伴的社会不断进步为目的，当代以至各代际人的均衡、持久的发展为中心任务。其核心的发展是人的全面提高，这是一个全方位的文化演进过程，需要深刻的社会变革。

（一）可持续发展的战略思想

可持续发展理论的核心思想可归结为：(1) 全球资源、尤其是不可再生资源是有限的，一旦出现全球性资源短缺的局面，则将迟滞各国经济发展。(2) 环境容量极限及技术在强化和支撑经济发展中的能力极限。而环境容纳人类活动造成的污染的限度，构成了经济增长的最终极限。因此，应尽量采用有益于环境的“适用技术”，以满足人们对经济发展和良好环境的双向需求。(3) 可持续发展的社会应坚持再分配的公平性。这不仅包括机会与权利在同代人之间的横向公平，还包括当代人与未来诸代人之间的纵向公平，即人们在考虑自身需求满足的同时，也要对未来各代人的需求担负起历史责任。(4) 重视生物的遗传资源保护。生物遗传资源是保证人类赖以生存的生态系统传宗接代的物质基础。生物物种自然或人为灭绝带来了人类难以预计的环境问题，这几乎已成为无法弥补的损失。因此，保护物种的实质就是反对人类对环境的冒进行为。

（二）可持续发展的概念

可持续性的概念源远流长，中西方均早有论述。1978 年，国际环境和发展委员会（WCED）首次在文件中正式使用了可持续发展概念。1987 年布伦特兰报告《我们共同的未来》（*Our Common Future*）发表之后，可持续发展才对世界发展政策及思想界产生重大影响。1992 年 6 月在里约热内卢举行的“联合国环境与发展大会”（UNCED）是人类有史以来最大的一次国际会议，大会取得的最有意义的成果是两个纲领性文件：《地球宪章》和《21 世纪议程》，标志着可持续发展从理论探讨走向实际行动。

布伦特兰报告对可持续发展的定义是：可持续发展是既满足当代人的需要，又不对后代满足其需要的能力构成危害的发展。该定义目前是影响最大、流传最广的定义，包含了可持续发展的公平性原则（fairness）、持续性原则（sustainable）、共同性原则（common）；强调了两个基本观点：一是人类要发展，尤其是穷人要发展；二是发展有限度，不能危及后代人的生存和发展。这一表述实际上已进一步地成为了一种国际通行的对可持续发展概念的解释，既实现经济发展的目标，又实现人类赖以生存的、自然资源与环境的和谐，使子孙后代安居乐业得以永续发展。

在此基础上，《地球宪章》将这一概念阐述为：人类应享有与自然和谐的方式过健康而富有成果的生活的权力。为权利必须实现。它强调了四个原则：第一，公平性原则。这里指的公平性包括代际公平、代内公平、资源利用和发展机会的公平等方面。实现“代际公平”的核心问题是如何使自然资源的拥有量相对稳定在某一水平上；“代内公平”指当代人享有平等的发展机会，人类在享有地球资源的权利上是人人平等的。第二，协调性原则。要求人们根据生态系统持续性的条件和限制因子调整自己的生活方式和对资源的要求，经济和社会的发展不能超越资源和环境的承载能力。第三，质量原则。可持续发展更强调经济发展的质量，要以尽可能低的资源代价去达到提高人民生活质量的目的，还要提高经济运行的效率。第四，发展原则。发展是可持续发展的核心，必须通过发展来提高当代人福利水平，必须具有长远发展眼光。

（三）可持续发展理论的内涵

可持续发展是既满足当代人的需要，又不损害后代人满足需要的能力的发展。可持续发展建立在资源的可持续利用和良好的生态环境基础之上，保持生态持续性对实现可持续发展至关重要。可持续的经济是建立在生态持续基础之上的、良性循环的经济。经济社会协调发展在空间维度上，体现着整体与局部的系统协调统一，强调资源、环境、经济、人口、社会几大系统相互协调共同发展。在可持续发展中，人与人关系的基本准则是平等原则。它包括代内平等与代际平等两个方面，涵盖着当代人与后代人的利益关系问题。

可持续发展最终所关注的是生态、社会和经济的平衡发展。它首先从环境保护的角度倡导人类社会的进步与发展，其主要内容涉及人口、资源、环境、经济、社会发展五大要素，包含了当代与后代的需求、国家主权与国际公平、自然资源与生态承载力、环境与发展相结合等，涉及生态、资源和环境可持续发展，社会可持续发展，经济可持续发展。可持续发展坚持公平性、持续性、整体性和重点性的原则，主要内容有资源的可持续利用、环境保护、清洁生产、可持续消费、公众参与、科学技术进步等。可持续发展因素是相互关联、相互制约、相互影响的对立统一关系。

可持续发展理论的内涵，学者思想要点主要有以下几种：

第一，可持续发展是发展与可持续的统一，两者相辅相成，互为因果。放弃发展，则无持续可言，只顾发展而不考虑可持续，长远发展将丧失根基。可持续发展战略追求的是近期目标与长远目标、近期利益与长远利益的最佳兼顾，经济、社会、人口、资源、环境的全面协调发展。

第二，可持续发展涉及人类社会的方方面面，走可持续发展之路，意味着社会的整体变革，包括社会、经济、人口、资源、环境等诸领域在内，亦要如此。

第三，发展的内涵主要是经济的发展、社会的进步。资源的高效与永续利用同经济发展与社会进步密切相关。资源的合理利用与环境良性循环下的经济发展，要紧紧依靠科技进步和人的素质的不断提高。

第四，自然资源、尤其是生物资源的高效与永续利用是保障社会经济可持续发展的基础；可再生资源、特别是生物资源寓存于地球生态经济系统内，在经济开发与发展中，必须保护生物的多样性及自然生态环境，将可再生资源的开发利用速度限制在其再生速率之内。

第五，自然生态环境是人类生存与发展的基础，如果像水、空气或土地这类最根本的自然生态环境要素遭污染而恶化，人类将无法生存，更谈不上发展。可持续发展战略就是谋求社会、经济、人口、资源、环境的协调发展，并在发展中寻求新的平衡。当然，这种平衡不仅局限在生态与环境上，还包括经济、社会、人口、资源等诸领域的内部及相互间的平衡。

第六，控制人口过快增长，提高人口质量，改善人口结构，并在保护生态环境的前提之下发展经济。

第七，消除贫困。贫困是可持续发展战略要根除的首要目标。在全球约两亿儿童不足温饱，十几亿劳动力无工作可做的今天，发展的首要目标是解决这些人所遇到的困境。

第八，坚持可持续整体发展的全局观念，反对只注重单纯的、片面的或局部的发展，以至把这类发展误认为可持续的整体发展。因此，要从大的方面考虑，并赋予现代观念——即指全人类的发展。

第九，可持续发展既包括区际间协调——此地区发展不应以损害彼地区为代价，也包括全面满足当代人与后代人基本需求这种代际人之间的协调。这就必须解决好资源在当代人与后代人之间的合理配置，既要保证当代人的合理需求，又要为后代人留下较好的生存与发展条件。另一方面，应重视资源在各地区、各部门和每个人之间的合理分配，避免资源闲置与浪费。此外，还应采用能耗少和物耗小的新技术，推行资源与废弃物的循环利用；对可再生资源在开发利用的同时，采用人工措施促其增值；尽量采用替代资源，以减少稀缺资源的消耗，以确保当代间、代际间的人与自然处于协调状态，生态处于持续平衡状态。

另有学者把可持续发展理论的内涵概括为：(1) 目标：保证经济高速发展，又保护生态环境，使社会经济同资源环境实现良性循环。不仅安排好当前的发展，又要为子孙后代着想，为未来发展创造好的条件。(2) 体系：可持续发展是社会与自然关系的变革，是以保护资源与环境为前提对社会进行革新，需要建立可持续发展的社会体系。(3) 过程：从当前开始直至目标实现。在整个过程中协调好人口、资源、环境、社会及经济发展间的关系。(4) 思想：可持续发展是一个理想，理想目标的实现，首先要使人的思想观念有所转变，树立环境意识和生态观念，提倡节约，反对浪费。特别要克服“发展”中片面追求经济增长的思想，防止以牺牲环境为代价换取暂时的经济增长。（5）原理：主要体现在以下三方面：首先，强调社会公平。可持续发展的目标是要满足所有人的基本需求，向所有人提供实现美好生活愿望的机会。社会要从提高生产潜力、确保每人都有平等的机会两方面满足人民需要。其次，强调发展与环境的统一，即社会经济发展同资源环境统筹安排是可持续发展的基本原则。最后，强调生态与经济的协调是核心。经济是社会发展的基础，所以要以经济建设为中心。生态是人类社会和生命系统同自然环境的关系，解决环境与发展的统一问题就必须首先解决好生态与经济的协调发展问题。

八、区域创新理论

区域创新理论通过创新经济学、内生增长理论、创新地理学等等理论和实践的展开而得到发展。

（一）熊彼特与创新经济学的形成

约瑟夫·熊彼特认为，创新是指将生产要素的新组合引入生产体系。因此，创新者不同于革新者，只有敢于冒险，将新发明引进企业的生产经营活动中的企业家才是创新者。熊彼特教授认为，经济增长最主要的动力和最根本的源泉在于企业的创新活动，创新在经济发展过程中起着重要作用。企业家之所以敢冒险，进行创新活动，是因为存在创新会带来企业盈利的预期，驱使企业家敢于创新，同时，其他企业的模仿又会使创新引发的盈利机会趋于消失，从而解释经济周期问题。自熊彼特（J. Schumpeter）在1912年《经济发展理论》一书中提出“创新理论”之后，他又于20世纪三四十年代相继在《经济周期》和《资本主义、社会主义及民主》两书中加以利用和发挥，形成了以创新理论为基础的独特理论体系。熊彼特对创新的研究为经济学家探讨创新提供了思想源泉和动力，使越来越多的经济学家认识到，创新是经济活动的核心内容，而不是细枝末节，认识到长期以来最为重要的是经济进步，而不是静态的经济效率。

（二）新经济增长理论

20世纪50年代末60年代初起，随着一些重大科技项目的成功和科技投资高效益，以美国为中心，许多学者对技术创新发生了深厚的兴趣，"技术"概念不断扩展，不仅包括工艺技术，也包括经营、管理和组织技术。索洛（R. Solow）1957 年发表的《技术进步与总量增长函数》用柯布—道格拉斯生产函数的形式，第一次较科学地测定了美国经济增长中技术进步的贡献，逐渐将技术进步纳入到新古典经济的理论框架，形成了经济增长理论和新经济增长理论。

新经济增长理论，也就是内生增长理论，将经济增长看作经济系统内部因素共同作用的结果，而不像旧增长理论那样把稳态增长率当作是外部产生的。内生增长理论产生于20 世纪 80 年代中期的一个西方宏观经济理论分支，通常以 P. 罗默 1986 年的论文《递增收益与长期增长》及 R. 卢卡斯 1988 年《论经济发展机制》论文的发表作为其产生的标志。

内生增长理论是一些持有相同或相近观点的经济学家所提出的，由诸种增长模型组成的一个松散集合体，其共同的基本思想主要有：（1）经济可以实现持续均衡增长，经济增长是经济系统中内生因素作用的结果，而不是外部力量推动的结果。（2）大多数观点认为内生的技术进步是经济增长的决定因素，技术进步是追求利润最大化厂商进行意愿投资的结果。（3）大多数观点同意技术（或知识）、人力资本具有溢出效应，这种溢出效应的存在是实现持续增长所必不可少的条件。

（三）创新思想与地域结合：创新地理学

地理学，特别是经济地理学研究中很早就开始关注创新研究，如研究技术创新对区域结构变迁的影响、制度创新的区域分析、"剑桥现象"引发的 R&D 组织区位研究、创新的空间扩散过程、知识等区域溢出、高新产业区的发展与规划等。Feldman 在 1994 年《创新地理学》一书中认为，知识的地理集中有利于信息搜寻、增大搜寻强度和任务合作；地理实际上是一个为新产品商业化过程提供所需不同知识的组织；创新是一个由多维空间因子决定的复杂地理过程；并以美国各州数据为基础，对创新的空间模式、区域创新能力评估、技术基础设施等方面进行了数量分析；最后从企业和国家两个层面提出创新政策建议。

传统的创新研究主要集中于企业，讨论创新对企业和经济发展的影响，很少涉及地理问题，与空间鲜有联系。把创新研究与地域结合是

1990年代之后的事，这种地域首先是国家概念，然后是比国家规模小的区域概念。国家创新系统（National Innovation System，NIS）概念是1987年英国学者Freeman在研究日本技术政策和经济绩效的基础上，发现日本的产业政策以及政府有关部门在日本创新中的重要作用而提出来的。

1995年NIS概念被介绍到我国，引起了国内学者的极大兴趣。著名学者冯之浚教授在1998年主持了国家科技部研究课题“国家创新系统的理论与政策”，认为NIS是指一个国家内各有关部门和机构间相互作用而形成的推动创新的网络，是由经济和科技的组织机构组成的创新推动网络。

（四）区域创新理论的启示

以熊彼特为代表的一批学者开创了创新经济学，从一个不同于主流经济学派的视角，以“创新”为基础，揭示了现代经济的一般特征及其发展的社会推动力，所形成的理论体系和分析研究方法，对当前处在不同体制框架和不同发展阶段中的所有国家和地区，无不具有重大的启迪意义和深远的历史性影响。熊彼德所构建的创新理论体系，提出了一些全新的问题，为经济科学的发展指出了新的方向。创新理论对我们研究创新——发展过程的复杂性具有以下几方面的重要启示：

1. 经济发展过程就是一个制度演进、技术变革、社会和文化进步相互作用的发展过程，其实质在于获得一个灵活的机制

新制度经济学、内生增长理论、演化经济学、可持续发展理论、创新经济学的发展表明，经济发展可以从技术、制度、文化及社会等各因素共同作用中去理解，创新理论所关心的“根本不是具体的变革因素，而是这些因素起作用的方法，是变革的机制。

2. 创新的空间地域特性研究有其重要的现实意义

国家或区域内的空间和文化邻近性及相互联系，使得创新主体在创新要素的获得、交流中更容易取得创新的成功。

3. 区域创新是区域可持续发展的源泉和必由之路

区域创新有利于提高资源的利用率、降低消耗、防止生态失衡和环境恶化，巩固区域可持续发展的成果，培植起高素质的区域经济长远发展的增长源。

九、科学发展理论

（一）科学发展理论的内涵

科学发展理论是对可持续发展理论认识不断深化的结果。它为我们提供了一种全新的发展理念，不仅涉及人类未来的前途和命运，而且还对人们的思维方式、生产发展方式和日常生活方式都产生重大的影响。科学发展理论的本质特征表现为：（1）以人为本，实现人的全面性发展。人是发展的最终目的。发展的本质就是人的全面发展。人与自然的协调则是实现人的全面发展的基本手段、条件，人与自然的协调是核心，人与人的和谐是实质。（2）持续性发展。在综合的维度上，注重实现生态持续性、经济持续性、社会持续性的协调统一。

这种在实践层面上的不断推进从而导致在认识层面的不断深化，还体现在转变经济增长方式与转变经济发展方式的不同提法。

经济增长方式到经济发展方式的转变经历了几个阶段，具体说来，从二战后初期到20世纪60年代末期，这是当代圈外发展理论的早期阶段，这一阶段的发展理论可称之为经济增长发展理论。经济增长发展理论认为，发展问题尤其是发展中国家的发展问题就是经济增长问题，将“增长”与“发展”两个概念等同起来。经济增长发展理论认为应把国内生产总值的增长作为评判发展的首要标准，把经济增长作为发展中国家发展的主要目标。

从20世纪60年代末期到20世纪80年代初期，这是当代发展理论发生重要变化的阶段，这一阶段的发展理论可称之为社会综合发展理论。社会综合发展理论摈弃了经济增长发展理论单纯关注经济增长的片面性，注重社会内部经济、政治、文化诸因素发展的相互关系，提出发展是社会整体结构变迁的过程。强调社会发展的综合性，注重特定文化传统对社会经济发展的影响。强调社会发展的内生性，但同时也暴露出明显的局限。首先，社会综合发展理论强调发展应是整个社会结构的变革，是变革的根本动力。

（二）科学发展观的方法论意义

党的十七大报告系统论述了科学发展观的基本内涵、精神实质和根本要求，指出：科学发展观，第一要义是发展，核心是以人为本，基本要求是全面、协调、可持续，根本方法是统筹兼顾。在阐述科学发展观的精神实质时，胡锦涛总书记特别指出：科学发展观是马克思主义关于发展的世界观和方法论的集中体现。这一重要论断为我们指出了科学发展观之所以成为我国经济社会发展的重要指导方针和发展中国特色社会主义必须坚持和贯彻的重大战略思想的理论依据。

具体说来，科学发展观是我们党创造性地运用马克思主义的世界观和方法论来说明和解决当代中国特色社会主义发展问题的理论，它为我国的经济社会发展和中国特色社会主义长期发展提供了科学的世界观和方法论指导。

科学发展观作为关于发展的本质、目的、内涵、要求的总的看法和根本观点，总是受到一定的世界观和方法论指导的：运用马克思主义的立场、观点和方法去认识发展问题，科学地把握经济社会发展的总体规律，就体现为世界观；运用马克思主义的立场、观点和方法去解决发展问题，科学地推进经济社会的发展，就体现为方法论。因此从根本上说，科学发展观既是一种关于发展问题的世界观，也是一种关于发展问题的方法论，在中国特色社会主义建设的实践中，科学发展观完成了从世界观到方法论的转化。因此在科学发展观作为一种世界观形成的同时，这种方法论也同时形成，两者是同一过程。

作为一种指导我国经济社会发展的方法论，在科学发展观中，无论是它的第一要义“发展”，还是它所强调的“以人为本”，还是“全面”“协调”“可持续”，它们本身都应该是一种指导经济和社会发展的方法论。科学发展观首先强调“发展”是第一要义，用发展的方法解决前进中的问题，强调在经济发展的同时促进社会的全面进步。那么如何实现这样的发展呢？那就是运用“全面、协调、可持续”的方法，运用“统筹兼顾”的方法。尤其是科学发展观提出发展的核心是“以人为本”，具体来说，在经济发展的实践中，始终强调人民群众的主体地位，把人民群众的根本利益作为发展的根本，所以要保障人权，不断提高人的各方面素质，创造人人平等发展、充分发挥聪敏才智的社会环境。这些都与“三个代表”重要思想一脉相承，成为经济社会发展的行动指南。科学发展观对社会主义改革开放和现代化建设具有十分重要的指导意义。

科学发展观是在多维视角下对社会主义改革开放和现代化建设内涵的

当代阐释，是超越后发展国家的发展困境并体现时代特征的新发展观，是当代中国社会发展进步的灵魂。今天，我们认真学习、准确把握科学发展观的基本内涵及其理论的系统性，对于坚持以科学发展观作为新世纪新阶段党和国家事业发展的重要指导思想，全面深化社会主义改革开放和基本实现现代化具有重要指导意义。

1. 科学发展观坚持发展是第一要义，在新的实践基础上继承前人又突破陈规，开拓了中国马克思主义发展观的新境界

发展对于进一步深化改革开放、加快社会主义现代化进程具有决定性意义。生产力是社会发展的最终决定力量，解放和发展社会生产力始终是社会主义的根本任务。进一步深化改革开放和全面建设小康社会是我国社会主义初级阶段中承上启下的重要阶段，在这个阶段中虽然我国人民的生活与生产力状况与改革开放初期相比有了很大提高和发展，但社会的主要矛盾仍然是人民群众日益增长的物质文化需要与落后的社会生产力的矛盾。实践证明，要解决好这个主要矛盾，就必须坚持发展是硬道理，抓好发展这个党执政兴国的第一要务，牢牢扭住经济建设这个中心不放松，始终把解放和发展社会生产力作为社会主义的根本任务，集中力量把经济搞上去，紧紧抓住重要战略机遇，保持经济平稳较快发展，大力提高经济增长的质量和效益，实现国民经济又好又快发展，才能为发展中国特色社会主义打下最坚实物质基础。

2. 科学发展观坚持以人为本的本质核心，抓住“为了人、依靠人、尊重人”这个根本问题，把对科学发展的认识提高到新的水平

科学发展观坚持人民群众是历史创造者唯物史观的基本原理，坚持全心全意为人民服务的党的根本宗旨，牢固树立“立党为公、执政为民”的坚定信念，把依靠人作为发展的根本前提，把提高人的素质作为发展的根本途径，把尊重人作为发展的根本准则，把为了人作为发展的根本目的，始终把实现好、维护好、发展好最广大人民的根本利益作为党和国家一切工作的出发点和落脚点，解决好人民群众最关心、最直接、最现实的利益问题，做到发展为了人民、发展依靠人民、发展成果由人民共享。

3. 科学发展观坚持全面协调可持续的基本要求，是对人类发展的客观要求和一般规律的深刻认识和理论升华

科学发展观坚持全面发展，以经济建设为中心，推进经济建设、政治

建设、文化建设、社会建设共同进步，在实现社会全面进步中促进人的全面发展。科学发展观坚持协调发展，统筹城乡发展、统筹区域发展、统筹经济社会协调发展、统筹人与自然和谐发展、统筹国内发展与对外开放，推进生产力和生产关系、经济基础和上层建筑相协调，推进经济、政治、文化建设的各个环节、各个方面相互协调。科学发展观坚持可持续发展，发展循环经济、建设资源节约型国家、建设环境友好型国家，走生产发展、生活富裕、生态良好的文明发展道路。我们要在发展中正确处理好经济增长速度与结构、质量、效益的关系，正确处理好经济社会发展与人口、资源、环境的关系，正确处理好经济发展、社会发展和人的全面发展的关系，正确处理好社会主义物质文明、政治文明和精神文明的关系，努力实现我国经济社会全面协调可持续发展。

4. 科学发展观坚持统筹兼顾的根本方法，找到了实现全面、协调、可持续发展的创新机制，为统筹经济社会发展提供了科学方法

统筹兼顾是我们党进行现代化建设的一个基本方针。所谓统筹兼顾，就是要求我们在工作中要做到总揽全局、协调各方、统筹谋划、兼顾全面，充分调动一切积极因素，妥善处理各种利益关系，着力加强经济社会发展的薄弱环节。现阶段，按照统筹兼顾的思想，特别是要搞好“五个统筹”，即统筹城乡发展、统筹区域发展、统筹经济社会发展、统筹人与自然和谐发展、统筹国内发展与对外开放，注重实现良性互动和共同发展。

十、主体功能区理论

主体功能区，是根据不同区域资源承载能力、现有开发密度和发展潜力等，按区域分工和协调发展原则，划分为具有某种特定主体功能区的空间单元，统筹考虑未来区域人口分布、经济布局、国土利用和城镇化格局，将国土空间划分为优化开发、重点开发、限制开发和禁止开发四类主体功能区。其中，重点开发区和优化开发区主要职能是促进经济增长和增强财政创收能力，强化其对经济绩效考核；而限制开发区和禁止开发区主要职能是保护自然资源和生态环境，弱化其对经济绩效考核。

（一）对主体功能区的认识

功能区是指基于不同区域的资源环境承载能力、现有开发密度和发展

潜力等，将特定区域确定为特定主体功能定位类型的一种空间单元。在全国国土空间结构上，一般可以划分为经济区、农业区、生态区等；在单个城市空间结构上，可以划分为居住区、工业区、商业区、旅游休闲区、自然保护区等。

所谓主体功能区是指根据不同区域的资源环境承载能力和发展潜力，按区域分工和协调发展的原则划定的具有某种主体功能的规划区域。它的作用主要是解决人与自然的和谐发展问题，并可作为国家区域调控的地域单元。主体功能区是由主体功能区划得来的。划分主体功能区是国家实施可持续发展战略，实现空间均衡的重大战略部署。

主体功能区是我国的一个创新，虽然国外没有主体功能分区这一概念，但追溯其思想，不难发现其起源于西方的规划分区理念。在国外利用规划分区进行资源的合理开发或保护也是学术界关注的课题。虽然其小尺度上的分区方法对我国主体功能分区借鉴意义不大，但其关于分区的经济效益分析，以及为了保证分区间公平所采取的方法对我国正确评估主体功能区的作用，完善主体功能区的政策等具有一定的借鉴意义。国外对于功能区的划分则集中体现在国土规划领域，其划分寻求空间均衡发展的必要途径。

主体功能区的提出丰富了我国区域发展理论，主体功能区的提出使我国区域发展理论与可持续发展战略更加紧密地结合起来。

（二）主体功能区的理论基础

主体功能区划作为一项复杂的系统工程，涉及经济地理学，生态学，环境化学，社会人文科学等众多学科，因此主体功能区划的理论往往是多学科交叉、渗透所形成的，而地域分异理论和协调发展理论正是一切综合区划最基础的理论。

樊杰（2007）据此指出主体功能区形成的主要动力是自然地理环境和人文地理环境的区域差异性和地域分异规律。主体功能区划的科学基础包括“因地制宜”的思想及相关的理论以及“空间结构的有序法则”。王振波等（2007）认为科学发展观背景下的可持续发展理论是其理论基础，其公平性决定了地域功能分工，其高效性决定了主体功能的确定，其统一性决定了地域功能区间的统筹。朱传耿等也强调主体功能区必须以科学发展观为理论基础，遵循全面协调可持续的理念。

关于主体功能区理论基础的讨论，学者们从科学发展观出发，借用已有的自然区划、经济区划、生态区划等理论基础，对主体功能区理论基础体系的建立发挥了重要的作用，但应该看到作为一个多学科交融的战略思想，其理论基础的完善仍需进一步综合社会、经济等学科理论并予以贯通，在主体功能区建设的实践中不断丰富发展。综合实际发展来看，区域的发展主要受到资源环境承载力和区域自身发展能力的双重约束，推进形成主体功能区，是促进区域协调发展的重大战略举措，是缓解资源缓解承载力的重要途径。推进形成主体功能区建设的经济学理论基础。

1. 人口、资源和环境相协调的经济学理论

各区域随着经济发展，大气、水、土壤等环境污染不断加剧，生物多样性受到威胁，温室气体大量排放，气候变暖、极端天气频发等等问题的出现，已经给居民生活带来巨大影响，部分地区污染程度已经超过了区域承载能力，开始出现了生态退化、环境质量下降等问题。人口、资源与环境在经济发展过程中越来越不协调，有些地区资源环境承载力较高，发展条件较好，没有聚集相应的人口规模；有些地区却由于人口规模的扩大和开发强度的增加，资源环境开始不堪重负；有些地区生态环境脆弱、资源环境承载力较低，却聚集了相对较多的人口和各种经济活动，给当地的资源和环境承载能力造成相当的压力。人口问题、资源问题、环境问题最终需要通过人口、资源、环境的有效配置来解决。人口、资源、环境有效配置表现为：一是在特定空间内人口、资源、环境按照一定数量比例进行组合，构成社会系统；二是人口、资源、环境按照一定方式，配置到国土空间。主体功能区要实现的目标之一就是要实现人口、经济分布与资源环境之间矛盾冲突的减小和化解，通过主体功能区规划的制订和实施，实现一种空间均衡，主体功能区能够构建一种同时满足三方面效益最大化的区域空间分布格局，使人口分布与经济发展趋势相适应；同时，要同资源环境承载力相适应，即以发展经济为主的地区要积聚大量的人口，而这些地区也应是资源环境承载力较高的地区，以保护资源环境、维护生态空间为主的区域则布局比较少的人口和环境友好型的经济活动。在主体功能区建设中，人口转移在主体功能限制条件下进行产业选择、经济布局等行为，都需要用人口、资源与环境经济学对人口、资源、环境有效配置研究的成果做指导，另一方面，主体功能区建设又为人口、资源与环境经济学研究人

口、资源、环境有效配置提供了素材和实证的范例。

2. 区域分工与协调发展的理论

区域经济协调发展是世界各国经济发展中永恒的主题，与之相伴随的是区域发展差距这一世界各国普遍存在的问题。一般来说，在经济发展初期，生产技术差异不大，市场机制的作用有限，区域差距并不显著扩大，当经济进入快速发展时期，市场机制的作用使要素数量和质量的差别及其放大效应凸显，政府又多是选择促进发展的战略，差距扩大难以避免。从我国多年来的理论和实践经验来看，尽管在缩小区域经济差距上做出了不懈努力，实际情况是区域间差距呈现不断扩大趋势，由此引发诸多社会矛盾，不利于发展环境的稳定，甚至会影响整体的发展效率。

主体功能区，应是引导和约束未来人口分布、经济布局、国土利用、城镇化格局和产业集群发展的总体方案。优化开发区和重点开发区主要生产社会物质财富；限制开发区和禁止开发区，主要生产自然生态财富。从绝对成本理论来看，相对于重点开发区和优化开发区，限制开发区和禁止开发区具有生产自然生态财富的绝对成本优势；相对于限制开发区和禁止开发区，重点开发区和优化开发区具有生产社会物质财富的绝对成本优势。从要素禀赋理论看，优化开发区定位于国土开发密度已经很高、资源环境承载能力开始减弱的区域，要改变依靠大量占用土地、大量消耗资源和大量排放污染物而实现经济较快增长的模式，把提高增长质量和效益放在首位，提升参与全球分工与竞争的层次 继续成为带动区域经济社会发展的龙头和一个国家或地区参与经济全球化的区域；重点开发区定位于资源环境承载能力较强、经济和人口聚集条件较好的区域，要充实基础设施，改善投资创业环境，促进产业集群发展，壮大经济规模，加快工业化与城镇化，承接优化开发区域产业转移，承接限制开发区和禁止开发区域的人口转移，逐步成为支撑整个区域经济发展和人口聚集的重要载体；限制开发区定位于资源环境承载能力较弱、大规模集聚经济和人口条件不够好并关系到一个国家或较大区域范围生态安全的区域，要坚持保护优先、适度开发、点状发展、因地制宜发展资源环境可承载的特色产业，加强生态修复和环境保护，引导超载人口逐步有序转移，逐步成为一国或区域性重要生态功能区；禁止开发区定位于依法设立的各类自然保护区域，要依据法律法规规定和相关规划实行强制性保护，控制人为因素对自然生态干扰，严禁不符合主体功能定位的开发活动。

不同主体功能区在功能属性上的区域分工，可以促进区域协调发展。主体功能区必然会使未来空间结构两极化，国家鼓励优化和重点开发区加快发展，限制或禁止某些区域发展，都是在空间结构上体现全局、整体的效率，通过主体功能区建设是实现基本公共服务均等化。因此，政府制定和实施主体功能区政策的目的，是纠正市场自发形成国民经济空间结构畸形缺陷，以达到经济增长与区域持续协调发展两个相互关联的总目标。

3. 空间结构理论

空间结构理论认为，资源分布、地形地貌及政府决策是空间结构的重要成因。计划经济下，我国空间结构是计划空间的结果：一方面，资源导向的空间结构、自然环境导向的空间结构有其内在的合理性；另一方面，忽视资源和环境承载力，做出的计划空间安排既有悖于资源配置的效益原则，也对可持续发展形成严重威胁。例如，我国社会经济发展基本空间格局在很大程度上受我国三大自然区及地势的三大阶梯制约，这种格局非人力所能改变。生态脆弱地区不可能实现大规模工业化和城市化，如果还是按照现行行政区组织经济运行的方式发展下去，必将进一步威胁经济社会发展的生态安全。主体功能区建设，依据自然地理条件、区域资源环境承载力重塑空间结构，让气候、地形、水土资源条件比较适宜和优越的地区在现代化支撑体系保障下，建成“高密度、高效率、节约型、现代化”的发展空间，让生态脆弱区、生态敏感区、关系国家生态安全的特殊地区尽可能地恢复自然生态，构建合理区域利益协调机制，既要使生态脆弱和环境恶化地区不至于发生生活水准倒退，又要使全体民众共享发展成果。

我国在未来对于空间的需求，主要包括三个方面的内容：城镇化空间、农业空间和生态空间。城镇化空间主要是人类聚集区，是人们生产、生活的主要活动区域；农业空间主要是保障人类粮食供给、维护粮食安全所要区域，生态空间则是为了维护良好的生态环境而需要保护的空间。优化开发区和重点开发区主要是作为未来的人口聚居区，即提供城镇化空间，而限制开发区和禁止开发区主要是提供农业空间和生态空间，通过不同空间类型的合理组织，以实现区域的协调和可持续发展。在明确了区域的主体功能的分布格局后，就需要针对不同的主体功能区完善和制定相应的区域政策，政策制定的取向就是通过对不同的主体功能区采用不同的区域政策，从而鼓励那些有利于区域主体功能的活动，而限制或改变那些不利于区域实现其主体功能定位的活动，最终构建合理的空间开发结构。

4. 可持续发展理论

可持续发展是基于生态环境的恶化而提出来的，是基于对社会进步过程中所付出的环境代价的思索而提出的。地球上的自然资源总量是有限的，人类的生存和社会、经济的发展依赖于环境资源并受其约束。可持续发展重在强调发展的可持续性原则，即要求人类的经济和社会发展必须维持在资源和环境的可承受能力的范围之内，以保证发展的可持续性。

主体功能区建设，将观念层次、经济—社会体制层次、科学技术层次的可持续发展融合为一体。首先，从观念层次看，构建以主体功能区为基础的区域开发格局，力求通过功能区开发，而不是传统的区域综合开发来实现区域可持续发展。由于自然、历史等多方面原因，人口分布密度和自然资源丰度之间存在明显的不协调，对人地关系紧张、人口与资源环境关系紧张的区域来说，单凭区域自身综合开发，很难实现人口、资源、土地、生态环境之间的协调，可持续发展受到严重制约；而推进形成主体功能区，立足于区域分工、依托整个国土空间谋求区域可持续发展，是对区域可持续发展观念的创新。其次，从经济—社会体制层次看，主体功能区建设要求用现有的行政区框架推行跨行政区的区域管理。一方面，政府干预理论、政府与市场协调理论为这种跨行政区的经济社会管理提供了理论指导；另一方面，这种实践必然会引发经济社会体制改革与创新，使经济—社会体制朝着更有利于区域可持续发展方向变革。最后，从科学技术层次看，依托不同主体功能区，构建新的财富生产的区域分工体系，提高了财富生产的区域集中度，一方面有利于社会物质财富和自然生态财富生产过程中的技术投入的规模经济和产出效益；另一方面，更加细致的分工有利于发现区域可持续发展实践中的技术障碍，为技术进步和科技创新指明方向，进而夯实区域可持续发展的技术支撑。

（三）主体功能区的划分方法

主体功能区由我国政府率先提出来，是一个重要的理论创新，其综合性强，且资源环境承载能力、现有开发密度和发展潜力等指标难以统一量化，因此其划分方法尚在不断研究完善中。从已有的研究来看，划分的难点集中于资源环境承载能力、现有开发密度和发展潜力指标体系的选择，以及类型阈值的确定。指标的量化难免主观，同时一些区域发展中的问题复杂，难以用已有的指标刻画，因此目前并没有一个令人信服的指标体系，但同时也应注意我国地域宽广，其选择应针对各地的实情，不能盲目的借鉴已有的研究。类型阈值的确定则直接影响区划结果，而目前尚无成熟的方法，需要结合划分的实践进一步加强研究。

主体功能区是基于不同区域的资源环境承载能力、现有开发密度和发展潜力，将特定区域确定为特定主体功能定位的一种空间单元。“十一五”规划纲要提出：根据资源环境承载能力、现有开发密度和发展潜力，统筹考虑未来我国人口分布、经济布局、国土利用和城镇化格局，将国土空间划分为优化开发、重点开发、限制开发和禁止开发四类主体功能区，按照主体功能定位调整完善区域政策和绩效评价，规范空间开发秩序，形成合理的空间开发结构。

1. 优化开发区

优化开发区域是指国土开发密度已经较高、资源环境承载能力开始减弱的区域。优化开发区要改变依靠大量占用土地、大量消耗资源和大量排放污染实现经济较快增长的模式，把提高增长质量和效益放在首位，提升参与全球分工与竞争的层次，继续成为带动全国经济社会发展的龙头和我国参与经济全球化的主体区域。

这类区域，如珠三角、长三角等地区，重点是提高工业化和城市化的质量，提升经济发展层次和综合竞争力，优化和改善空间结构，创造良好的人居环境，防止经济过度集聚，避免出现“膨胀病”，促进区域可持续发展。这类区域的主要任务是：加大科技投入，全面提高自主创新能力，着力提高产业的技平，以发展循环经济为导向，促进科技进步，化解资源环境瓶颈制约；提高外向化水平，提升参与全球竞争的层次，成为带动全国经济发展的龙头国参与经济全球化的主体；提高经济效益，增强区域的人口承载力；带动产业结构优化升级，将技术成熟的产业、劳动力密集型和资源开发型产业地向重点开发区转移；以高新技术产业为主导，重点发展技术和知识含量制造业和现代服务业。

2. 重点开发区

重点开发区域是指资源环境承载能力较强、经济和人口集聚条件较好域。重点开发区要充实基础设施，改善投资创业环境，促进产业集群发展，大经济规模，加快工业化和城镇化，承接优化开发区域的产业转移，承接开发区域和禁止开发区域的人口转移，逐步成为支撑全国经济发展和人口的重要载体。

这类区域要大力推进工业化和城市化进程，实行优先重点开发，引导要素和产业合理集聚，形成新的产业和城镇密集带。对于那些资源环境承力较强，但近中期尚不具备大规模开发条件的区域，重点是搞好基础设施加强资源和环境保护，合理控制经济开发强度，为今后大规模开发创造这类区域的主要任务是：加大科技投入，全面提高对先进技术的消耗吸收在消化引进技术的基础上提高区域科技水平；增强吸纳资金、技术、产业集聚的能力，消化、吸纳优化开发区转移的成熟技术和成熟产业；大力加强基础设施建设，提高区域的人口承载力，加快工业化和城市化步伐，提升区域功能；以构建、延伸循环产业链为基本导向，吸纳优化开发区转移出来的成熟产业、资源密集型产业，吸纳限制开发区、禁止开发区转移出来的人及无法长期承载的产业，尽快做大经济总量，提高经济发展质量。进行主体区划后，优化开发区域和重点开发区域将成为我国经济、人口的主要集聚主要承担承载人口、发展经济的任务。

3. 限制开发区

限制开发区域是指资源环境承载能力较弱、大规模集聚经济和人口条够好并关系到全国或较大区域范围生态安全的区域。限制开发区要坚持保先、适度开发、点状发展，因地制宜发展资源环境可承载的特色产业，加强生态修复和环境保护，引导超载人口逐步有序转移，逐步成为全国或区域性的重要生态功能区。

我国的退耕还林区、天然林保护区、草原“三化”地区、重要水源保护地区、重要湿地、水资源严重短缺地区、自然灾害频发地区等都属于限制开发区的范畴。限制开发区域生态环境脆弱，不具备大规模开发条件，要遵循“保护优先、适度开发”的方针，既要加强生态环境整治等工程性措施，因地制宜地发展本地资源环境可承载的特色产业，又要引导人口资源平稳有序地转移到重点开发区和优化开发区域，缓解人与自然关系紧张的状况。加强生态环境治理，提高区域的资源环境承载能力是限制开发区的重点任务，也是限制开发区内的经济活动必须遵循的基本准则。

4. 禁止开发区

禁止开发区域是指依法设立的各类自然保护区域。禁止开发区要依据法律法规规定和相关规划实行强制性保护，控制人为因素对自然生态的干扰，严禁不符合主体功能定位的开发活动。禁止开发区虽不承担发展经济的任务，但它在保护自然、生态的前提下，可以在区域的资源环境容量内发展生态旅游等产业。进行主体功能区划后，限制开发区和禁止开发区将成为我国生态资本的主要富集区，主要承担保障生态安全的任务。

十一、包容性增长理论

20 世纪中期以来，人们对于经济增长的认识在不断深化，增长理论总体上经历了极化涓滴增长（赫希曼，1991）、基础广泛的增长（世界银行，2001）、亲贫困增长有利于穷人的增长（Martin Ravallion，1999；世界银行，2001）等几个阶段的逻辑演进过程，同时伴随着减贫战略和相关政策的不断完善和发展。

进入 21 世纪，鉴于亚洲地区各国普遍出现在实现持续增长的同时，收入和非收入不平等状况也在快速扩大的问题，亚洲开发银行在“对穷人友善的增长”基础上，提出了“包容性增长”（inclusive growth）的理念。

（一）“包容性增长”的提出

“包容性增长”这个概念，是 2007 年由亚洲开发银行首先提出来的，也是国际组织在十年间逐渐完善的一个概念。

包容性增长与增长—贫困—不平等间有密切关系。新古典经济增长理论预言，由于要素的边际生产力递减规律的作用，经济增长会自动地收敛到稳定状态，这意味着经济增长的得益会自动地扩散到全社会的各个阶层、各个部门和各个地区，因此，经济中的贫困人口会随着经济增长而自然减少并最终消除，收入差距会缩小并最终消失。基于这一认识的政策就是追求增长，增长是第一位的。然而，许多国家执行增长第一主义政策的结果是，经济增长率为正但贫困问题却在累积，不平等在扩大，由此产生了许多严重的社会问题，反而对增长造成了巨大的威胁，最终陷入经济停滞状态。许多研究也表明，增长—贫困—不平等关系很复杂，并非像新古典发展经济学预言的那样简单。

世界银行在《1990年世界发展报告》中提出“广泛基础的增长”(broad - based growth)，强调要将贫困人口吸纳到经济增长过程中，指出可以通过两方面的战略，在改进贫困人口生活质量方面取得快速而且政治上可持续的进步：一是实现对贫困人口所拥有的劳动力这一最充裕资产有生产效率的使用；二是为贫困人口提供广泛的基本社会服务，特别是基础教育、基础卫生医疗等。

正是因为“广泛基础的增长”定义上的模糊，在后续的研究中，学者们提出了“亲贫困增长”(pro - poor growth)的理念。关于“亲贫困增长”，可以区分出两种定义：一是相对定义的亲贫困增长：增长是亲贫困的，如果穷人的平均收入增加得比非穷人的平均收入快。这意味着增长伴随着有利于穷人的收入分配的变化，即不平等下降。增长是严格亲贫的。二是绝对定义的亲贫困增长：增长是亲贫的，当且仅当穷人在绝对意义上获益。这一定义只考虑穷人的收入，不考虑不平等的变化。

亲贫困增长考虑了增长对贫困减缓的作用，但对增长与收入分配的关系并未给出明确的回答。基于这一认识，学者们从导致收入差距的原因出发，提出导致收入差距及其变化的原因很多，且不同的国家有不同的国情。但从政策制定的角度看，导致收入差距产生的原因可归纳为两类：一类是个人背景或所处环境(circumstances)的不同，另一类则是个人的努力与勤奋程度(efforts)的不同。

在上面认识的基础上，亚洲开发银行和世界银行提出了包容性增长的增长理念，认为包容性增长是机会平等的增长。机会均等强调消除与环境相关的坏的不平等，以便减缓结果的不平等是包容性的核心，是包容性增长战略的核心。

(二)包容性增长的科学内涵

胡锦涛同志从2009年11月到2010年9月的十个月左右时间里两次在国际场合提出“包容性增长”的理念。“包容性增长”是又好又快发展的题中应有之义，是转方式调结构的内在要求，与科学发展、和谐发展一脉相承。包容性增长就是经济增长、社会发展和制度公平三者之间的有机协同，具有显著的民本主义发展导向，更关注民权民生，更能满足民众权利发展的制度公平诉求。

1. 包容性增长体现公平与效率的内在一致性

学术界普遍认为公平与效率两者不可兼得，包容性增长创造性地解释了两者的内在一致性。如果没有体现制度公平的包容性，就不可能将各种发展力量加以包容整合，因而就不可能实现效率改进。如果没有宏观经济的长期有效增长，国民大众则只能处于共同贫穷的发展陷阱，而无法实现共同富裕的真正包容。

2. 包容性增长强调发展权利的同质均等性

公众普遍具有同质均等的发展权利，只有消除由个人背景不同所造成的机会不平等，才能缩小结果的不平等；只有权利同质、机会均等和公平竞争，才能实现包容性增长。

3. 包容性增长拒斥两极分化但保护合理差别

包容性增长最基本的含义是公平合理地分享经济增长，拒斥穷者愈穷和富者愈富的两极分化发生。但收入共享性不意味着平均主义，包容性增长是在权利公平的前提下要求公民贡献与个人收入之间的对称性。

4. 包容性增长的逻辑延伸就是包容性发展

包容性增长区别于传统意义上的“增长”，它不仅包括 GDP 增长和技术创新，而且也包容了制度优化和理念改进，同时还兼容了人口发展、资源节约和环境保护，其变迁过程具有很强的整体性、系统性和协同性，其自然逻辑延伸就是包容性经济发展。

5. 包容性增长的国际扩展就是和平发展

和平与发展一直是当今时代的主题，在全球化时代，国别之间的路径选择既具有显著的竞争性和多样性，但同时也提供了合作性和趋同性，包容性增长表达的正是国际社会普遍共有的这种和平发展诉求。

第三章　扶贫开发规划理论

第一节　参与式发展理论

“参与式发展理论”是从五六十年代在欠发达国家中普遍采取的社区参与基础设施建设和其他项目建设的一种概称，旨在通过更多的人参与到建设中来带动自身发展。

一、发展思想的演变及其内涵

（一）发展思想的演变

第二次世界大战以后，无论是欧美发达国家，还是新独立的发展中国家都十分重视对发展的研究。这些研究在20世纪50～60年代主要以经济增长理论的形式出现，到70～80年代，扩展为现代化研究，进入90年代以来，则向以人为中心的人类发展理论演变。

从经济增长理论到现代化理论，再到以人为中心的人类发展理论，发展中国家社会发展理论演变的基本趋势，表现为三个重心转移：一是从“经济增长”到“人的价值观念和基本需求”再到“人的全面发展”；二是从“国内发展”到“国际发展”；三是从“经济、社会与人的发展”到“人与经济、社会、自然四者的相互协调发展”。因此，以人为中心的人类发展理论的主要内容至少包括了以下四个方面：（1）坚持以经济发展为核心，经济发展必须依靠科技和教育；（2）满足人们的基本需求，体现以人的发展为核心；（3）谋求世界的共同发展，世界经济的全球化、区域化和集团化成为必然趋势；（4）人与自然协调，实现可持续发展。

（二）发展的特征与内涵

发展具有多元化的特征：发展是一种变化；发展是一个过程；发展是中性的；发展是互助的；发展的核心来源于发展的主体而不是外界的干预；发展的关键点是赋权。

因此，发展意味着经济、社会、文化、政治、立法、人力知识、资源、环境等各领域的全面进步，发展要求的是各领域的协调发展，它不但包括正的经济增长和经济发展，而且还包括社会稳定、民主参与、社会平等、妇女的参与、文化的发展、授权、分权化能力建设、创新、乡土知识及生态环境的改善等等方面。

二、参与的内涵与特征

从严格的学术角度来看，“参与”的概念大概出现在20世纪40年代的末期，这一概念在其后的20世纪50～60年代中，逐渐演化成了相对丰富的参与式发展理论。“参与”的概念在20世纪80年代末期引入中国。

（一）“参与”的内涵

比较统一的理解，“参与”的内涵包括以下方面：在决策及选择过程的介入、贡献与努力、承诺与能力、动力与责任、乡土知识与创新、对资源的利用和控制、能力建设、利益分享、自我组织及自立权利及民主再分配、机制促进等。任何发展努力若在这方面不能得到体现，都称不上真正的参与。

（二）“参与”的特征

“参与”具有以下特征：（1）“参与”主体与角色的多样性；（2）“参与”从本质上看是一种权力的再分配；（3）“参与”的制度化；（4）实现真正意义上、最高层次的参与是一个漫长的过程。

三、参与式发展

参与式发展是指在影响人们生活状况的发展过程中或发展计划项目中，由发展主体积极、全面介入发展决策的一种发展方式。

（一）参与式发展理论的基础

参与式发展理论的基础主要包括以下方面：

1. 参与式行动研究强调

穷人也是有知识的、也具有创造性；外来者的作用仅仅是协助和服务；边缘群体（政治、经济、文化）应得到加强。

2. 社会人类学研究

外来者和当地人的知识有差别；土著知识是有效和适用的；行为和态度是保持和当地人友好关系的基础和重要保证；和当地人生活在一起，从他们的角度去理解和处理问题。

3. 农业生态系统分析

农业系统具有复杂性、多样性和风险性；贫困农户知识对农业系统具有适应性和行为的合理性；贫困农户非常实在的行为方式；贫困农户具有自我分析和解决问题的能力。

（二）参与式发展理论

参与式发展理论包括以下主要内容：

1. 建立“伙伴”的关系

这是指：政府工作和援助机构应当是发展过程的开始和前提，政府和发展工作人员是发展过程中的发起者、组织者和激励者；受益群体是发展过程的主体，是发展的建议者、计划者、执行者、管理者和受益者。

2. 重视过程，而不仅仅是结果

参与式发展理论认为：任何一个发展项目的过程包括：预可行性研究、可行性研究、实施、后续管理、利益分配、监测与评估等阶段。只有重视每一阶段的过程，才可能有好的结果。

3. 重视乡土知识、群众的技术与技能

这是社会区群众的基本能力，是参与式发展项目的起点。

4. 综合提高人的能力

参与式发展始终把受益社区群众和项目执行机构能力建设作为项目的重要目标。

5. 机构化

参与式发展是一个机构创新的过程，需要一定的时间，并需要加强人力资源的培训。参与式发展理论的核心是“赋权”。赋权的核心是对参与和决策发展援助活动的全过程的权力的再分配，即增加社区和穷人与妇女在发展活动中的发言权和决策权。赋权给穷人和妇女的全过程是重新挽回穷人和妇女对自身的知识和能力的自信和重建自尊的过程，这正是构建社区自我发展能力和增加社区的社会资本的关键。

（三）参与式发展方法体系

经过多年的实践，参与式发展形成了一整套方法体系。其中参与式发展方法体系中的方法包括：参与式社区发展目标群体分析；目标导向的项目规划法；参与式性别分析；参与式培训、参与式监测与评价、参与式行动培训。参与式发展方法体系中的工具包括：访谈类工具，分析类工具，排序类工具，展示类工具，记录类工具，图示类工具，研讨、会议类工具，角色扮演与直接观察。

专栏1－1：参与式分析评价的一般方法（工具）

1. 直接观察法（抽样实地踏勘或剖面图）

通过对当地条件直接观测和总结归纳收集各方面数据，比较不同区域的主要特征、资源利用情况和存在的问题。其目的是描绘细致的社区画面，了解各种土地利用情况和自然资源管理及利用的方式、方法，发现各生态区内所存在的问题。具体步骤包括：（1）寻找既有知识又愿意合作的主要知情者。（2）确定剖面线路（在地图上），路线的取舍要与村民进行充分讨论后决定。所选地区必须覆盖全部主要生态区和生产区，并能代表村庄地形、资源和社会经济变化等方面的多样性。（3）沿线路走访，在每个生态区与居民进行非正式讨论。（4）与主要知情者一起在剖面上标注各种因子（作物种类、土地利用状况、树木、土壤、水资源等），以及问题和机会所在。（5）分清主要天然分布区和农作区。（6）绘制剖面图。（7）与主要知情者共同检查剖面图。

2. 排矩阵表

矩阵表是在行上列出某些条目（如树种或作物类型），在列上标出每个条目的特性（如产量、利用情况和抗旱性等），它能反映每个特性的等级水平。当地人可从表中选择发展方案。矩阵表可用于很多方面，如对某种作物或树种的利用，了解农民的选择等。它可帮助村民或项目管理人员在项目计划和实施过程中作出决策。具体步骤包括：（1）寻找感兴趣、有想法的参与者（男性或女性均可）。（2）在一张大纸上勾划图表。

(3) 与参加人商讨并确定条目，如列出移民区的主要作物。(4) 画出一系列横行（横行数依将评价的种类而定)。在每一行的相应位置标出作物名称并画上相应的树叶或果实。(5) 与参加人商定评价标准。(6) 画出一系列纵行（纵行数依标准数而定)，在每列的左边标上标准等级，从负到正（例如：从高收入的作物向低收入的作物排列)。(7) 与参加者商定每项标准（例如：最高产、高产、中产、低产、最低产等)。(8) 参加人在矩阵表格里添上树枝或石块，石块数代表标准的等级，例如一块石头表示“最低产”，五块石头表示“最高产”。(9) 统计结果并分析。

3. 季节历

季节历是在一张很普通的时间表里反映大量资料的图表，用以明确一般情况下乡村社区生活中所发生的一系列活动。建立季节历可以获取各个阶段社会、生物、物理和经济条件等方面的资料，展示它们之间的内在联系，并确定所面临的各种变化和有利时机。它可以帮助项目计划和管理人员选择到乡村工作的最适时机；有助于分析各种指导措施及其相互关系；获得的资料可以反映每个人（男性、女性、小孩）或小组的职责，以及在一年之中的变化；表的年度循环周期对劳力分配、食物短缺时间、资金流向等方面有重要意义。操作步骤包括：(1) 确认感兴趣、有能力的当地人（男性或女性均可)，可以组的形式，也可以主要知情者的形式加以讨论和绘制。(2) 画 12 条竖线（月份数）或根据乡村中使用的年历画相应的竖线，然后再画上所需要的横线（也可随时加线)，在每条竖线上标上月份。(3) 定出一些条目（例如：任务类型等）并进行讨论，将这些条目写在每横行的左边，与参加人商讨附加条目（如附加任务)。(4) 讨论并标明开展每项活动的时段安排。(5) 倾听人们对每项活动（如零星的、持续的、集约的等）的反响。(6) 保证每个家庭成员（男性、女性、儿童）的活动和责任都充分体现出来。(7) 季节历可随参加人的社会经济地位不同而进行更改。

4. 参与式绘图

它是标明对该地居民有影响的资源、设施等一般状况的图表。根据探讨的主题不同，也可分成社区图、自然资源图、水防农林图等。其目的是为了收集和了解与人民生活密切相关的有关信息。操作步骤包括：(1) 确定绘图的类别。(2) 鼓励村民积极参加绘图。(3) 召集地方领导和经验丰富的农民对图作详细补充。

5. 大事记

大事记展现了对村民有较深影响，并经其他资料证实的乡村史。目的是为了了解在乡村发展过程中地方或国家和国际上所发生的重要事件。它有助于识别对未来自然资源管理有影响的变动和变迁。项目管理人员可以从中获得有关过去乡村处理这类问题的第一手资料，以及自然资源所发生的变化。具体步骤有：(1) 组建小组，兼顾男性和女性，通常选择成人。(2) 请参加人对他们认为重要的事件进行回忆，摘录具有历史意义的事件（例如：移民搬迁的时间）。(3) 向参加人请教以前他们是如何经营自然资源和养家糊口的。(4) 记录整理。

6. 公共机构图

它是展现影响乡村生活的村庄与各种公共组织间的相互关系的图表。目的是为了获取某一社区关键组织和人物的资料，这对衡量他们在制定决策上的份量十分有益。这个图解可以帮助项目管理人员认清各个组织在农村发展中的作用，了解发生冲突的根源，例如在土地使用权方面。操作步骤有：(1) 识别对制定决策有影响的组织机构和人物。(2) 以划圈或裁纸条的方式代表有关组织和个人，圈的大小显示了其相应的重要性和影响力。(3) 判断在决策时各个圈的交迭现象，当在同一个领域里的一个组织与另一个组织或个人的职能相近时就会发生交迭。(4) 与主要知情者进行分组讨论并初步肯定后做横向检查。

7. 小组座谈讨论

小组座谈讨论的范围很广，收集到的资料多而杂，应力求全部记录。然而，每个小组皆有自身的主题，一切讨论、座谈及所获得的资料都要围绕主题讨论，对其他可能出现及涉及的重要问题，要适当留意，时间允许的话应加以讨论，座谈应在活跃的气氛中进行。座谈均列出半结构性的提纲。(1) 妇女小组座谈。妇女小组座谈最好由女性工作组员作为主持人，这样便于无拘无束地开展座谈，进而获得所需的一切或大部分资料。妇女小组座谈的主题常常包括：妇女就业、妇女劳动负担、妇女经济地位、社会地位、妇女关心的问题、营养保健、子女、妇女接受培训机会、男女同工同酬、妇女对社区发展的看法等。(2) 男性小组座谈。经验表明，男性小组座谈比较容易组织。男性小组的主题可以有很多，如就业、失业、劳动强度、劳动量、农事活动、收入来源、收入分配、农业及家庭投资、社区发展方向、社区发展问题、社区发展潜力、外出打工及收入等。(3)混合组座谈。混合组可以探讨一切问题。但有一些问题，诸如社区发展方向、社区存在的问题等，由于男女出发点不同，结论也就不同，混合组讨论，双方可以产生妥协，形成统一意见。(4) 其他小组座谈。其他小组座谈视所收集资料的性质而定，如了解有关外出打工对家庭经济、家庭生产的影响，则可组织外出打工的家庭代表座谈。讨论进一步发展手工加工业，则可组织相应人员座谈等。

8. 采访主要知情者

有些资料，只有通过采访主要知情人才能获得，例如调查区域各村的人口、土地面积，通过调查各村会计或统计人员就可获得，而没有必要去逐户统计。又如了解某村近几十年重大事件，则采访村中记性较好的老人即可。采访知情者之前，先做准备，确定哪些资料通过知情者容易获得，列出一个提纲来，这个提纲是一个半结构性的提纲，而不是结构性的问卷。一般主要知情者包括社区领导、社区里德高望重的老人、社区推广机构人员等。

9. 农户调查

在中国农村，家庭是最基本的生产、生活单元，也是社区的组成单元。采用一定标准，如人口数量，富裕程度，受教育程度等等，可以将社区内家庭分为几类，进行农户调查，视调查指标即所需收集资料的种类，可在社区有关人员的帮助下，挑选不同类型的家庭进行采访。如需要采访社区家庭基本经济状况，可挑选一定数量的贫困户、中等及富裕户进行采访，收集相关的经济状况资料，进而了解社区家庭的基本经济状况。

第二节　贫困与反贫困理论

中国政府扶贫系统在新阶段扶贫开发借鉴和应用参与式发展理念、原则和方法的另一个理论背景是贫困与反贫困理论的发展。自19世纪末第一次提出贫困概念以来，贫困的概念一直在不断演进，与此相适应，反贫困战略也是在不断拓展，由此促进贫困与反贫困理论的不断丰富和发展。

作为参与式扶贫理论基础之一，本节将从贫困与反贫困的理论框架、贫困概念的演进和反贫困战略的拓展三个方面进行分析。

一、贫困与反贫困的理论框架

国内外对贫困与反贫困的理论和实践研究一般都沿着以下逻辑思路与顺序进行：首先对贫困进行界定分测量，再系统分析贫困成因与类型，然后针对不同的贫困（特征、数量、成因类型）选择和制定反贫困战略及其实施模式，相应构建反贫困保障体系（政策与法规体系、监测体系、机制创新体系等）。

因此，我们将贫困与反贫困的理论框架归纳如图 3－1 所示。

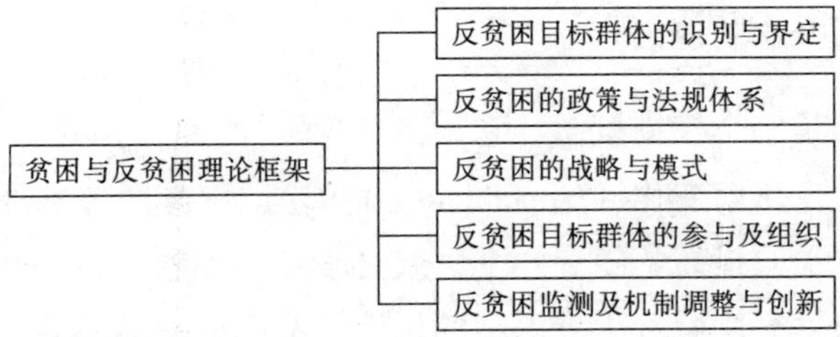

图 3－1　贫困与反贫困理论框架示意图

框架由五个部分相互联系、相互促进、相互制约，有机地构成了贫困与反贫困的各个方面。

第一，反贫困目标群体的识别与界定是任何反贫困活动的基础。目标群体的识别与界定取决于对贫困内涵及其外延的理解和把握，主要包括什么是贫困、不同的贫困线下贫困人口的数量与分布，贫困的成因与类型等方面。显然，不同的贫困含义所决定的贫困线不同，以不同贫困线划分和界定的贫困人口数量也肯定不同；虽然在一般意义上贫困的成因有共同的特征，但是不同的致贫原因导致贫困类型的形成，或者说，不同类型的目标群体，其致贫原因并不相同，由此决定了目标群体对反贫困战略需求的多样性与复杂性。

第二，反贫困的政策与法规体系是反贫困战略的展开及其目标实现的保证和手段。由于国别和社会制度的不同，产生并形成不同的反贫困战略需求。各种反贫困战略均需要相应的宏观政策框架以及相应的责任制度、法规提供保障。

第三，反贫困战略与模式实际上是指反贫困的运作系统、管理体系及操作方法。反贫困战略及模式的有效性是反贫困目标实现的主要因素。

第四，“反贫困目标群体的参与及组织”之所以列为反贫困理论框架的重要方面，主要源于传统反贫困战略的不足。目前，已成为影响反贫困战略实施效果的关键性方面。而且，目标群体的参与问题已逐渐与反贫困效果的可持续性具有同等重要的含义与作用。

第五，反贫困是任何政治经济社会形态发展中的一个组成部分，反贫困战略需要不断进行适应性的调整与创新。长期的理论研究与实践证明，有效的监测体系、适时的机制调整、与时俱进的系统创新三者间相互促进决定着反贫困目标的实现程度。

二、贫困概念的演进

贫困，本是一个模糊概念，它不具备确定性。它随时间和空间及人们的思想观念的变化而变化（Oppenhein，1993）。随着经济发展、社会进步和人类文明水平的提高，随着一个民族对于社会福利、平等和作为基本人权重要部分的生存体验有了更深刻的认识，贫困的内涵和界定贫困的标准会发生相应的变化。

尽管如此，贫困现象以其丰富的社会含义，一直引起多个学科的共同关注。经济学从福利角度来探讨贫困，历史学发现贫困在不同的历史发展阶段有十分不同的表现，政治学对贫困的看法和态度牵涉到国民利益的分配甚至社会制度的性质，社会学认为贫困是一个集中体现了当时当地社会发展特点的复杂的社会现象。总之，对贫困的理解，远不是一个纯粹的理论和技术问题，更多的是一个政治经济问题（吴国宝，2001）。其主要原因在于：定义贫困和确定相对的贫困线既是不同地区、部门利益集团间的协商和斗争的结果，又取决于国家经济社会发展中公平与效率的取向以及短期福利和长期福利权衡的选择过程，更是与政府和社会用于扶贫支出的能力相关。因此，对贫困的理解和定义，是反贫困战略、政策和措施选择的基础。

（一）世界银行对贫困的理解

世界银行对贫困的理解经历了一个过程。在《1981年世界发展报告》中，它对贫困的理解是：当某些人、某些家庭或某些群体没有足够的资源去获取他们那个社会公认的，一般都能享受到的饮食、生活条件、舒适和参加某些活动的机会，就是处于贫困状态。这一定义与朗特里在 1901 年出版的 *Poverty*：*a study of Town Life* 中给出的贫困定义："总收入水平不足以获得仅仅维持身体正常功能所需的最低量生活必需品，包括食品、房租和其他项目等等"是基本一致的，指的是绝对贫困状态。在《1990 年世界发展报告》中，贫困被认为是缺少达到最低生活水准的能力……这里所谓最低的生活水准不仅要考虑家庭的收入和人均的支出，还要考虑那些属于社会福利的内容，如医疗卫生、预期寿命、识字能力以及公共物品或共同财产资源的获得情况。到了《2000/2001 年世界发展报告》对贫困的认识则是：穷人生活在没有最基本的行动与选择的自由的境况中，而这种自由是使他们生活改善理所当然应具备的。通常他们缺少必要的食品和住房、教育和医疗，以便使他们能过上所有人都向往的那种生活。面对疾病、经济混乱和自然灾害他们十分脆弱。同时他们经常遭受国家和社会的不公正对待，在涉及决定他们生活的重大问题上没有发言权。世界银行对贫困的定义及其内涵的不断充实，既说明了贫困绝对性与相对性的有机统一，也说明随着经济发展、社会进步，人类对文明理解进一步加深，对贫困相对性的理解会更加广泛。

（二）联合国发展计划署对贫困的理解

联合国发展计划署在对贫困概念的理解方面作出了重要的贡献。在《1997 年人类发展报告》中提出了"人文贫困"的概念，其定义为：人们在寿命、健康、居住、知识、参与、个人安全和环境等方面的基本条件得不到满足，而限制了人的选择。这个定义使贫困不再被简单地理解为衣食无着或收入低下，指出了贫困的根源在于人们生存发展的基本条件得不到满足，限制了人们的选择。因此，要消除贫困就要尽可能给人们提供选择的机会，就是要使人们除了获取实物和服务的能力之外，还有实现长寿、身体健康、较高的受教育水平以及能够自由地发挥自己的聪明才智，充分参与社会、经济和政治生活的能力和机会。

（三）我国对贫困的理解

我国对贫困的理解也经历了一个发展阶段。早期在理论和实践中使用的贫困概念主要是指经济意义上的贫困，而且强调的是绝对贫困。1989 年，国家统计局定义的"贫困"是个人或家庭依靠劳动所得和其他合法收入不能维持其基本的生存需求。1994年，《国家八七扶贫攻坚计划》制定的消灭农村绝对贫困的标准，除了要解决温饱问题之外，还要为贫困农户加强基础设施建设，改善教育文化卫生的落后状态。2001年，《中国农村扶贫开发纲要（2001~2010年）》中我国制定的扶贫的目标就是：尽快解决极少数贫困人口的温饱问题，进一步改善贫困地区的基本生产生活条件，巩固温饱成果，提高贫困人口的生活质量和综合素质，加强贫困乡村的基础设施建设，改善生态环境，逐步改变贫困地区社会、经济、文化的落后状态，为达到小康水平创造条件。

以上关于贫困概念都各自有一个要素，“社会公认的条件”“最低生活水准”“社会公认的基本生活水准”。贫困的存在即指不具备这些“基本或最低”的条件，这些条件本身的含义是贫困概念形成的基础。但“基本或最低”取决于社会的看法，它们不是绝对的。最小需求的内容大致是：基本生理需求，维持正常生存活动必需的营养与热量、最低衣物和居住场所；基本社会服务享受，它以教育、卫生保健、文化活动等为主体；基本生产资料和生产资源的占有与使用；基本人身安全保障环境，涉及贫困户尊严、人身权利、人际交往和社会地位等因素。

可见，贫困不只是收入低下，主要是指能力不足，或者能力低下，特别是发展能力的匮乏。反贫困就是要提高穷人的能力。实际上，贫困是人类发展过程中最基本的生存发展机会和选择权被排斥、被边缘化，反贫困就是要赋予权利、赋予机会。

（四）贫困的状态与类型

从目前已有的贫困定义看，与世界银行的定义所不同的仅仅是文字表述的差异，因为其基本性质是一致的，即贫困是一个绝对与相对有机统一的概念。因此，如何用文字表述已显得不那么重要。但是由于研究贫困必须从定义开始，在工作实践中也必须先对贫困进行必要的界定。鉴于此，以康晓光为代表的我国贫困问题研究者认为沿用绝对贫困、相对贫困的概念更易于将理论研究与工作实际相结合。因为这一概念更易于从字面到内容的理解，况且在中国近二十多年来扶贫开发工作中一直被广泛应用。

在此基础上，众多研究者又在Townsond（1993）、莫泰荃（1993）等人研究的基础上提出：贫困存在绝对贫困、基本贫困和相对贫困三种状态。因此，可以将我国农村贫困划分为三种状态：绝对贫困（或未解决温饱）、基本贫困（或基本解决温饱）、相对贫困（或巩固温饱）。与此相对，贫困人口也可以划分为三种类型：未解决温饱型或绝对贫困型，基本解决温饱型（基本贫困型）、巩固温饱型（相对贫困型）。这样的划分，与我国扶贫开发工作中关于解决温饱问题的标准是相符合的（黄承伟，2001）。

从世界范围看，贫困演变一般要经过绝对贫困、基本贫困和相对贫困三个阶段。这里绝对贫困是指贫困人口收入不能满足生存需要，生活不得温饱；基本贫困是指贫困人口虽然解决了温饱，但无力满足基本的非食品消费需求，缺乏自身发展条件，仍无力真正摆脱贫困；相对贫困是收入能满足基本生活消费的需要，但相对于高收入阶层，他们是贫困的。

《中国农村扶贫开发纲要（2001～2010年）》规定：要把贫困地区尚未解决温饱问题的贫困人口作为扶贫开发的首要对象；同时，继续帮助初步解决温饱问题的贫困人口增加收入，进一步改善生产生活条件，巩固扶贫成果。这里，尚未解决温饱问题的贫困人口就是绝对贫困人口，初步解决温饱问题的贫困人口就是基本贫困人口。很明显，我国农村贫困状况目前正处在贫困演变的第二阶段，虽然绝大部分绝对贫困人口的温饱问题已解决，但仍存在相当一部分收入不能满足基本生活需要的贫困人口。因此，今后扶贫的工作目标应从解决贫困人口温饱问题转到解决贫困人口的基本生活需要，包括解决温饱和必要的非食品消费需要，以巩固和提高贫困人口的生存能力和发展能力方面上来，因为只有贫困人口在教育、医疗、交通及社会服务支出的增加、其生存能力和自我发展能力才能从根本上得以提高，才不容易返贫。那时，贫困演变才进入第三阶段，即反贫困的主体目标从绝对贫困人口、基本贫困人口转到相对贫困人口。

三、反贫困战略的拓展

（一）反贫困的概念

“反贫困”是作为一种发展的理念提出来的。“反贫困”是把消除贫困作为一种广泛、深刻而且持久的社会发展政策，它不仅包括扶助贫困人口，而且同时强调防止返贫的行为。

反贫困作为发展的重要手段已经受到越来越多的重视，是人们总结历史发展经验以及迎接经济发展挑战的选择。贫富悬殊将会导致社会发展不稳定，利益的对立将削弱社会的凝聚力，不堪忍受的贫困将驱使贫困群体起来反抗已有的社会制度。美好、和谐的社会必须是公正、公平的。工业革命所带来的工人阶级的贫困成为无产阶级革命的理由，并使他们相信创造一个不同以往的社会不仅是可能的而且是必要的。无产阶级的反抗带来近代史上最大的、最持久的革命。目前，许多发展中国家处于不安定的状态，政治的动乱持续不断，甚至会衍生恐怖行为。考察这些国家无一例外的贫富悬殊，贫困积累的结果就是腐蚀社会的根基。和平和发展成为世界的主题，前者是条件，而只有反贫困才能有实现和平的基础。因此，反贫困作为发展战略的深刻含义是：通过反贫困来开发贫困群体的人力资源，促进全社会经济形势的变化。

（二）反贫困战略

世界发展的历史证明，反贫困需要正确的战略。与贫困概念的演进相适应，世界反贫困的战略经历了不断拓展的过程。

《1990 年世界发展报告》在提出反贫困战略时强调的是两个方面：一是劳动密集型增长；二是广泛提供社会服务。虽然该报告还注意到为遭受灾难、不能从减贫战略中获益的人们提供安全网也是必须努力做到的，但是，安全网显然是被认为只起补充作用。

在不断的研究和实践中，一些新的认识和发现，都要求在制定反贫困战略时要有所调整。进入 20 世纪 90 年代，反贫困战略的目标是解决穷人生活中存在的如下突出问题：第一，缺少获得基本必需品——衣、食、住以及可接受的健康和教育水平——所必需的收入和资产；第二，在国家和社会机构中没有发言权、没有力量；第三，易遭受不利因素的打击，而这一点是与不能应付它们联系在一起的；第四，缺乏资产，即人力资产（如基本的劳动能力、技能和良好的健康状况）、自然资产（如土地）、物质资产（如基础设施的可获得性）、金融资产（如储蓄以及获得贷款的途径）、社会资产（如需要时指望得上的关系网和应尽义务，以及对资源的政治影响力）等。

《2000/2001 世界发展报告》在三个同等重要的领域提出了新的反贫困总体行动框架：机会、赋权、安全保障。一是扩大机会。即通过市场和非市场行动的结合，刺激经济全面增长，使穷人积聚资产并且提高其资产的回报以扩大穷人的经济机会（包括增长、给穷人平等劳动机会；使市场更好地为穷人服务；增加穷人的资产、消除社会分配不公）。二是促进赋权。使国家制度对穷人更负责、对其需要作出及时反应，加强穷人在政治进程和地方决策中的参与，取消来自性别、民族、种族和社会地位差距的社会障碍（包括让政府机构更多地对穷人负责；消除社会壁垒，建立有利于社会的制度）。三是加强安全保障。减少健康危害、经济灾难、政策导致的混乱、自然灾害和暴力给穷人造成的伤害，以及在他们受到伤害时帮助他们对付不利的冲击（包括帮助穷人化解风险；应对经济危机和自然灾害）。

第三节　贫困和福利的多维测量

一、引言

在过去的几年里，随着减贫成为全球共同的任务，在不同经济发展水平的国家出现了使用主流的多维测量贫困和福利的方法的高潮。在国际机构中，世界银行自 1997 年以来就已将贫困视为多元现象，联合国发展计划署已开始磋商 2010 年报告反思人类的发展，将以多维测量方法补充人类发展指数（HDI）。

不管各种行为出于何种动机，在国家和国际层面上，在实施贫困和福利多维测量方法时，任何行为都将面临下列相似的问题和困难：

——选择分析单位；

——选择分析顺序；

——选择维度；

——选择维度的变量/指标；

——选择指标的终止点；

——选择指标的权重；

——若每个维度多于一个指标，则聚类；

——选择跨维度权重；

——选择方法；

——集合方法—跨维度，并尽可能在统一维度内；

——不平等或分配权重的合并。

二、贫困多维测量方法及其发展

（一）物质生活质量指数

物质生活质量指数是由 Morris 在 1979 年提出的，包括预期寿命、婴儿死亡率和识字率。这种方法把复合指数的指标赋予同等权重，它假设定义中的指标是同等重要的。

物质生活指数在概念和方法上受到了批评，有人认为，人们的福利是由不同的部分组成，它们不能在道义上和逻辑上互换，所以，不能用单一指标衡量。物质生活指数也因为它的有限测量维度而受批评，它过分强调健康对人类发展的重要性。这个指标使用的巨大障碍是获取非收入所得的数据，尤其是在全球范围内比较。

（二）人类发展指数（HDI）

最有名的贫困多维测量是联合国计划开发署（UNDP）的人类发展指数，1990 年，UNDP 在发布第一个人类发展报告时介绍了 HDI，HDI 提供了从社会福利到经济指标国家层面的数据，指标由三个维度组成：寿命、知识和生活水平。指标也是等权重，HDI 被认为是能力和贫困基本需求的早期代表。

因为缺乏数据，HDI 对人类福利的概念定义过窄。有人批评这个指标没有关注政治和文明、不平等、权利等，还有数据获得和国家比较方面的缺陷。

相关的多维测量是人类贫困指标，该指标包括三个维度：寿命、知识、体面的生活。利用综合数据，生活水平的指标是把不能使用安全饮用水的人口比例、卫生服务，以及中度或重度体重不足的 5 岁以下儿童加总，然后再除以指标数。

（三）基本需求方式（BNA）

基本需求方式产生于 20 世纪 70 年代的大背景下，货币增长——经济和收入伴随着涓流效应带来的人类福利的提升。基本需求方式促进了瞄准人类基本需求的政策出台。在基础层次，基本需求方式包括最小物质需求满意度，如食物消费、住房、公共交通、健康、教育等。

对基本需求方式的批评主要是概念性的：

——基本需求难以量化，改进收入不平等和减少储蓄在贸易上都是无效的。

——BNA 把人类本性、全球变化、发展的线性模式都纳入了基本假设。

——一些 BNA 过于关注资源和输入，忽略了人类获取资源的能力。

——不能清晰地看出基本需求方式如何包括参与和自由。

（四）农村综合发展（IRD）

农村综合指标包括社会、经济和环境，强调地方参与和社区所有，经济增长不必直接受益穷人，它和发展的目标有不同之处，但也有关联。

农村综合发展有一些成功案例，但是规模是其成功的障碍。

世界各地农村综合发展的主要不足之处有以下几点（美国国际发展署，2005）：

——农村综合发展往往变成供给驱动型。

——农村发展项目为了提高效率，绕开政府机构，忽视了项目的可持续性。

——很少有互动、评估、训练和资本管理机构，一旦经营出现分歧，项目就无法继续。

——项目允许州政府干预整个过程，但避开了最主要的土地分配问题，从而使家长式关系出现阻碍了活动的可持续性。

（五）整体推进项目和参与式发展

整体推进项目和参与式发展都是发展中国家以地域为基础的主要发展模式，整体推进项目是南非政府在后种族隔离时代关键的减贫工具，现在仍在使用。

参与式发展强调地方人员参与项目的整个过程，也为经济和社会的发展提供资金，这种简略多层面的举措必然是不完整的。

多维方法的发展历史出现了很多社区发展和参与方式的重要概念：可持续的生计来源、性别平等、女权、小额信贷、社会保护和安全网等，表明经历了多种发展方式，测量方法已经有意识地聚集到多维测量。

三、贫困多维衡量的国家案例

（一）墨西哥

2000 年，墨西哥国会通过了一项法律，该法律要求所有由联邦执行部管理的项目都需要年度评估，从而保证公共项目的负责性。2001 年，规划和社会评价部被任命执行这一目标。同年，规划和社会评价部成立了“贫困测量技术委员会”，这一专家委员会负责制定该国官方的贫困测量方法。

根据他们的方法，2002 年规划和社会评价部第一次公布了对 2000 年贫困的官方测量，该测量方法建立在三个贫困概念上：食物贫困、能力贫困和财产贫困，使用非等量化收入，把家庭作为调查单位，把支出作为主要数据来源。

以此方法为基础，2002、2004、2005、2006 年的改进方法也被公布。

2006 年，墨西哥政府颁布了《社会发展总法》，主要目的是建立一个国家社会发展系统来设计、监督和监测社会政策和项目。

2006 年，社会政策评估全国理事会成立，理事会有两个主要任务：一是评估社会政策和项目；二是衡量全国、州、市的多维贫困状况。根据第 36 条条令，社会评价规划部有权利和义务制定一个标准来从多角度定义、识别和衡量贫困。

在联邦和州一级，贫困测量至少两年评价一次，在市一级至少 5 年评价一次。

新的法律层面多维贫困衡量必须包括收入贫困，以及其他七个方面，其中一些是社会权利：健康、食品安全、教育、住房、服务、社会安全和社会凝聚力。2007 和 2008 年，墨西哥政府委托了国内和国际的专家对多维贫困测量方法进行了改进。

（二）菲律宾

20 世纪 90 年代，菲律宾政府把消除贫困作为社会改革议程的一部分，采取步骤监测和追踪贫困。因为搜集资料的困难和财政资金的限制，于是诞生了基于社区的系统，该项目收集了最小单位的 14 个核心地方贫困指标。

执行社区监测系统的费用全部由地方政府资助，2005 年，其他的利益相关者也开始对社区监测系统作出一些贡献，当地人民自己收集和处理数据。社区系统以地方政府工作人员作为监督者，可灵活纳入地方治理的具体指标。贫困测量的核心指标有以下 8 个维度：健康、营养、住房、水和卫生、基础教育、收入、就业、和平与秩序。地方政府机构可以增加其他指标或使用代理指标，以监测地区的具体问题。

核心指标主要如下：

（1）0～5 岁儿童死亡率

（2）孕妇死亡率

（3）0～5 岁儿童营养不良率

（4）住在临时房的家庭比率

（5）居住寮屋的居民比率

（6）没有安全饮水的家庭所占比率

（7）没有卫生厕所的家庭比率

（8）6～12 岁儿童小学失学率

（9）13～16 岁少年中学失学率

（10）收入低于贫困线的家庭比率

（11）收入低于生存线的家庭比率

（12）粮食短缺的家庭比率

（13）失业人口比率

（14）犯罪受害者的人口比率

（三）印度

印度有两个贫困测量的相关活动：一是识别贫困家庭，为了瞄准政府服务；另一个和 2008 年 8 月新宣布的“多维贫困指标”相关。自 1992 年以来，一个识别贫困线以下家庭的活动每 5 年进行一次，由州政府和地区管理者负责，目的是识别和瞄准在各部委各种项目下的贫困家庭。

印度在 2002 年以多维贫困识别方法取代了收入贫困测量方法。

识别印度农村贫困家庭，主要调查 13 个方面的贫困信息：

（1）你有多少土地

（2）你的住房结构

（3）你有多少衣服

（4）你每天吃多少食物

（5）去浴室的便利性

（6）自产的消费品

（7）家庭成员最高教育水平

（8）在家庭中的劳动地位

（9）生活状况

（10）家庭中小孩的状况（上学或工作）

（11）你借了什么类型的贷款

（12）家庭迁移

（13）你想从政府得到什么帮助

这些问题有5类答案，13个问题同等重要，得分0～4，最大得52分，通过总分来确定家庭是否贫困，贫困家庭能得到一个“贫困家庭”卡，政府给予他们一些免费服务。

四、多维贫困测量的共同主题

从案例研究中可以看出非货币的综合测量法正在兴起。不同的国家需要多维贫困测量，多维测量方法运用的结果：

第一，动机：在案例研究国家选择多维贫困测量最普通的动机是？考察选择方法的选择是政治的选择，政策资助的结果，还是过去研究和经验的结果？

第二，选择维度和指标：案例选择的维度和指标是由每个国家选择的，讨论有技术含量的实践或者是“价值判断”的实践结果。

第三，支持和协调：选择的案例都是高度国际化的，分析国家资源在支持多维测量上的作用。

第四，随时间的变化：考察一些国家如何参与到多维贫困测量中，以及怎样处理相似的问题。

第五，基准的设定：国家识别贫困的不同方法。

第六，总体指标：构建一个综合指数考察不同的衡量指标的优缺点。

第七，使用过程和结果：此部分考察不同的衡量方法在不同的条件下如何被应用的，怎样收集结果，怎样把结果应用到政策中。

第八，公共讨论：研究在发展多维测量过程中，公众参与、公开辩论的程度，以及他们在不同条件下发挥作用的程度。

第四章 片区扶贫规划理论

在编制规划之前，需要参与规划的个人、组织在认识上达到统一，而认识上的统一源于如何去理解整个连片特困地区的扶贫攻坚。因此，规划的落实关键是大家对规划内容有没有形成一个统一的认识，有没有一个基于相同认识基础上的思想体系，有了统一的思想，才会有统一的行动。但是对区域的发展规划的制定就不是这样，它有多种多样的路径，不同的理念就决定了发展的路径不一样。不同的省、市、县以及不同的领导有不同的发展思路，其原因就在于支撑他们决策的思想和背后的理论基础同他们个人所学的专业以及在生活工作中长期形成的理念不同。因此，把规划编制出来不难，不管是哪个片区，只要有基本的数据，一到两天的时间就能编制出来，但是这样编制出来的规划有没有用呢？有用的规划是大家在编规划以前，先统一认识，协调好了各方的利益，编完以后大家对规划怎么实施也有充分的认识。否则编制的规划就会成为一纸空文，成为应付上级检查的文本。这不是我们编制规划的初衷。但现在很多地方编制的规划都流于形式，以为画了很多图，制了很多表就是好规划，其实不然。编制出一个好的规划关键在于理念。因此相关的基础理论的介绍就变得尤为重要。

第一节 片区扶贫规划的理论基础

任何规划都需要理论支撑。比如，区域合作理论和空间布局理论，是区域规划最为直接、最为相关的理论。我们国家近几年编制的好多个区域发展规划，都暗含着区域合作理论和空间布局理论的认识框架。区域合作的理论包括规模经济、集聚经济、比较优势、交易成本、外部效应、囚徒困境、公地悲剧等相关理论。空间布局的理论包括区位论、点轴论、圈层论等。这些理论基础不需要我们一一去认识，但其中一些决定如何编制规划的理论还是需要我们有一个基本的了解。

片区扶贫攻坚的基本理论应该包括三个方面的理论。一是规划方面的理论，如区域空间结构理论、增长极理论、圈层结构理论、梯度推移理论、二元结构理论、协调发展理论、可持续发展理论、区域创新理论、科学发展理论、主体功能区理论以及包容性增长理论等；二是扶贫开发方面的理论，如贫困与反贫困理论、参与式扶贫理论、多维扶贫理论、开发式扶贫理论、保护式扶贫理论、产业扶贫理论等；三是扶贫规划理论，这是区域规划理论和扶贫开发理论的融合及发展，包括片区划分理论、片区中心地扶贫带动理论、片区扶贫辐射理论、区域梯度减贫理论、片区产业减贫理论、地域协作减贫理论、多元渗透式减贫理论以及对口帮扶减贫理论等，这些理论中可能有一些尚未形成完整的理论体系，仅是理论观点的集合。但是，对这些理论层面的认识，对于片区扶贫规划的编制也具有重要的指导意义。由于规划方面的理论和扶贫开发方面的理论已经分别在第二章和第三章进行了介绍，因此本章不再赘述，着重对扶贫规划理论进行介绍。

第二节　片区扶贫规划理论

21 世纪的第一个十年，中国农村扶贫开发继续取得显著成效，贫困人口明显下降，贫困地区基础设施明显改善，公共服务水平明显提高，《中国农村扶贫开发纲要（2001～2010）》的目标任务如期完成，扶贫开发进入了新的阶段。近年来，中国的绝对贫困人口在分布上表现大分散、小集中的态势。贫困人口主要集中在一些集中连片特殊困难地区。这些地区由于自然、民族、历史、政治等多种复杂因素的共同作用，一般经济增长已无法带动其发展，常规的扶贫手段也难以奏效。因此，把集中连片特殊困难地区作为扶贫开发的主战场，创新扶贫开发机制，推进片区扶贫开发，实现基本消除绝对贫困现象的目标，帮助连片特困地区在2020年和全国其他地区一起进入全面小康社会，已成为未来十年扶贫开发战略及路径的必然选择。

特别是国家“十二五”规划纲要已明确，要深入推进开发式扶贫，逐步提高扶贫标准，加大扶贫投入，加快解决集中连片特殊困难地区的贫困问题。国务院扶贫开发领导小组决定，国家将在2011年颁布实施《中国农村扶贫开发纲要（2011～2020年）》，提高扶贫标准，把基本消除绝对贫困现象作为扶贫开发首要任务，把连片特困地区作为主战场。温家宝总理2011年3月5日在第十一届全国人民代表大会第四次会议上宣布，要启动集中连片特殊困难地区扶贫攻坚工程。

而片区扶贫规划理论，作为将规划理论与扶贫理论结合在一起的基础性原理，既是指导片区扶贫规划设计、编制、实施及检验的重要基础，也是确保扶贫规划能够发挥实际效果的重要因素。所以，认识与熟悉相关片区扶贫规划的理论，对认真贯彻落实集中连片特殊困难地区扶贫攻坚很有帮助。

一、片区划分理论

片区规划是新时期综合考虑前期扶贫开发成果，结合最新全国贫困分布状态及发生情况综合提出的，这些片区的共同特征是集中、连片、跨省、地理条件类型特殊（是地理上的高地、经济上的洼地）。这些区域多为老区、特困地区，是多元致贫的集中体现，地区经济发展对这些地区的辐射基本不明显，因此必须采取特殊手段予以解决。

在这一基础上，如何进行贫困片区的划分，将我国主要贫困地区在片区上联系起来，成为区域规划理论与方法中的新命题。应该说，我国长期以来积极探索各种应对贫困和提高贫困人口收入的方式方法，取得了显著成效，贫困面和贫困程度都在不同程度上得到较大缓解，贫困地区的空间分布与传统的十八片相比发生了较大变化。当前，贫困地区在空间分布上呈现与生态脆弱地区高度耦合的格局，山区、丘陵地区、限制开发区域成为贫困人口最为集中的区域。

（一）片区划分具备的共性特征

从1994年划定592个国家扶贫工作重点县，到目前新的扶贫片区思路的提出已经近二十年了。在这二十年中，各地经济社会形势发生很大变化，贫困人口的分布也随之产生了新变化。一些资源富集地区由于资源的大规模开发，地区经济发展水平和人均收入水平有了很大提高，显然这些地区不应再列为贫困地区加以扶持。我国提出要在2020年实现全面建设小康社会的宏伟目标，其中不断改善和提高人民生活水平是全面建设小康社会的出发点和最终落着点，要实现全面小康社会，必须要解决贫困人口和贫困地区的绝对贫困问题，这对于确保全体人民共享改革发展成果具有重大意义，也是今后一段时期我国必须抓紧抓好的重要历史任务。我国在2000年的时候已经基本实现了总体小康，我们认为到2020年我国实现全面小康的时候，贫困人口的收入（城镇居民可支配收入和农村居民纯收入）应该达到2000年全国平均的人均收入水平，贫困地区的人均GDP应该达到2000年我国全国的人均GDP水平。如果能够实现上述两个目标，我们认为到2020年的时候，我国就基本解决了绝对贫困人口和绝对贫困地区的贫困问题，从而为实现全面建设小康社会的宏伟目标奠定坚实的基础。根据上述标准，全国有479个县低于这一标准。我国要在今后十年的时间内，解决上述绝对贫困问题，才能实现全面建设小康社会的目标，时间非常紧迫，任务十分艰巨。

当前，从我国贫困县（旗、市）的空间分布来看，我国的贫困县绝大部分都是分布在山区或高原山区，特别是群山连绵区，更是呈现集中分布的状态。除去少数呈现离散分布的县之外，我国集中连片分布或基本呈现集中连片分布的贫困县共计373个，可以分为乌蒙山区、横断山区、秦巴山区、六盘山及陇中南地区、武陵山区、吕梁山区、太行山区、大小兴安岭南麓、南疆地区、三江源地区、桂黔川滇毗邻地区、赣南地区、琼中地区共计13个片区，约170万平方公里，1.19亿人，其中1.04亿乡村人口。

这些地区的特点主要包括：

1. 大都在空间上具有较高的重合性

特别是对于西部集中连片较大的贫困地区来说，两者之间在空间上的重合度很高，而且贫困地区往往都是分布在国家592个国家扶贫工作重点县集中连片分布的核心区内。

2. 大都在空间分布上自东向西、由北向南逐步增多的趋势

这在一定程度上也说明西南部地区是我国今后扶贫攻坚的重点和难点

地区，其他区位条件相对较好，位于平原地区的贫困县基本上已经摆脱或初步摆脱贫困。

3. 大都属于生态脆弱型集中连片贫困地区

在对比中可以发现，属于限制开发区的县的数量占据50%以上的地区有秦巴山区、吕梁山区、三江源地区和琼中地区，按照国家的主体功能区规划，这些地区属于重要的生态保护区，按照本研究划分的贫困地区范围，这些地区又是集中连片贫困地区，这些地区是集生态保护与集中连片贫困的特征为一体的地区，属于生态脆弱型集中连片贫困地区。对于生态脆弱型集中连片贫困地区，今后在扶贫开发的过程中要重点推进生态移民，在条件适宜地区同时推进就地扶贫。

4. 大都属于生存条件待改善型集中连片贫困地区

这些地区从总体来看还是有适宜集聚人口和产业的空间，可以通过不断改善当地的生产生活条件，促进人口向中心城镇集聚，推进脱贫致富。因此，此类地区可以被分类为生存条件待改善型集中连片贫困地区。对于生存条件待改善型集中连片贫困地区，主要是通过不断改善当地的生产生活条件，按照“点状开发、面上保护”的思路，推进此类地区开发。

5. 大都生产生活条件十分恶劣，自然灾害多

从我国集中连片贫困地区的分布来看，目前的贫困地区大部分都分布在山区、丘陵区和高原区，生产生活条件十分恶劣，泥石流、滑坡、石漠化、水土流失、涝灾、旱灾、冻灾等自然灾害频发。早先处于平原地区，由于人多地少而造成集中连片贫困地区，经过国家的扶贫开发和自身发展，当地的基础条件得到很大改善，青壮年中外出务工人员增多，此类区域大部分已经摆脱或初步摆脱贫困。当前剩余的集中连片贫困地区大部分主要集中在生产和生活条件十分恶劣，自然灾害频发的地区。从本研究所列举的13个集中连片贫困地区的空间分布来看，这些地区几乎全部分布在山区、丘陵区和高原区等生产生活条件恶劣区。

6. 大都基本公共服务滞后，自我发展能力弱

当前我国集中连片贫困地区主要集中在山区、丘陵区和高原区的现实决定了这些区域的基础设施建设比较滞后，再加上长期以来我国基本公共服务区域之间的巨大差距，落后地区特别是贫困地区的基本公共服务发展十分滞后，教育、卫生等基本公共服务在质和量上都存在严重不足，贫困

地区青壮年缺乏必要的劳动培训，致使劳动力素质低下，只能从事简单的体力劳动或别人不愿从事的脏累差或危险性工作，自我发展能力弱。贫困地区基本公共服务特别是教育十分滞后。在集中连片贫困地区，由于交通不便，居民居住分散，教育设施十分落后，师资力量薄弱，使得贫困地区的儿童和青少年在一开始就在教育上与发达地区拉开了巨大的差距，并由此形成恶性循环。

7. 大都生态环境保护任务重，缺乏足够的生态补偿资金

从目前我国集中连片贫困地区的空间分布来看，集中连片贫困地区的分布与我国重要生态功能区的分布在空间呈现高度的一致性。很多集中连片贫困地区往往也是我国重要的森林生态功能区、草原湿地保护区、沙漠化治理区、石漠化治理区、生物多样性保护区、水源涵养区等各类生态功能区。此类区域由于生产生活条件恶劣，农业、林业、牧业的生产效益非常低下，仅仅依靠农业难以脱贫致富，对于这些处于山区高原区的集中连片贫困地区来说更是如此。为了加强生态环境保护，国家对于此类地区有碍于生态环境保护的经济开发活动进行了种种限制，比如开展了天然林保护工程、生态林保护工程、三北防护林工程、长防林工程、退耕还林工程、退牧还草工程等众多的生态环境保护工程，这些工程对于推进这些地区的生态环境保护起到了非常重要的作用，但是由于我国生态补偿机制不健全，各类工程对于农户、林户、牧户的补偿标准非常低，很多甚至都不能达到原来从事农业生产时的收入，而且补偿的期限也不长，使得这些地区的居民既很难依靠发展当地的农业、林业、牧业走向脱贫致富的路子，也很难依靠国家的生态补偿走向脱贫致富的路子。在国家对生态环境保护不断重视的形势下，这些地区就面临着脱贫致富和生态环境保护的双重压力。

（二）片区划分的主要方法

综合上述特征来看，在扶贫片区划分的过程中，要充分考虑贫困地区在地域上的连通性和发展状态中的共同性，将同属一类问题、具备共同特性的贫困地区划为同一片区，在扶贫开发中予以统筹考虑，这样才能应对扶贫开发的新形势和新局面。

一般来说，在片区划分方法上，可以根据综合系统的总体西向，按照县域农民纯收入、县域人均财政纯收入和县域人均国民生产总值这三个指标，取 2007 ~ 2009 年三年全国 2803 个县的统计数据，以西部地区这三项

指标的均值作为衡量标准，将三个指标都低于这个标准的县纳入初选范围，然后再按照集中、连片的原则，将单独的、孤立的县排除，这样剩下的县都划入到集中连片特殊困难地区的片区中。其中，按照全国所有县倒序排名的办法，排名最后的600个县中，有88个县没有进入到片区，主要因为这88个县没有与其他贫困县相连，无法构成片区。另外，还有165个省属重点贫困县没有进入到片区中。

1. 县域农民纯收入

农民纯收入是指农村居民从各个来源渠道得到的总收入，相应地扣除获得收入所发生的费用后的部分。计算公式为：农民纯收入＝农村居民家庭总收入－家庭经营费用支出－生产性固定资产折旧－税金和上交承包费用。其中农村居民家庭总收入是指以家庭为生产经营单位进行生产经营而获得的收入，包括农业、林业、牧业、渔业、工业、建筑业、交通运输邮电业、批零贸易餐饮业、社会服务业、文教卫生业和其他家庭经营收入。县域农民纯收入，即按照县域地域范围计算农民的收入水平。

2. 县域人均财政纯收入

财政收入，是指政府为履行其职能、实施公共政策和提供公共物品与服务需要而抽取的一切资金的总和。它主要包括税收收入、国有资产收益、国债收入和收费收入以及其他收入等。财政收入表现为政府部门在一定时期内（一般为一个财政年度）所取得的货币收入。财政收入是衡量一国政府财力的重要指标，政府在社会经济活动中提供公共物品和服务的范围和数量，在很大程度上决定于财政收入的充裕状况。县域人均财政纯收入，就是按照县域地域范围和人口均值计算的财政收入水平。

3. 县域人均国民生产总值

国民生产总值（简称GNP）是指一个国家（地区）所有常住机构单位在一定时期内（年或季）收入初次分配的最终成果。一个国家常住机构单位从事生产活动所创造的增加值（国内生产总值）在初次分配过程中主要分配给这个国家的常住机构单位，但也有一部分以劳动者报酬和财产收入等形式分配给该国的非常住机构单位。同时，国外生产单位所创造的增加值也有一部分以劳动者报酬和财产收入等形式分配给该国的常住机构单位。从而产生了国民生产总值概念，它等于国内生产总值加上来自国外的劳动报酬和财产收入减去支付给国外的劳动者报酬和财产收入。GNP

是与所谓的国民原则联系在一起的。而人均国民生产总值指一国在一定时期内（通常为一年）生产的按市场价格计算的商品和劳务总值的按人口平均值。它常作为发展经济学中衡量经济发展状况的指标，是重要的宏观经济指标之一，它是人们了解和把握一个国家或地区的宏观经济运行状况的有效工具。

二、片区中心地扶贫带动理论

片区中心地扶贫带动理论是在增长极与梯度推移理论的综合下形成与发展起来的，它主要指两个层面的内容：一是片区扶贫攻坚从最艰难的地区出发，通过解决片区中最薄弱、发展条件最差的地区的贫困状况，来提升整个片区的发展水平。二是片区扶贫攻坚从发展条件较好的地区出发，通过让发展条件较好的地区较快地发展起来，带动薄弱及发展条件较差的地区共同发展。

（一）从最贫困地区入手的中心地扶贫带动理论

从我国建国后历次经历的扶贫开发阶段来看，每个阶段的首要工作任务都是为了解决这个阶段最核心、最本质的问题入手的。因此，实行片区扶贫攻坚，也应当从这些领域入手，通过实现最贫困地区生活水平的提高，提升我国扶贫地区的整体面貌。

上个世纪以来，我国贫困现象的产生和发展大致经历了四个阶段：

第一阶段是社会制度落后造成的贫困。就是新中国建立之前，封建王朝和半封建半殖民地落后的生产方式造成的普遍贫困。解决的办法是，通过革命打破旧制度，建立崭新的社会主义新中国，根除了剥削制度带给劳动人民的普遍贫困，彻底改变了旧中国民不聊生、百业凋敝的状况，中国发生了翻天覆地的变化。

第二阶段是体制落后造成的贫困。新中国建立至1978年近三十年的时间，由于“一大二公”的人民公社体制束缚了商品经济的发展，造成全国农村绝大多数人口长期处于贫困状态。这一阶段解决的办法，靠的是改革。党的十一届三中全会以后，党中央确定以经济建设为中心，坚定不移地推行改革开放的政策，逐步改变了僵硬的计划经济体制，废除了人民公社，打破了平均主义、“大锅饭”，实行了家庭联产承包制，鼓励发展商品经济，极大地激发了农民的生产积极性，在较短的时间内消除了由于经济体制束缚造成的大面积的农村贫困。

第三阶段是改革滞后造成的区域性贫困。也就是 1978 年至 2000 年，这一阶段由于实行了改革开放的政策和土地家庭联产承包责任制，初步建立了市场经济体制，商品经济进一步繁荣，一部分地区、一部分人率先富裕起来，全国绝大多数贫困人口的温饱问题基本得到解决。但是，由于历史、自然和特殊的地理位置等原因，再加上改革开放滞后，一部分革命老区、少数民族地区和边远地区的群众仍然徘徊在温饱线的边缘。从 1986 年开始，我国实施了有组织、有计划、大规模的扶贫开发行动。1994 年，党中央、国务院针对区域性的贫困问题，作出了一系列重大决策，尤其是颁布实施了“八七”扶贫攻坚计划。因此，这一阶段解决的办法靠的是政府扶持为主，社会帮助为辅，全党全民动员，大打扶贫攻坚战。到 2000 年底，贫困地区与一部分先富起来的沿海发达地区的差距逐步缩小，全国没有解决温饱的贫困人口下降到了 3000 万人。

第四个阶段是素质低下造成的贫困。进入新世纪，我国进入全面建设小康社会和加快推进社会主义现代化进程的新阶段，人民生活水平虽有普遍提高，但仍有少数地方和少数群体由于素质低下而不能加快发展步伐。这一阶段的贫困是相对发展而言的，也是相对长期和艰巨的。它的分布面除老、少、边、穷地区外，还包括相对发达地区的一些乡村，也包括城镇的一部分群体。解决的办法，除政府扶持、社会帮助外，主要是靠发展贫困地区的文化、科技、教育事业等，使他们有能力、有条件尽快与发达地区接轨，使他们的素质达到发达地区所具有的素质，使他们的发展步伐追上或超过发达地区的步伐。

因此，当前，以解决集中连片特殊困难地区的贫困问题作为整个扶贫开发的核心工作，也是从最薄弱的环节入手提升我国整体贫困地区面貌的主要方式。可见，集中力量解决力量最薄弱环节的相关问题，将有助于整体水平的提升和问题困难程度的降低。

（二）从条件较好的贫困地区入手的中心地扶贫带动理论

先从片区中条件较好的地区入手，解决这些地区的贫困问题，再通过梯度转移，让这些地区辐射最贫困、最艰苦的地区，从而达到带动效应的属于从条件较好的贫困地区入手的中心地扶贫带动理论。

应该说，这一理论的源泉是改革开放后我国整体实施的共同富裕政策。我们说，改革开放初期，我们所提出的共同富裕是全体人民通过辛勤劳动和相互帮助最终达到丰衣足食的生活水平。是邓小平建设有中国特色社会主义理论的重要内容之一。中国人多地广，共同富裕不是同时富裕，而是一部分人一部分地区先富起来，先富的帮助后富的，逐步实现共同富裕。共同富裕是社会主义的本质规定和奋斗目标。共同富裕的实现前提是：解放和发展生产力，为实现共同富裕创造雄厚的物质基础；坚持社会主义，防止两极分化，为实现共同富裕提供牢固的政治保障。特别是在区域经济发展上，要实行非均衡与均衡相结合的发展战略，通过积极的非均衡促进相对的均衡，即：一方面鼓励一切有条件的地区发展得更快一些，在全面建设小康社会的基础上，争取率先基本实现现代化，为加快全国的全面建设小康社会进程作出更大的贡献；另一方面又要大力帮助欠发达地区特别是西部地区加快发展。

而对于片区扶贫开发来讲，完全可以按照先富带动后富的基本思路，通过先脱贫地区带动后脱贫地区，最终实现整体贫困水平的提升和贫困状态的改善。因为，相对贫困是一个永远的概念，任何国家、任何时候总是有收入的差异和生活水平优劣的存在。同样，地区间的发展差异也是永恒的现象。从这个角度而言“缓和”的扶贫目标是可取的，但在具体经济指标的体现上，由于人口具有流动性，采用开放式扶贫的方式，使贫困地区剩余人口有更多的生产资料占有，则可能会很快地缩小而不是缓和贫困地区与发达地区的差距，实现共同致富的目标。

三、片区扶贫辐射理论

经济发展与现代化进程中的辐射是指经济发展水平和现代化程度相对较高的地区（辐射源）与经济发展水平和现代化程度相对较低的地区进行资本、人才、技术、市场信息（辐射媒介）等的流动和思想观念、思维方式、生活习惯等方面的传播。通过流动和传播，进一步提高经济资源配置的效率，以现代化的思想观念、思维方式、生活习惯取代与现代化相悖的旧的习惯势力。我们把经济发展水平和现代化程度较高的地区称为辐射源。辐射的媒介是交通条件、信息传播手段和人员的流动等。这个理论对我们为什么要采取片区的方式来推进扶贫开发工作以一定的启示，即新阶段的扶贫开发不能仅仅考虑本省的片区，需要立足于更大的区域，思考哪些是辐射源，哪些是辐射媒介，在设计规划时，如何去构建“源”，如何去构建“媒介”。我们在开展武陵山区的规划时，集中讨论了经济协作的问题。如果资源不流动，发展就会很困难。从一个县的角度思考也是这样。如果不将经济稍好的资源向落后地区辐射，不把县区内的硬件和软件设施建设好，然后将“媒介”从县内往县外延伸，想实现快速发展也很困难。为什么人常说，要致富，先修路，它是有一定道理的。只有打通了资源流动的管道，加之引进资本、信息、人才、新的思维方式、生活方式，才能从根本上解决区域贫困的恶性循环问题。

辐射理论的实践意义主要表现在经济发展和现代化战略制定、经济资源的流动和优化配置、市场信息传播、思想观念等非经济因素的扩散等方面。制定片区发展扶贫规划的主要问题，如道路、交通基础设施规划问题；不同区域经济互补通过什么方式实现的问题；中心城市、小城市和小城镇的建设和规划应该注意哪些问题；就业问题怎样解决等，都可以用辐射理论得到很好的解释。因此，在片区扶贫开发中，充分利用片区扶贫辐射理论，增强先发展地区对后发地区的带动效应。通过片区中的扶贫开发中的增长极，最大程度地影响其他贫困地区，是实现整个片区脱贫致富的主要路径。

因此，在片区扶贫开发中，充分利用好片区扶贫辐射理论，增强先发展地区对后发地区的带动效应，并通过片区中的扶贫开发中的增长极，最大程度地影响其他贫困地区，是实现整体片区脱贫致富的主要路径。

过去，我们将扶贫辐射理论主要用在产业扶贫与整村推进中，通过开发与发展一个地区的核心产业来带动这个地区的整体致富。而在片区扶贫攻坚中，我们则需要将这种辐射的效应不断扩大，由产业向地区的辐射转变成先脱贫致富的地区向后脱贫致富地区的辐射，充分利用不同地区发展之间的绝对优势和比较优势，促进与提升整个片区的扶贫开发。

（一）绝对优势理论在片区扶贫辐射中的应用

绝对优势理论，又称绝对成本说、地域分工说。该理论将一国内部不同职业之间、不同工种之间的分工原则推演到各国之间的分工，从而形成其国际分工理论。绝对优势理论是最早的主张自由贸易的理论，由英国古典经济学派主要代表人物亚当·斯密创立。绝对优势理论认为，每个地区都自己生产所需的全部物品是不明智的。因为每个地区都有擅长生产和不擅长生产的东西，如果外地区能以比我们自己制造还便宜的商品来供应我们，我们最好就用我们具有某些优势的行业生产出来的部分产品向他们购买。每个地区都有其绝对有利的、适宜于某些特定产品的生产条件，如果每个地区都按其绝对有利的生产去进行专业化生产，然后进行交换，各地区的资源就能正确的配置和有效的利用，从而提高劳动生产率，增加国民财富。同理，这种绝对优势理论也可用于不同地区的同种产品。例如，在我国许多特殊类型地区，往往也是在资源、生态及环境上的优势地区，这些地区的生态资源优势，其他地区往往非常欠缺，所以可以大力开展有助于发展特色产业的诸多产品，走优势发展之路。

（二）比较优势理论在片区扶贫辐射中的应用

各生产单位对资源的占有、分配和利用等情况的差别，造成了比较优势的产生。而比较优势的差别直接导致了生产物品的专业化（即所谓“社会分工”）和贸易的产生。这种专业化的结果是，当每个人都能够专门地从事自己最擅长的事情时，生产就会变得更加有效率，从而整个社会可创造物质财富总量与其整体经济福利便会有所增加。专业化所带来的总产量增量，就是贸易的好处。那么，贸易的进行，也就由此变得顺理成章。同时，更多可分享的总产量本身，同样促进着专业化决策的发展。

四、区域梯度减贫理论

“区域梯度减贫理论”提出的背景是美国的跨国企业问题专家弗农（Vernon，Ray－mond，1968）等的工业生产生命循环阶段论和区域经济发展梯度转移理论。

（一）工业生产生命循环阶段论

1966年美国哈佛大学的跨国企业问题专家弗农（Vemon，R.）立足于发达国家产品创新、扩散活动与产业结构、国际经济的关系，在《产品周期中的国际投资与国际贸易》一文中提出了“产品循环说”。他认为，各工业部门、甚至各种工业产品都处在不同的生命循环阶段上。它们也和生物一样，在发展过程中必然经历创新、发展、成熟、衰老四个阶段，并在不同的阶段，由兴旺部门转为停滞部门，最后成为衰退部门。区域经济学者把生命循环论运用到区域经济学中，创造了梯度转移理论。

（二）区域经济发展梯度转移理论

区域经济发展梯度转移理论把区域间的不平衡增长看成是产品生命周

期的空间表现形式的理论。认为区域经济的盛衰主要取决于区域产业结构的优势及其转移；产业结构的更新是地区经济向高梯度发展的根本动力；产业结构的更新随着时间的推移，有次序地从高梯度地区逐步向低梯度地区转移。该理论认为，处在创新阶段的产业一般出现在高梯度发达地区，而产业发展到衰退阶段后，一般会有顺次向中低梯度地区转移的趋势。并且，这种梯度转移主要通过多层次城市系统，按照“梯度最小律”进行。

梯度转移理论的提出引起了不少争论，同时又引申出一些新的空间推移论，其中代表性的有：反梯度推移理论、各种推移并存论、主导论等。其实，梯度转移理论主要是总结经济与技术发展的区域梯度差的客观现象，产业梯度转移是落后地区实现跳跃式发展的先决条件之一，落后地区不可能在无产业传播的基础上突然起飞。跳跃式发展必然有个过程，在这个过程中，吸收传统产业是个极其重要的内容。产业转移是中介，它有可能将发展机会传播给落后地区，落后地区只有善于抓住这种机会，并创造这种发展机会的条件才能发挥后发优势，直接消化、吸收、使用先进地区的文明成果，从而有所创新，实现经济的起飞。

梯度转移理论对减贫理论的发展提供了理论基础。我国改革开放的总设计师邓小平制定了让一部分人、一部分地区先富起来，先富帮后富，实现共同富裕的发展战略，因此转型期我国实行的就是区域经济不平衡发展。改革开放以来，我国最早由夏禹龙、冯之浚（1982）提出梯度发展战略，首先让高梯度的东部掌握先进技术，逐步向梯度较低的中西部推移，缩小差距，最终实现经济分布的相对均衡。在中国的区域开发中，基本上是遵循梯度理论和点轴理论（中科院陆大道 1984 年提出），特别是梯度理论在我国经济发展战略中起着重要的主导作用，我国的西部开发，东北振兴，中部崛起，都是梯度理论的应用与实践。

在总体经济形势不够发达的情况下，集中国家财力重点发展局部地区，确实取得了良好的效果。如我国设立经济特区并优先发展东部经济，给予资金和政策的优惠，使其得改革之先机迅速发展起来。由于资本和人才的趋利性，发达地区汲取了欠发达地区的资金和人才，欠发达地区则对发达地区提供廉价原材料和劳动力，并成为其产品的重要消费者。欠发达地区处于产业链的低端，难以凭借自己的力量缩小与发达地区的差距。地区差距若超过一定的界限，必将形成经济增长的“瓶颈”，限制整个国民经济的发展。因此，我国已进入改革分两步走的第二阶段，即共同富裕的阶段，现已陆续实施的西部大开发、中部崛起、东北老工业区振兴等地区性发展规划。因此，不平衡增长理论对我国农村反贫困有一定的借鉴作用，但要看到我国并非完全市场经济国家，政府对经济的干预能力强大，因此有不同于西方的国情，不能生搬硬套国外的理论。

五、片区产业减贫理论

长期以来，我国政府实施的是输入式的扶贫方式，以外在的物质资源投入为主，并不十分注重贫困人口发展机会的提供和发展能力的培育。从20世纪90年代开始，我国政府逐渐意识到输入式扶贫方式的弊端，即被动扶贫导致的贫困地区人口内生脱贫动力不足的问题，开始推行开发式扶贫战略，即在开发建设中，以项目发展带动贫困人口的脱贫致富。这种项目式的扶贫开发，政府将扶贫资源主要投入到项目中，由项目负责人与当地贫困户建立联结，依托项目开发带动参与的贫困户脱贫。但这种措施也有两个弊端，一是不可避免地使某些地区的扶贫项目成为少数人的致富项目，扶贫效果并不明显。二是项目式的扶贫开发受政府资源依赖性强，一旦政府对项目的投入减少或停止，返贫的可能性较大，贫困人口自我发展能力得不到提升。因此，在已经初步解决温饱的地区，相当多的群众生产生活条件仍然很差，刚刚越过温饱线的低收入家庭一般只能维持简单再生产，生产生活极不稳定，遇到自然灾害、市场风险和家庭变故时就会返贫，巩固温饱成果、防止返贫、实现稳定脱贫的任务十分艰巨。所以，探索一种可持续的、内生的扶贫机制势在必行。

在这一背景下，产业扶贫应运而生。产业扶贫是贫困地区产业结构调整的需要，也是贫困地区形成骨干产业、发展区域经济的需要。它能够凝聚包括政府力量、社会力量、市场力量和个人力量在内的全部资源，形成“多个发力面，一个着力点”的扶贫模式。客观地讲，我国产业扶贫是建立在过去农业产业化经营的基础上的。在我国，农业产业化经营方式是在改革开放的进程中，生产力高度发展的客观要求下的产物，是继家庭联产承包责任制后农村经济体制的又一创新。随着生产力的发展和市场经济体制的改革，农业内部的深层次矛盾日益突出，如农户与市场的脱节、农业小规模经营与集约化要求，农产品比较效益低和农户增收难等问题。因此，迫切需要在原有的农业组织方式、资源配置方式和经营方式上进行改革。例如，1993年，山东省率先实施农业产业化经营方式，并取得了较好的社会效应，从而引起全国各地的高度关注。于是，在我国多个省市逐渐推广开来。作为发展农村经济的新思路，农业产业化经营能够打破农村地区的封闭落后状况，有效解决农户分散经营与现代化大市场的矛盾。因此，受到各级政府的普遍关注。

从国家层面来看，产业扶贫也逐步进入决策者的视野。早在1993年，国务院扶贫开发领导小组办公室就在民政部登记了中国扶贫开发协会这一全国性社团组织，并在组织章程的业务范围中专门写入了“动员和引导会员企业和社会各界力量，在贫困地区开展产业扶贫开发”这一内容。后来在中国扶贫开发协会的二级分支机构中，还专门设立了产业扶贫委员会。国务院1997年颁布的《国家扶贫资金管理办法》中，也专门提到“实施扶贫项目应当以贫困户为对象，以解决温饱为目标，以有助于直接提高贫困户收入的产业为主要内容”。对于产业扶贫，政府相关部门更是每年都安排专项资金。这些充分说明了国家给予产业扶贫模式以巨大的重视。并且，随着2001年5月，国务院制定了《中国农村扶贫开发纲要(2001~2010年)》，就未来十年的农村扶贫开发进行了全面部署，我国的扶贫工作再次与经济发展一样并列为国家重点发展战略。在此契机下，许多地方将农业产业化经营与扶贫开发结合起来，将产业扶贫作为新时期扶贫开发的一种重要形式，并开始尝试在一些贫困地区的农村扶贫工作中引入农业产业扶贫机制，如广东省1998年就明确提出在全省50个山区县实施农业产业扶贫。内蒙古自治区2003年也启动了农业产业扶贫。湖北省从1997年开始有组织、有计划地推行农业产业化经营。

到了2005年，全国专门认定了261家扶贫龙头企业，之后各省还认定了673家省级扶贫龙头企业，在信贷、培训、基地建设等方面给予直接支持。特别是国务院扶贫办还曾专门与国家开发银行签订长期合作协议，以优惠贷款重点支持这些扶贫龙头企业发展。各地政府也在积极配合国家的产业扶贫战略，纷纷将“基本形成相对稳定收入的产业，提高贫困农户经济收入，稳定解决绝大多数农户的温饱问题”写入了规划文件，并出台了一系列支持性的政策文件，因地制宜地将扶贫政策与国家产业扶持政策相结合，努力搭建各种产业扶贫平台，并完成了大量产业扶贫示范项目，取得了阶段性的成功。

例如，湖北大悟是一个集山区、老区、少数民族聚居区为一体的国家重点贫困县，全县共有 13 个老区乡镇，110 个重点贫困村，298 个老区村。从自然资源角度看，大悟有四百多年的产茶历史，作为低山丘陵地区，昼夜温差明显，森林覆盖率高，山溪间常年云雾缭绕，具有发展茶叶生产得天独厚的地理、气候和土壤生态环境。因此，从 20 世纪 80 年代开始，全县开始引导农民大规模种植茶叶，当地政府也高度重视茶叶产业，先后出台了《关于大力发展茶叶产业的意见》和《关于加快茶叶产业发展的意见》，每年投入大量的资金用于扶持种植发展茶叶，并制定了很多茶叶招商优惠政策，把发展茶叶产业作为富民强县，加快发展的重要途径。但是，由于大部分茶厂规模过小，制作粗糙，市场竞争力弱，产品附加值低，种、加、销严重脱节，多数茶农处于分散的个体生产状态，各自注册自己的品牌，由于没有统一的标准，质量参差不齐，加上经营规模小，不利于名牌的打造，所以农户获利甚微。在这种情形下，借助产业扶贫的政策支持，大悟县实行了“政府 + 龙头企业 + 合作社 + 农户”模式，就是由政府扶植龙头企业和专业合作社，通过专项资金投入和优惠政策激励龙头企业发展和壮大，并带动周边农户的参与和发展。这一组合模式，实现了资源整合，使大悟茶园面积达到 1 万亩以上，并成了集生产、经营、品茶、评茶为一体企业集团，以龙头企业的形式做大做强大悟绿茶产业，实现了企业发展与贫困户脱贫就业的双赢发展。又例如，湖南湘西自治州的泸西县，是一个少数民族特困县，土家族和苗族分别占 41.5% 和 58.5%。从 2003 年开始，泸西县开展了以“传、帮、调、引”为主要特点的产业扶贫，即传播农业科技知识、实用技术，对产业项目实施资金帮扶，不断调整产业结构和开发项目，引进优良品种和致富信息带动地区发展。2006 年，该县投入资金 18 万元，建立 2 个椪柑销售协会，组织培训 3 次。通过发展椪柑产业，如今该县少数民族贫困人口平均收入已由实施产业扶贫前的 800 元涨到了 1500 元，有 48% 的被扶持户新建和改造了家庭住房。所以，可以看出，产业扶贫在少数民族地区也具有广阔的发展空间，对少数民族地区脱贫致富也起到了重要作用。

六、对口帮扶减贫理论

对口帮扶扶贫模式，是由中央政府倡导、各级政府率先垂范、全社会广泛参与的一种扶贫模式。对口帮扶可分三个层次：一是在中央政府的统一安排下，以地方政府主导的东西部协助扶贫，即东部发达省市帮扶西部贫困省区；二是中央和各级国家机关、企事业单位帮扶辖区内的贫困县区；三是社会组织、民间组织和民主党派到贫困地区进行产业投资、合作和智力帮扶。对口帮扶以整村方式推进，可利用较大规模的资金和其他资源，在较短的时间内使扶持的村在基础和社会服务设施、生产和生活条件以及产业发展等方面有较大的改善，并使各类项目间能相互配合以发挥更大的综合效益，从而使贫困人口在整体上摆脱贫困，同时提高贫困地区与贫困人口的综合生产能力和抵御风险的能力。

例如，2005 年党中央、国务院作出扶持人口较少民族发展的重大决定后，上海市率先开展对口帮扶工作，2006 年 4 月 20 日，上海对口帮扶云南德昂族发展项目考察团在三台山乡举行项目启动仪式，标志着上海对口帮扶德宏州德昂族发展项目正式启动，项目主要以自然村为单位实施整村推进扶持德昂族发展。德宏有 55 个德昂族聚居村列入扶持范围。五年规划总投资 4 451. 195 万元。从 2006 年开始，上海市五年共投入帮扶资金 2 500 万元，其中上海市财政拨款 2 000 万元，市民宗委自筹 500 万元。从 2006 ~ 2008 年，上海已对口帮扶德宏 28 个德昂族村，投入帮扶资金 1 477. 408万元，实施村内道路、人畜饮水等 175 个项目（含云南省配套 9 个项目）。据统计，共修建了村内道路 14. 9 公里、架输电线路 5 公里、建蓄水池 9 个、铺设水管 36 000 米；扶持农户发展茶叶、澳洲坚果等种植业 7 632. 9 亩，扶持 212 户农户发展庭院经济：养猪 2 087 头，养牛 441 头；建设安居房 397 户；新建、改造 714 口沼气池及其配套圈厕；建设 15 个农村科技文化活动室；成立“上海市对口帮扶德昂族农村人才培训学校”，培训教师 601 人次等等。通过帮扶，2008 年末已帮扶的 28 个村民小组人均纯收入达 1 880 元，较 2005 年增加 893 元；人均占有粮食 301 公斤，较 2005 年增加 29 公斤；经济林果面积由 4 035 亩扩大到 9 447 亩，增幅达 234. 1%；生猪存、出栏数分别由 3 052 头、1 780 头发展到 4 316 头和 3 043 头，增幅为 141. 4% 和 171%。德昂族聚居村的教育、文化、卫生条件得到了很大改善。

第五章 片区扶贫规划编制的主要方法

贫困地区往往由相邻相关的多个地区共同结合而成，这些贫困区往往在致贫原因上也有较大的相似性和普遍性，这就产生了贫困的集中连片现象。空间上的集中连片格局相对有利于依托政府系统进行各项扶贫工作的开展，使“集中力量办大事”成为可能，因此连片开发成为了较为有效的扶贫开发方式。中国扶贫开发的片区及连片开发的概念是在大规模开发式扶贫阶段（1986~1993 年）形成的。

20 世纪 80 年代初开始，中国政府根据我国实际情况开始逐渐酝酿片区的扶贫开发理念。1984 年国务院把相对集中的贫困县划分成 18 个贫困片区：沂蒙山区、武陵山区、闽西南、闽东北地区、努鲁儿虎山区、吕梁山区、秦岭大巴山区、太行山区、西海固地区、大别山区、井冈山和赣南地区、定西干旱地区、乌蒙山区、陕北地区、西藏地区、九万大山地区、滇东南地区、横断山区、桂西北地区。尽管这种片区划分方法很好地指导了当时的扶贫开发工作，但是仍然存在划分边界模糊和贫困区域多有遗漏等问题，在地区的划分标准上一直没有形成统一的标准，片区的划分上可大可小，甚至片区数量上也出现过不同意见。例如：1989 年，姜德华等又将 741 个低收入县划分为黄土高原丘陵沟壑贫困类型、东西部接壤地带贫困类型、西南喀斯特山区贫困类型、东部丘陵山区贫困类型、青藏高原贫困类型和蒙新干旱区贫困类型 6 个大类。1994 年，郭喜来等将“八七扶贫攻坚计划”确定的 592 个贫困县分为 3 类：中部山地高原环境脆弱贫困带、西部沙漠高寒山原环境恶劣贫困带、东部平原山丘环境危急及老革命根据地孤岛型贫困带。过去的几十年间，扶贫开发领域关于片区的各种观点层出不穷，有很强的随意性，这些争论在也很大程度上对扶贫开发工作带来困扰。

而随着中国贫困格局的逐渐变化，最近一种新的片区划分方法——集中连片特殊困难地区被提了出来。其基本思想是根据农民纯收入等指标，将指标低于标准的县纳入初选范围，然后再进行筛选，最后的划分结果包括了大约十多个区域。这种集中连片特殊困难地区的新型片区概念，将引导未来几十年中国扶贫开发的基本方向。

在实践层面上，片区的主要理念是将相邻贫困地区特点相似和依托政府系统相结合，在政府主导下走连片开发道路。在具体的工作中，各地方政府探索出符合当地特色的区域扶贫模式，如贵州省开展的生态畜牧业产业化扶贫，广西基础设施建设、甘肃省静宁县整区域推进扶贫等。2007年，国务院扶贫办在全国选取20个县，开展“县为单位、整合资金、整村推进、连片开发”试点，通过政策统筹、机制创新，进行分区研究、连片开发，促进贫困地区经济发展和贫困农户稳定增收。但需要认识到的是，由于片区的划分标准和理念完全依赖政府内部操作，资料通常不公开，而落实到具体实践中又是基本上由各地地方政府（多为县级政府）根据实际情况自行把握，这种落差导致在外部认知上存在困难。因此目前有关扶贫连片开发多见于媒体的宣传性报道，对扶贫连片开发的实质性研究相对较少，关于如何编制片区扶贫规划的研究更是凤毛麟角。

鉴于集中连片贫困地区问题是我国贫困的一个较为普遍的现象，也是扶贫攻坚的大问题、大挑战，制定片区扶贫规划对于片区扶贫开发有着纲领性的作用。要想把握片区扶贫规划编制要遵循的原则，掌握片区扶贫规划的方法，首先要了解制定片区扶贫规划的目标、任务、作用和意义。为此，这一章主要从制定规划的目标、制定规划的原则以及制定规划的方法这几个角度概述编制片区扶贫规划。

第一节　一般规划编制方法

规划制定存在着各式各样的理念，这些理念决定了规划的发展方向，也使规划往往具有非常复杂的内涵。但在方法上，规划的制定往往要求科学性和严谨性，所以同质性较强，各类技术手段的运用是规划制定所不能缺少的。第二次世界大战后，随着世界各国工业技术和数学理论的飞速发展，规划的方法也日趋复杂，规划的定量标准也日趋明晰。改革开放后，大量国外先进技术和理念的引入，使得中国的各类规划方法也逐渐更加注重技术手段。就扶贫开发规划而言，目前也正处于定性为主向定量为主转化的历史阶段。

片区扶贫规划方法的选用与规划目的、规划任务、规划工作的时限和经费有关。片区扶贫规划工作者必须了解规划区的特性、规划的目的和任务要求，采用相宜的规划方法。

一、系统法

系统法又称系统分析法。它的理论基础是：宇宙间的一切事物都是由彼此相关的多种要素组成的；要素本身也可能是另一系统，它相对于原来的系统而言是子系统；这些要素之间存在着一定的组织和结构，而且按照一定的关系组成有机结合的整体；事物的各组成要素都有一定的属性，执行着特定的功能，各组成要素互相联系、互相依存、互相制约、互相作用，形成一个统一体。事物处在不断的运动之中，事物的发展是由量变到质变、由渐变到突变、由低级到高级的运动过程。事物的发展要受到外部环境的影响，同时事物的发展变化又要影响外部的环境。

根据系统论的原理，区域就是一个复杂的系统。片区系统是由相互有联系的诸要素组成的完整综合体。区域组成要素，如土地、水域、植被、人口、工业、农业、城镇、中心村、各种基础设施、建筑物、构筑物、生态工程等等，都是区域系统中的一个要素、一个子系统。区域诸系统要素组成一定的结构，区域结构就是区域诸要素之间相互联系的特定形式。当然，区域又是更高序列体系中的一个要素或组成部分。

系统法通常由三个基本环节构成，即问题形成、系统分析、系统评价。每一个环节都有一系列定性和定量的具体方法可供利用。

（1）系统问题的形成。即确定被研究系统的性质、边界，设计好价值系统并将之综合。在规划中相当于确定规划的区域、规划的目的要求和发展总体目标和具体目标。

（2）系统分析。系统分析是对系统要素的性质、功能、相互关系进行分析，对系统的各种不确定因素、系统的组织、结构、状态和可能的变化，通过综合处理，建立模型，反复验证，以作出判断，并提出抉择方案。系统分析要回答为谁、为什么、何时、何地、做什么、怎么做等问题。在规划中大体是区域发展条件的评价、规划方案的设计。系统分析这个环节，上接系统问题、下连系统评价，要经过反复分析、思考和判断，才能使可行方案逐渐完善。这时，系统分析人和方案决策人之间的对话和配合是十分必要的，他们结合得好坏往往是整个规划项目成败的关键所在。

(3) 系统评价。即分析设计方案（包括书面报告、图件等）提出后，或者分析设计方案实施过程中，根据效益、成本、影响等基本指标，对规划设计方案作出综合评价。评价时要注意方案的可靠性、安全性、先进性、学术性、可操作性、经济性、规范性、生态环境可相容性、社会性及可扩展性、灵活性等，进行总体评价。

在系统分析和系统综合中常常同时采用两种方法：

一是演绎法。它是从一般到特殊的研究方法，属于理性分析方法。它一般是从普通的概念、原理、原则出发，结合地区实际，进行逻辑程序推理，然后得出结论。

二是归纳法。它是从特殊到一般的研究方法，属于实验性或试验性分析方法。它一般是从大量的调查入手，从大量的实证材料出发，通过整理综合，认识事物的性质，再联系同类事物，进而进行归纳推理，从而得出有关此类问题的结论。

运用系统法来进行规划，首先必须把规划的对象即规划区域看成为一个整体。一方面，这个整体是由许多要素、许多部门、许多地块相互联系的整体或叫完整的综合体；另一方面，这个规划区域又是与外界有密切关联的更高序列区域体系中可分解为序列较低的体系中的一个分子。

其次，规划区域的各个要素、各个部门、各个地块都有一定的相互联系。通过这些联系的性质、结构、次数、频率和稳定性就可以判定这个规划区域是复杂的还是简单的，是稳定的还是功能活跃的，是静态性的还是动态性的，是多核心的还是单一核心的。

另外，规划区域的面貌、状态是区域要素相互作用和受外界输入因素影响的结果。通过它们相互作用及与外界输入因素的关系的分析，那就可以分析区域的特征，全面地认识区域布局的变化趋势，并确定未来发展的抉择方案。

用系统法来解决规划，可以比较精确地形成关于研究对象的最基本的概念，可以确定其发展目标和方案，可以制定具体实施措施。

由此亦可以看出系统法的几个主要特征：（1）整体性；（2）联系性；（3）分解协调性；（4）动态性，即注意把握系统活动的结果再来调整系统活动，把系统的输出通过一定的途径再返回输入，从而对系统施加影响。所以，规划过程就是一种不断反馈的循环过程。

二、综合平衡法

综合平衡法是国民经济与社会发展计划编制的基本方法，是指从国民经济总体上反映和处理社会人力、物力、财力资源与社会生产的各部门之间、各环节（生产、分配、交换、消费）之间的相互关系。综合平衡法是传统综合方法中的一种，也是国际上区域规划方法中最基本、使用最广泛的一种。传统综合方法是与系统分析相反的逆向思维方法。它是在系统分析的基础上不断将系统分析结果加以综合形成整体认识的一种科学方法。这种方法的特点是，一直在系统思想的统率下完成综合过程，故亦可称为系统综合方法。它是按照系统整体化的要求，把各个要素综合成相应的小系统，再将各个小系统综合成一个大系统。这种方法的另一个特点是创造性。它不是将已经分解了的要素再按照原来的联系机械地重新拼接起来恢复到原来的系统，而是根据系统分析的结果，把各个要素按照要素与要素、要素与系统、系统与外界环境之间的新联系，形成整体优化的新结构，创造出更加符合总体目标要求的新系统。

所谓综合平衡是相对于经济生活中各种单项平衡、局部平衡而言的一种平衡，是建立在单项平衡与局部平衡基础上的在全社会范围内，从国民经济总体上进行的社会生产与社会需要间的平衡。单项平衡通常是指某一项经济活动资源与需要间的平衡，如活动力资源与需要的平衡，某项物资的资源与需要的平衡，财政收支平衡等。而局部平衡则可以有双重意义。从平衡所包含的内容来看，局部平衡是指国民经济中某一方面的平衡，例如人力平衡、物力平衡、财力平衡等，它基本上与单项平衡是类似的意思。从平衡所包含的空间范围来看，局部平衡则是指某个地域上或某个范围内的平衡，如地区平衡、部门平衡、企业平衡等。后面这种意义上的局部平衡（空间范围的），虽然它们在不同程度上都具有综合性，但是相对于国民经济综合平衡而言，仍处于局部平衡的位置。总的来说可以这样认为，即单项平衡和局部平衡是国民经济综合平衡的基础，而综合平衡则是搞好单项平衡与局部平衡的指导。

至于综合平衡法，就是指在综合平衡基础上制订国民经济计划的一种方法。具体说，综合平衡法就是根据客观经济规律和我国具体国情，通过国民经济平衡表和其他各种计算方法，对计划指标进行测算，并据以安排好社会再生产各环节、国民经济各部门间的比例关系与平衡关系，以便制订一个按比例高速度发展的并具有较高经济效益的国民经济计划。在目前的各种国民经济计划编制方法中，综合平衡法是最基本的一种方法，其在编制计划的各个阶段都要用到，起着至关重要的决定作用。而其他一些方法多为综合平衡法的一个组成部分或必要补充，又或者是在编制计划某一阶段所采用的方法。总体说来，规划的综合平衡要处理好三个方面的关系：

一是供给和需求的关系。规划应尽可能使需求和供给在品种、数量及质量上相互适应、相互协调。

二是国民经济各部门、各种具体的建设项目的用地关系。要使各种物质要素各得其所，有机联系，密切配合，在空间上相互协调。

三是地区与地区之间的关系。要在讲求效益、公平、安全等原则的基础上，在建设项目的空间布局、建设进度和程序上合理安排，使地区之间相互协作，共同发展。

综合平衡法的工作步骤一般是：

第一，确定综合平衡的内容和指标体系。

第二，预测发展需求，包括部门发展和地区发展的预测，确定各项目的需求量。

第三，综合平衡。通过供需双方的比较，反复调整，最后确定规划方案。在综合平衡过程中，规划工作者往往需要与需求部门和各个地区多次商量研究，才能制订出平衡方案。

要做好综合平衡一般需要满足这样的条件：建立科学的计划指标体系；建立和健全计划计算体系；建立准确、及时、灵敏的信息搜集和传输系统；要培养一批既掌握现代化计划管理知识，又立志于搞好我国计划工作的计划管理人才。

通常，综合平衡法单靠经验判断估算，是不能达到科学平衡目的的。所以现代的综合平衡法，其核心是投入产出法。但是由于投入产出法在我国的发展过程中较为曲折，也使得社会对其与综合平衡法关系的认识上存在一些分歧。我国的投入—产出分析工作是从20世纪50年代末60年代初开始的，当时经济理论界和高等院校开始研究投入—产出分析，并在个别高等院校开设了投入—产出分析课程，但当时仅限于理论研究。1962年，国家统计局和国家计委曾召开座谈会，专门研究投入—产出分析在我国应用问题。但由于原苏联当时把投入—产出视为资产阶级的“数学游戏”，使得刚刚起步的投入—产出研究遭到了严厉的批判，特别是1966年发生的文化大革命，完全中断了这项研究工作。直到1974年8月，为了研究宏观经济运行，在国家统计局和国家计委的组织下，由国家统计局、国家计委、中国科学院、中国人民大学、北京经济学院等单位联合编制了1973年全国61种产品的实物型投入—产出表，这也是我国第一张实物型投入产出表。1978年党的十一届三中全会以后，党和国家的工作重点转移到经济建设上来，才为投入—产出技术的研究和应用创造了条件。之后在国家统计局的组织下，投入—产出表的编制工作、投入—产出分析的研究工作以及投入—产出表的应用工作得到了迅速的发展。目前，我国国民经济核算体系中的投入—产出核算就是运用投入—产出方法。由于这一段曲折的经历，使得投入—产出法与综合平衡法之间的关系在不同历史时期是不同的，甚至影响到后来出版的各类著作。

投入—产出表于20世纪30年代产生自美国，它是由美国经济学家、哈佛大学教授瓦西里·列昂惕夫（Wassily Leontief）在1931年开始研究并提出的。当时他利用美国国情普查资料编制了1919和1929年美国投入—产出表，并分析了美国的经济结构和经济均衡问题。1936年，他撰写的“美国经济制度中投入—产出数量关系”是世界上有关投入—产出分析的第一篇论文，标志着投入—产出方法的诞生。之后，列昂惕夫又陆续发表了多篇关于投入—产出分析的论著，阐述了投入—产出方法的基本原理。由于列昂惕夫在投入—产出研究方面的卓越贡献，他于1973年荣获了第五届诺贝尔经济学奖。

所谓投入—产出法，就是把一系列内部部门在一定时期内投入（购买）来源与产出（销售）去向排成一张纵横交叉的投入—产出表格，根据此表建立数学模型，计算消耗系数，并据以进行经济分析和预测的方法。严格地讲，投入—产出法是一种特殊的经济计量模型，它广泛应用于研究国民经济两大部类间、积累与消费间的比例关系，预测各部门的投入量和产出量。从应用范围上看，可分为中国性、地方性、专业性、大型企业、一般企业等形式。当预测中分析研究国民经济各部门之间、各部门内部或企业内部组织之间生产和消费相互依存关系，根据投入—产出综合平衡关系，来推测预测目标的变动方向和程度，常用投入—产出关系建立的数学模型。

通过编制投入—产出表和模型，能够清晰地揭示国民经济各部门、产业结构之间的内在联系；特别是能够反映国民经济中各部门、各产业之间在生产过程中的直接与间接联系，以及各部门、各产业生产与分配使用、生产与消耗之间的平衡（均衡）关系。正因为如此，投入—产出法又称为部门联系平衡法。此外，投入—产出法还可以推广应用于各地区、国民经济各部门和各企业等类似问题的分析。当用于地区问题时，它反映的是地区内部之间的内在联系；当用于某一部门时，它反映的是该部门各类产品之间的内在联系；当用于公司或企业时，它反映的是其内部各工序之间的内在联系。

投入—产出表的一般表式如表5－1。

从投入—产出表的一般表式上可以看到，投入—产出表的具体内容由三个部分组成，通常称为第I象限、第II象限、第III象限。

第I象限是投入—产出表的核心，它反映了国民经济各部门之间相互依赖、相互提供劳动产品（或服务）以供生产和消耗的过程。在横行的方向，反映产出部门的产品或服务提供给各生产部门作为中间使用的数量；在纵列的方向，反映生产部门在生产过程中消耗各产出部门的产品或服务的数量。

第II象限反映各生产部门的产品或服务用于各种最终使用（消费、投资和净出口）的数量和构成情况。第I象限和第II象限连接起来组成的横表，反映了国民经济各部门生产出的产品或提供的服务用于中间使用和最终使用的价值构成。用公式表示为：

表 5－1 投入—产出表一般表式

<table>
<tr><th colspan="2" rowspan="4">产出投入</th><th colspan="4">中间使用</th><th colspan="11">最终使用</th><th rowspan="4">调入</th><th rowspan="4">进口</th><th rowspan="4">总产出</th></tr>
<tr><th rowspan="3">农业</th><th rowspan="3">……</th><th rowspan="3">行政机关及其他行业</th><th rowspan="3">中间使用合计</th><th colspan="5">最终消费</th><th colspan="3">资本形成总额</th><th rowspan="3">调出</th><th rowspan="3">出口</th><th rowspan="3">最终使用合计</th></tr>
<tr><th colspan="3">居民消费</th><th rowspan="2">政府消费</th><th rowspan="2">合计</th><th rowspan="2">固定资本形成总额</th><th rowspan="2">存货增加</th><th rowspan="2">合计</th></tr>
<tr><th>农村居民</th><th>城镇居民</th><th>小计</th></tr>
<tr><td rowspan="2">中间投入</td><td>农业……行政机关及其他行业</td><td colspan="4" rowspan="2">第 I 象限</td><td colspan="14" rowspan="2">第 II 象限</td></tr>
<tr><td>中间投入合计</td></tr>
<tr><td rowspan="2">增加值</td><td>固定资产折旧
劳动者报酬
生产税净额
营业盈余</td><td colspan="4" rowspan="3">第 III 象限</td><td colspan="14" rowspan="3"></td></tr>
<tr><td>增加值合计</td></tr>
<tr><td colspan="2">总投入</td></tr>
</table>

中间使用+最终使用-调入-进口=总产出

第Ⅲ象限反映各产品部门增加的形成过程和构成情况，体现了国内生产总值的初次分配格局。第Ⅰ象限和第Ⅲ象限连接起来组成的竖表，反映了国民经济各部门产品在生产经营活动中的各种投入来源和产品价值构成。用公式表示为：

中间投入+增加值=总投入

投入—产出表三大部分相互连接，从总量和结构上全面、系统地反映国民经济各部门从生产到最终使用这一完整的实物运动过程中的相互联系。

投入—产出表能深入研究产业间和产品间各种复杂的依存关系，揭示国民经济运行过程中各种经济活动间的连锁反应。因而，运用投入—产出模型就能够模拟实施有关经济政策可能带来的效果和影响，为制定各种可行性策略提供理论依据。而由于投入—产出表集生产、使用于一表，充分描述了国民经济运行的全过程，因而，它在经济预测和计划论证方面具有独特作用。如运用投入—产出分析方法与数量经济方法相结合构造宏观经济运行模型，可以科学地进行国民经济的中长期发展预测。所以投入—产出法是综合平衡法的基础，是国民经济综合平衡的依据。通常的做法是以国民经济最终产品为计算目标，将各部门投入的消耗和产品产出之间的数量关系，用表格形式表示出来，使其保持一定的平衡状态。例如把整个国民经济划分为工业、农业和其他三个部门，用投入—产出表表示这三个部门的投入消耗和产品产出之间的关系（见表5-2）。

表5-2　　三部门的投入消耗和产品产出　　单位：亿元

部门	中间产品				最终产品			总产品
	工业	农业	其他	合计	积累	消费	合计	
工业	108	1824	216	2148	600	1812	2412	4560
农业	72	228	36	336	48	336	384	720
其他	36	114	72	222	90	408	498	720
合计	216	2166	324	2706	738	2556	3294	6000

通过这样的投入—产出表格，可以直观地对三部门的状况进行把握，从而为综合平衡提供基础。另外近年来投入—产出法还有一些新的方法诞生，如DEA等等，但其多停留在研究层面，这里就不再深入介绍。

在编制片区扶贫规划的时候可以按照综合平衡的方法，在研究过去集中连片贫困地区投入—产出情况的基础上，分析和预测总产值和收入增长的可能，从统筹安排积累和消费的比例关系入手，确定片区内财政收支规模，并根据价值形态和实物形态相互平衡的情况，分别确定基本建设的规模和人民生活的水平。在总平衡的基础上安排好其他计划指标。抓住国民经济中速度、比例、效益三个关键性内容，安排好社会总产品的规模和发展速度，农、轻、重的比例关系，组织好各单项平衡和局部平衡。编制部门间产品生产和分配平衡表（即部门联系平衡表），确定国民经济各部门、各地区的平衡要求，合理安排国民经济和社会发展的各项计划指标。

最后需要提醒一点的是，在发展规划的人口规模预测中，有一种数学预测模型也被称为综合平衡法，但其无论是方法还是内涵都与国民经济领域的综合平衡法有所不同。其基本形式为：

$$P_1 = P_0 (1 + A + B)^n$$

式中，P_1为规划期末人口，P_0为现状人口，A为人口自然增长率，B为人口机械增长率，n为规划年限。由于这种方法在人口规模预测中扮演着非常重要的角色，应用也较广，因此应当注意两种综合平衡法的区别。

三、比较论证法

比较论证是一种由个别到个别的论证方法，是常用的论证方法。比较分析作为一种论证手段，通常建立在明确目的性和恰当的着眼点上。比较论证法是科学研究的基本方法之一，也是地理学认识区域特征和规划学进行方案论证、择优方案的基本方法。实际上，在传统综合法中也已运用到比较法，那就是根据区域经济发展战略，从经济发展总体目标出发，对社会再生产各方面、各环节、各领域的人力、物力、财力的资源和需要进行对比，以调节和处理经济发展中的不平衡和矛盾。

（一）比较论证法在规划工作中被广泛地运用。比如：

第一，认识区域特征，确定区域发展的优势。影响区域经济发展的因素很多，且常常是面临挑战与机遇并存，因此，要通过规划区域与全国甚至世界上其他地区的比较，通过区域发展的有利条件和限制因素的对比，才能认识区域的优势，明确其发展方向。

第二，发展目标与具体指标的制定。因为社会经济发展都有一定的规律性，只要条件类似或大体相同，不同国家、不同地区的同一社会经济现象会表现出某种共同的特征和发展趋势，所以区域规划目标和具体指标经常是对不同发展阶段、不同国家、不同地区的同类指标进行对比和分析才加以确定的。

第三，重点开发地区和经济建设项目布局地点的选定。它们都是以区域的宏观研究为指导，以区域内各地方微观研究为基础，根据资源、环境、基础设施以及地区关系，选择多个方案加以比较的结果。

（二）比较论证法的工作步骤，一般是：

第一，选择比较对象。比较的对象应具有内在的联系性，具有可比性。必须注意不同时代、不同国家、不同地区、不同时期客观条件的差异，切忌生搬硬套。

第二，确定比较标准。针对比较对象，明确比较内容，确定比较标准，才能使比较的结论有据可依。比较标准一般应从社会效益、经济效益、环境效益进行综合。有时政治因素也会成为比较标准的首选条件。

第三，分析评价，即目标和方案的优选。规划工作中通常要对所选的方案或目标在一定的时间尺度内做纵向的比较并在一定的空间尺度上进行横向的比较。因为区域发展过程中总会留下历史的烙印，从区域的过去会更清晰地认识现状，并且能更准确地预测其未来。对不同国家、地区的环境条件和经济发展状况加以比较，更有利于认识区域的特点，判断规划方案的先进性、可靠性和实施的可能性。

（三）比较论证的方法

从分类上看，比较论证通常包括纵比和横比、对比和类比、明比和暗比等比较方式。一般在规划领域主要考虑纵比和横比、对比和类比两种方式。所谓纵比是把某一事物在不同历史阶段的状况加以比较，以揭示事物在不同历史阶段上的异同点。从纵比中，可以看出事物是向前发展了还是倒退了，这是揭露事物现实与历史的矛盾的有效方法。所谓横比则是以此事物与彼事物相比较。横比是揭露现实事物之间的矛盾的好方法。而类比是根据两个对象在某些属性上的相同或相似，推论两者在其他属性上也有相同或相似。对比则是一种求异的思维方式，它侧重于从事物的相反或相异的属性的比较中来揭示需要论证的论点的本质。

在实际的比较论证中，由于一般的论述或者经验判断随意性较强，缺乏科学性，所以已经很少使用，多是采用一些现代的方法和技术手段进行客观比较。较为典型的如指标综合评价法。所谓多指标综合评价法，就是根据研究的目的和对象的特点，选择一系列指标用于系统综合的比较和分析。

目前，指标评价法在规划制定中的运用较为广泛。例如在扶贫开发规划的编制中贫困村的识别问题，就是通过一系列指标权重的确定，即村贫困综合指数（Integrated Village Poverty Index，IVPI）来构建评价体系，根据实际通过比较排序进行选择。不过需要注意的是，指标评价法本身是一种定性和定量相结合的半定量方法，根据不同的目的和对象，指标的选取是有一定随意性的，经常会出现针对同一问题，提出数种指标体系的情况。所以相对权威的统一指标体系可能更多的还要依靠实践和其他方面来决定。

鉴于指标选取的随意性问题，这里就只提供一些范例供参考，例如对于贫困地区致贫因素指标体系，可以选择如表 5－3 结构的指标。

表 5－3　　　　贫困地区致贫因素指标体系表

	一级指标	二级指标	三级指标
贫困	自然因素	地理位置	公路里数
			铁路里数
		自然资源	耕地面积
			水资源
			森林覆盖率
			矿产资源
			气候资源
	经济因素	资本投入	国家投资
			地方政府投资
			农民自身积累
		劳动力素质	文化素质
			身体素质
			思想素质
		产业结构	农业产值比重
			农业从业人数
		市场化程度	
	社会因素	历史因素	
		文化因素	
		制度因素	

在选择并建立好指标体系后，下面的问题就是对这些指标进行系统分析，从而得到一组更加简单但高度概括的评价指标用于比较和评价。这个过程一般采用数学方法，目前较为主流的方法有层次分析法（AHP）、逼近理想解排序法（TOPSIS）和主成分分析法等等。

1. 层次分析法

层次分析法是多指标综合评价法中运用较多的一种方法，在目前的指标评价方法中占据主导地位。层次分析法在 20 世纪 70 年代由美国运筹学家 Thomas L. Saaty 正式提出。它是一种通过构建层次结构模型的方法来实现定性和定量相结合的系统化、层次化分析方法，在处理复杂的决策问题上具有较好的实用性和有效性，特别适用于那些难于完全定量分析的问题。

运用层次分析法建模，大体上可按下面的步骤进行：

（1）建立递阶层次结构模型；

（2）构造出各层次中的所有判断矩阵；

（3）层次单排序及一致性检验；

（4）层次总排序及一致性检验。

应用 AHP 分析决策问题时，首先要把问题条理化、层次化，构造出一个有层次的结构模型。在这个模型下，复杂问题被分解为元素的组成部分。这些元素又按其属性及关系形成若干层次。上一层次的元素作为准则对下一层次有关元素起支配作用。层次可以分为三类：

最高层：这一层次中只有一个元素，一般它是分析问题的预定目标或理想结果，因此也称为目标层。

中间层：这一层次中包含了为实现目标所涉及的中间环节，它可以由若干个层次组成，包括所需考虑的准则、子准则，因此也称为准则层。

最底层：这一层次包括了为实现目标可供选择的各种措施、决策方案等，因此也称为措施层或方案层。

递阶层次结构中的层次数与问题的复杂程度及需要分析的详尽程度有关，一般地层次数不受限制。每一层次中各元素所支配的元素一般不要超过 9 个。这是因为支配的元素过多会给两两比较判断带来困难。

在建立好递阶层次结构后，就需要构建判断矩阵，也就是对准则层中的各准则在目标衡量中所占的比重（权数）进行确定。不过在实际操作中，权数的确定往往不易量化，所以除了采用专家打分的方法外，更为可靠的是采用对因子进行两两比较建立成对比较矩阵的办法。即每次取两个因子 x_i 和 x_j，以 a_{ij} 表示 x_i 和 x_j 对某因素 Z 的影响大小之比，则 a_{ij} 为权数，全部比较结果用权矩阵：

$$A=(a_{ij})_{n\times n}$$

表示，称 A 为 $Z-X$ 之间的成对比较判断矩阵（简称判断矩阵）。容易看出，若 x_i 与 x_j 对 Z 的影响之比为 a_{ij}，则 x_j 与 x_i 对 Z 的影响之比应为：

$$a_{ji}=\frac{1}{a_{ij}}$$

对于 a_{ij} 值的确定方法，Saaty 等人建议使用数字 1 ~9 及其倒数作为标度（见表 5 -4）。

表 5 -4　　标度的含义

标度	含　义
1	表示两个因素相比，具有相同重要性
3	表示两个因素相比，前者比后者稍重要
5	表示两个因素相比，前者比后者明显重要
7	表示两个因素相比，前者比后者强烈重要
9	表示两个因素相比，前者比后者极端重要
2、4、6、8	表示上述相邻判断的中间值
倒数	若因素 i 与因素 j 的重要性之比为 a_{ij}，那么因素 j 与因素 i 重要性之比为 $a_{ji}=1/a_{ij}$

通过各种不同角度的反复比较，从而导出一个合理的排序。不过由于这种比较仍然存在主观性因素，而且在比较时也往往容易遇到难以判断重要性差别的情况，所以在实际应用中也不乏直接对权数主观赋值的情况，当然这也往往会引起较多争议，所以在权数的赋值上是需要仔细权衡的。最后，对于构建的判断矩阵 A 一般要进行层次单排序和一致性检验，然后进行层次总排序，从而保证其一致性。这样就构建起了一套基于层次分析法的指标评价体系。通过层次分析法构建的评价体系，最后会得到一个总排序权值，通过这个总排序权值可以对考察的各地区、各部门或者各时期等等对象进行比较和评价。

2. 逼近理想解排序法

TOPSIS 法与层次分析法类似，不过其不追求一个绝对的判断分数，而是通过检测评价对象与最优解、最劣解的距离来进行排序。TOPSIS 法目前应用也较广，在规划领域的报道多见于区域经济竞争力排序、土地集约使用程度排序和农业质量排序等方面，直接用于扶贫开发领域的公开报道目前较少，有一定的借鉴空间，这里只对其进行简单介绍。

TOPSIS 法是 Hwang 和 Yoon 于 1981 年首次提出的一种理想目标相似性的顺序选优技术，是多目标决策分析中是一种非常有效的方法。它使用归一化后的数据规范化矩阵，找出多个目标中的最优目标和最劣目标（理想解和反理想解），通过分别计算各评价目标与理想解和反理想解的距离，获得各目标与理想解的贴近度，按理想解贴近度的大小进行排序，以此作为评价目标优劣的依据。其贴近度取值在 0 ~ 1 之间，值越接近 1 表示相应的评价目标越接近最优水平；越接近 0 则表示评价目标越接近最劣水平。其基本方法如下：

（1）设有 n 个评价的对象，每个对象有 m 个评价指标，则有评价指标特征值矩阵：

$$A=\begin{bmatrix} X_{11}(K) & X_{12}(K) & \cdots & X_{1m}(K) \\ X_{21}(K) & X_{22}(K) & \cdots & X_{2m}(K) \\ & \cdots & \cdots & \\ X_{n1}(K) & X_{n2}(K) & \cdots & X_{nm}(K) \end{bmatrix} \quad (i=1,2,\cdots,n;\ j=1,2,\cdots,m)$$

（2）构造可以构成规范化的矩阵 $Z^{(0)}$ 和加权矩阵 Z，其元素分别为 $Z_{ij}^{(0)}$ 和 Z_{ij}：

$$\begin{cases} Z_{ij}^{(0)} = \dfrac{X_{ij}}{\sqrt{\sum\limits_{i=1}^{n} X_{ij}^2}} \\ Z_{ij} = W_j Z_{ij}^{(0)} \qquad (i=1,2,\cdots,n;\ j=1,2,\cdots,m) \end{cases}$$

（3）利用变异系数法求各个驱动因子的权重 W_j：

$$\begin{cases} \delta_j = \dfrac{D}{X_j} \\ W_j = \dfrac{\delta_j}{\sum\limits_{j=1}^{m} \delta_j} \\ D = \sqrt{\dfrac{1}{n}\sum\limits_{i=1}^{n} (X_{ij} - \overline{X}_j)^2} \\ \overline{X}_j = \dfrac{1}{n}\sum\limits_{i=1}^{n} X_{ij} \end{cases}$$

（4）确定理想解和反理想解：

$$\begin{cases} Z^{+} = (\max Z_{ij} \mid j \in J_1), (\min Z_{ij} \mid j \in J_2) = (Z_1^{+}, Z_2^{+}, \cdots Z_m^{+}) \\ Z^{-} = (\min Z_{ij} \mid j \in J_1), (\max Z_{ij} \mid j \in J_2) = (Z_1^{-}, Z_2^{-}, \cdots Z_m^{-}) \end{cases}$$

（5）计算各评价对象到理想解的距离 S_i^{+} 和到反理想解的距离 S_i^{-}：

$$\begin{cases} S_i^{+} = \sqrt{\sum_{j=1}^{m} (Z_{ij} - Z_j^{+})^2} \\ S_i^{-} = \sqrt{\sum_{j=1}^{m} (Z_{ij} - Z_j^{-})^2} \end{cases}$$

（6）计算各对象接近于理想解（或反理想解）的贴近度：

$$C_i^{+} = \frac{S_i^{+}}{(S_i^{+} + S_i^{-})}, \ i = 1, 2, \cdots, m$$

（7）根据贴近度大小进行排序。

TOPSIS 法相对层次分析法而言更加强调相对性排序，不过其决定性因素仍然和指标选择有较为直接关系，因此基本思想上与层次分析法仍然类似，只是计算的方法上有所区别。

3. 主成分分析法

最后值得提一下的是主成分分析法（PCA，Principal Component Analysis），其也称为主分量分析，是由 Holtelling 于 1933 年首先提出的。主成分分析法是基于降维的思想，将多个变量通过线性变换以选出较少个数重要变量的一种多元统计分析方法。即用线性变换把数据变换到一个新的坐标系统中，使得任何数据投影的第一大方差在第一个坐标（称为第一主成分）上，第二大方差在第二个坐标（第二主成分）上，依次类推。主成分分析经常用于减少数据集的维数，同时保持数据集的对方差贡献最大的特征。这是通过保留低阶主成分，忽略高阶主成分做到的。其基本步骤如下：

（1）原始指标数据的标准化采集 p 维随机向量 $X = (X_1, X_2 \cdots X_p)T$ 的 n 个样本数据：

$x_i = (x_{i1}, x_{i2} \cdots x_{ip})T, i = 1, 2, 3, \cdots, n$，要求 $n > p$，从而构造样本阵，对样本阵元进行如下标准化变换：

$$Z_{ij} = \frac{x_{ij} - \bar{x}_j}{s_j}, i = 1, 2, \cdots n; j = 1, 2, \cdots, p$$

其中：

$$\bar{x}_j = \frac{\sum_{i=1}^{n} x_{ij}}{n}, \quad s_j^2 = \frac{\sum_{i=1}^{n} (x_{ij} - \bar{x}_j)^2}{n-1}$$

得标准化阵 Z。

（2）对标准化阵 Z 求相关系数矩阵：

$$R = [r_{ij}]_p xp = \frac{Z^T Z}{n-1}$$

其中：

$$r_{ij} = \frac{\sum z_{kj} \cdot z_{kj}}{n-1}, i, j = 1, 2, \cdots, p$$

（3）解样本相关矩阵 R 的特征方程：

$$|R - \lambda I_p| = 0$$

得 p 个特征根，确定主成分。按：

$$\frac{\sum_{j=1}^{m} \lambda_j}{\sum_{j=1}^{p} \lambda_j} \geq a$$

确定 m 值。其中 a 是信息利用率，取值范围为［0，1］，如果信息利用率为 90%，则 a 值为 0.9。然后对每个 $\lambda_j, j = 1, 2, \cdots, m$，解方程组：

$$Rb = \lambda_j b$$

得单位特征向量 b_j^o。

（4）将标准化后的指标变量转换为主成分：

$$U_{ij} = z_i^T b_j^o, j = 1, 2, \cdots, m$$

其中，U_1 称为第一主成分，U_2 称为第二主成分，以此类推，U_p 称为第 p 主成分。

（5）对 m 个主成分进行综合评价。将 m 个主成分进行加权求和，即得最终评价值，权数为每个主成分的方差贡献率。

主成分分析方法在经济生产领域应用较广，有一定的参考借鉴价值，不过在扶贫开发领域的直接运用目前也是公开报道较少，所以就不再具体举例。

在编制片区扶贫规划的时候，可以充分利用上面这些现代比较论证的方法，研究国外大片贫困地区扶贫开发的经验和教训，研究国内不同片区扶贫开发的经验和教训，研究片区内部各区域扶贫开发的经验和教训，得出扶贫开发的新思路，从而为编制片区扶贫规划提供良好的素材。

四、地理技术法

贫困的空间分布问题使得地理始终是需要考虑的重要因素，因此各种地理技术手段在规划编制中有着天然的适用性。通常地理现象是一个复杂的问题，往往是必然性与偶然性相结合的产物，是一种确定性与不确定性同时存在的宏观现象，因此现代多采用多种技术手段来解决问题，近几十年来发展极为迅猛。在实际的各种应用中，主要的技术手段是遥感（Remote Sensing）、全球定位系统（Global Position System）、地理信息系统（Geographical Information System）三位一体的技术体系，即所谓 RS、GPS 和 GIS 的 3S 体系。下面对其进行一一介绍。

（一）遥感

遥感是以航空摄影技术为基础，在 20 世纪 60 年代初发展起来的一门新兴技术。开始为航空遥感，自 1972 年美国发射了第一颗陆地卫星后，这就标志着航天遥感时代的开始。经过几十年的迅速发展，目前遥感技术已广泛应用于资源环境、水文、气象，地质地理等领域，成为一门实用的、先进的空间探测技术。遥感探测能在较短的时间内，从空中乃至宇宙空间对大范围地区进行对地观测，并从中获取有价值的遥感数据。这些数据拓展了人们的视觉空间，为宏观地掌握地面事物的现状情况创造了极为有利的条件，同时也为宏观地研究自然现象和规律提供了宝贵的第一手资料。获取信息速度快而且周期很短，能动态反映地面事物的变化。遥感探测能周期性、重复地对同一地区进行对地观测，这有助于人们通过所获取的遥感数据，发现并动态地跟踪地球上许多事物的变化。因此，遥感技术在土地等自然资源的规划管理中具有极为重要的应用。

通过卫星遥感手段所获得的地理图像信息要进行模型处理，所谓地理图像信息模型实际上就是由遥感数字影像与非遥感地理数据图形图像化，两者配准成图像，配准像元与像元点点计算的图像运算。信息模型中的每一个因子，每一个无量纲因子团，每一个地理参数都是图像。图像可以存入遥感影像库，因子、因子团、地理参数可以存入地理信息系统中的属性库，从而供随时提取或处理。对于整个地理信息模型系统，其大概可表示为图 5 -1。

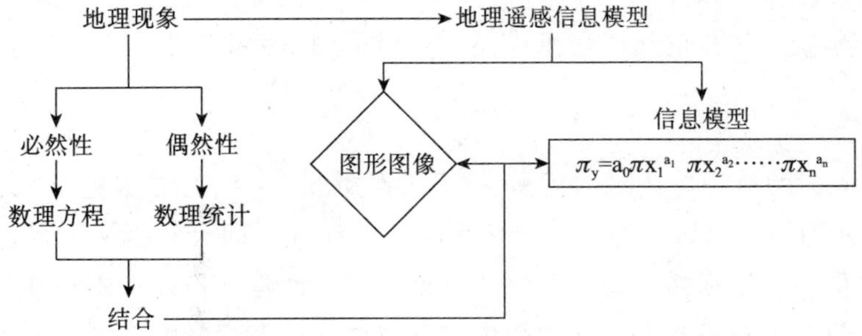

图 5 -1　方程与统计结合的图像与信息模型

在实际的处理中，首先需要对地理遥感获得的数字影像进行几何纠正。纠正方法通常以地形图为基础，按照世界统一的图幅标准，把遥感影像逐一镶嵌入图幅。对于所选的地面控制点，在纠正过遥感影像后，把地形特征点与遥感影像同名点记录下来，以便以后纠正新的遥感影像用。只有能够从遥感数据中提取出有价值的地理信息，遥感数据才有应用的价值。一般而言，从遥感影像上所获得的地理信息，每一个像元点都有对应的具体数值。

通常，地理数据所获得的都是等直线图形，或者是各种图斑状图形数据。一般情况下需要通过内插法获得具体的图像数据，所以关键就在于内插所采用的数学方法。由于地理现象的复杂性，内插方法的选择是一个非常复杂的领域。例如就地形内插而言，就有多项式内插、样条函数内插、傅里哀级数内插、分形内插等等多种方法，具体的选择必须了解组成地形的物质特性。例如同样是花岗岩，对于黑云母花岗岩侵蚀风化后呈浑圆的山顶可用类抛物线去逼近；但白岗质花岗岩侵蚀风化后呈尖棱的山顶，这就不能用类抛物线去逼近。简单地讲，就是从点信息到等直线，再到面信息的内插，必须根据地理现象的实际特征用最逼近的数学方法去内插。按照各种规律内插的数据，从实际的意义上讲就是弥补实测数据的缺损信息，因此实测数据本身也是非常重要的。实测数据有限的话其精度就会有限，精度会随着实测数据适当的分布与增加而逐步提高。

当形成了地理数据图像之后，通过与遥感影像配准，这种地理数据就可以进行点点对应的计算了。上面提到的地理遥感信息模型计算也就具备了可操作性。一般来讲所有的地理相似准则都是图像，所有的地理参数也都是图像，因此图像中的像元点可在同名点上进行数学计算，即在一个同名像元点至少可以建立一个方程。举个简单的例子，对于黄淮海地区冬小麦受干旱减产估损的遥感信息模型，可以采用下面的方程：

$$1-\frac{Y}{Y_m}=k\left(1-\frac{ET}{ET_m}\right)^n$$

式中，Y为产量，Y_m为最大产量，ET为蒸散量，ET_m为需水量，k为地理系数，n为地理指数。通过每个像元点上的计算，即可获得一个目标区域的整体信息。根据实际情况需要，可以根据理论建立各式各样的方程。

目前基于遥感技术的地理图像信息模型在许多领域中已经得到了广泛应用，作为一种数据信息的基本获取手段，对于预测和规划具有极为重要的意义。

2. 全球定位系统

全球定位系统，即通常所谓的 GPS，也称全球卫星定位系统，是一个中距离圆形轨道卫星导航系统。它可以为地球表面超过 98% 地区提供准确的定位、测速和高精度的时间标准。该系统由美国政府于 20 世纪 70 年代开始研制，并于 1994 年全面建成，系统目前由美国国防部研制和维护，可满足位于全球任何地方或近地空间的用户连续精确地确定三维位置、三维运动和时间的需要。其包括太空中的 24 颗 GPS 卫星，地面上的 1 个主控站、3 个数据注入站和 5 个监测站及作为用户端的 GPS 接收机。使用者只需拥有 GPS 接收机即可使用该服务，无须另外付费。GPS 信号分为民用的标准定位服务（Standard Positioning Service，SPS）和军规的精确定位服务（Precise Positioning Service，PPS）两类，通常所使用的都是民用的标准定位服务，由于 SPS 无须任何授权即可任意使用，美国出于安全考虑在民用讯号中人为地加入选择性误差以降低其精确度。不过 2000 年以后，美国政府取消了对民用讯号的部分干扰，目前民用 GPS 最高可以达到 10 米左右的定位精度。除美国的 GPS 外，目前正在运行的全球卫星定位系统还有俄罗斯的 GLONASS 系统，中国的北斗卫星导航定位系统计划 2012 年覆盖亚太地区，欧洲的“伽利略”系统目前也处于实验中。各国的定位系统在技术上各有特色，不过目前影响最大、使用最广的仍然是美国的 GPS 系统。在规划编制的领域中，全球定位系统一般是和遥感、地理信息系统联用，用于通过实地勘测获取或校正某一具体自然物或资源利用的位置信息，对遥感所获得数据位置精度的提高有着非常重要的作用。

3. 地理信息系统

地理信息系统，即通常所谓的 GIS。GIS 是以测绘测量为基础，以地理空间数据为操作对象，以数据库作为数据储存和使用的数据源，以计算机编程为平台的全球空间分析即时技术。经过几十年的发展，GIS 已经逐渐成为一门相当成熟的技术，以 ArcGis 软件为代表，得到了极广泛的应用，是现代区域管理和规划中最重要的工具之一。该技术通过以图层为主要形式的数据整合方式，可以将空间数据很好地管理起来。GIS 处理和管理的数据信息可以分为两大类，一是空间信息，如地形、地貌、地层、不同类型的资源及其空间关系等；二是非空间信息，如包括经济、社会和人口的信息。GIS 将数据信息分布以直观的图形显示，这使得其与资源的规模预测、状况评估、动态监测的各个环节之间均有着非常紧密的联系和良好的互动，特别是与卫星遥感技术 RS 的联用使得其已经成为现代管理的基本手段。GIS 目前已经在土地管理、环境保护、自然灾害防治、城市规划、水资源管理、生态农业、林业、矿产资源开发等自然资源管理方面得到了极为广泛的应用。由于 GIS 能够处理大量的空间信息数据并具有强大的空间分析功能，近年来人们也开始将 GIS 用于市场营销、人口普查和户籍管理、交通运输、电力规划等方面，都取得了非常好的效果。在扶贫开发规划制定领域运用 GIS，国内已经有较多的报道，下面举例说明。

马焕成和蔡葵等人（2002）报道了一种将参与性农村评估（Participatory Rural Appraisal，PRA）和地理信息系统（GIS）相结合的基层社区规划手段。众所周知，PRA 是目前扶贫规划领域最为重要的环节之一，强调一种平等的问题处理方式。它是一系列方法和工具的总称，通过这些方法和工具的运用，使当地人和外来者（农村的和城市的）对当地的环境进行评价、对所面临的问题和机遇进行分析，从而分享信息、做出计划、制订行动方案并使方案付诸实施。但 PRA 也有其缺陷，为便于社区村民讨论而设计的、简单易懂的参与性工具不具备规范性，工具中所反映出的信息不易为未参加讨论过程的人读懂，所获得的信息有时也难以表达到正式的规划文件中，而 GIS 能够提供相应的技术支持部分地解决这些难题。通过将收集得到的二手资料和 PRA 得到的一手资料，全部输入 GIS 系统，由 GIS 进行处理。他们在哈尼族贫困地区的村落（重点为两个哈尼村寨：上沙普和下沙普）规划中使用了这种方法。当地主要的经济作物是种植香茅草，但这也带来了严重的环境破坏问题。所以他们首先是让村民绘制当前的村庄资源图，代表 1999 年的土地利用图，并输入计算机中进行 GIS 分析。同时根据现有资料绘制了 1990 年的土地利用图，让村民对两张图进行对比和分析。为了更进一步地使村民意识到问题的严重性，他们还采用 GIS 来模拟森林在未来两年内的变化情况。其做法是让村民到森林中做标准地，确定标准地中薪柴的蓄积量，通过村民做标准地和现有的森林面积的计算可以得出现有的森林中可以利用的薪柴的蓄积量，然后通过 PRA 了解村民每天所需的薪柴量，再加上每年森林的生长量等多方面的时间可以通过计算机模拟每年森林的变化趋势。最后 GIS 给出的结果表明，如果以现行的生产和生活方式不变，3 年以后，该村的森林将消失殆尽。通过这种 PRA 和 GIS 联用的方法，直观地对哈尼族贫困地区所面临的问题给出空间和定量的分析，从而给当地未来的发展规划制定提供参考依据。

不仅如此，由于 GIS 优秀的“可视化”能力，与其他方法的相结合，进一步扩大了在贫困领域的运用。比如李双成等人（2005）年采用了一种基于 ANN（人工神经网络算法）计算的自然致贫指数。

此外，GIS 通过与 MoranI 空间自相关量测技术的结合，可以推断出贫困人口是随机分布的还是呈现一定空间集聚的，这对于片区划分和政策选择有非常大的帮助。MoranI 的基本公式为：

$$I(d)=\frac{\sum_{i=1}^{n}\sum_{j=1}^{m}w_{ij}(x_i-\bar{x})(x_j-\bar{x})}{S^2\sum_{i=1}^{n}\sum_{j=1}^{m}w_{ij}}$$

其中 x_i 和 x_j 分别表示为位置 i 和位置 j 的指标数，

$$S^2=\frac{\sum_{i=1}^{n}(x_i-\bar{x})^2}{n},\quad \bar{x}=\frac{1}{2}\sum_{i=1}^{n}x_i$$

w_{ij}表示空间权重矩阵的任一元素，其目的是定义空间对象的相互邻接关系，便于把属性数据放到所研究的地理空间上对比分析，该矩阵可表示为：

$$\begin{bmatrix} w_{11} & w_{12} & \cdots & w_{1n} \\ w_{21} & w_{22} & \cdots & w_{2n} \\ \cdots & \cdots & \cdots & \cdots \\ w_{m1} & w_{m2} & \cdots & w_{mn} \end{bmatrix}$$

计算出空间自相关 MoranI 指数后，对结果进行近似正态分布法的显著性检验。即以近似正态分布为前提，得到衍生统计量 $Z(d)$，从而判断区域是否正空间自相关。空间自相关技术对于贫困片区的划分有极大帮助，目前这种方法在黑龙江等省已经有所报道。

所以综上所述，地理技术方法在规划领域拥有极大运用空间。目前地理技术方法的发展势头极为迅猛，各种新手段层出不穷，未来将成为规划领域的主要工具手段。运用地理技术方法，可以更快、更便捷地了解到片区的自然、人文状况，并可以快速地作出反映，以备分析需要，由于集中连片贫困地区跨越的地区比较广，在编制片区扶贫规划，地理技术方法的运用将会使编制过程更加简便、科学。

五、数学模拟法

在片区扶贫规划中采用数学模拟法是非常必要的。因为如果规划研究只停留在定性描述、定性分析、定性下结论的话，往往会分析不准确、论证不充分、结论不确切。在规划研究中引入数学模拟法，可以使规划建立在更加理论化、科学化的基础上，提高规划成果的质量和实用价值。这里，并不是否定定性分析的必要性及其价值，而是说，仅仅依据职业经验，越来越难于说明和评定可能有的大量的抉择方案，并难于确定区域最佳发展方案。另一方面，采用数学模拟法，能比较有效地掌握多方面的大量信息，并进行有效地整理，解决多目标、多方案、多种结构所提出的复杂要求。实践表明，自从 20 世纪 60 年代以来，电子计算机技术和数学模拟方法应用于区域规划研究，使得以多目标、多要素、复杂结构、多方案和动态变化为特征的区域发展规划的许多问题得到了较为满意的解决。

数学模拟法是数学模拟试验的简称。其是在通过建立数学模型并确定模型参数后，对数学模型进行求解，以获得不同条件下过程特性的计算结果的一种方法。数学模拟通常在电子计算机上进行，根据已建立的数学模型，选用或创造合适的模型求解方法，编制相应的计算程序，然后在不同的规定条件下进行运算从而获得数据。在编制片区扶贫规划前期，需要获得大量的数据，但很多数据是难以获得的，这个时候就要采用数学模拟分析，以供规划编制的使用。

建立模型是数学模拟法的关键。按照功能和应用范畴大致分类，区域规划模型可分为如下几类：

第一，区域结构功能分析模型。着重对区域组成要素的作用、功能进行结构分析，以分析区域发展变化的内因，并组建未来合理的结构，如投入产出模型、判别分析模型、网络模型等。

第二，经济社会发展预测模型。根据经济发展的历史轨迹预测未来，或者根据经济发展过程中各要素变化的相互关系进行预测总体的变化。这类模型如时间序列模型、回归预测模型等。

第三，决策分析模型。经过详尽的预测分析，虽然能够为规划提供决策方案，但预测的结果不一定符合区域发展的目标。另外，预测不等于决策。决策过程是拟订方案和对方案可能产生的效果进行评价的过程。所以，决策与评价是不可分割的，并且应是交错进行的。这类的模型又可分为两类：（1）单目标决策分析模型，如线性规划、非线性规划模型，求极值的模型等。（2）多目标决策分析模型，如线性加权模型、成本效益分析模型、模糊分析模型等。

在各类数学模拟方法中，最为重要的是蒙特卡罗法（Monte Carlo Method）。由于现实世界包含大量的不确定性变量，这使得许多问题无法通过简单的函数运算解决，蒙特卡罗法是一种有效地解决不确定性变量问题的方法，其也称为统计模拟法、随机抽样技术等，于20世纪40年代美国在第二次世界大战中研制原子弹的“曼哈顿计划”成员Von Neumann和Godunov首先提出。简单地讲，蒙特卡罗法就是将所求解的问题同一定的概率模型相联系，用电子计算机实现统计模拟或抽样，以获得问题的近似解。蒙特卡罗法在运用时主要分三个步骤：构造概率过程；实现从已知概率分布抽样；建立各种估计量。由于其运用方便，在各个领域均有广泛的应用，特别是在扶贫开发领域，其地位更加重要。

由于通常情况下存在调研困难和其他各方面因素，如 FGT 指数、贫困发生率等重要指标往往较难获得。因此如果能够得到收入分布，就可以通过模拟的方式对这些重要指标进行估算。这是因为理论上讲，使用概率分布函数能够全面地描述某地区全体居民个人收入的分布规律。若该地区居民的个人收入用随机变量 X 来表示，假设 X 服从的分布函数为 $F(x)$。则收入分布函数 $F(x)$ 的经济学含义为：某地区的全体居民中，个人收入低于或等于 x 的居民所占的比例，即

$$F(x)=P(X\leqslant x)$$

所以如果能够得到收入分布函数的具体形式，就能够掌握该地区居民的个人收入的分布规律，从而在已知绝对贫困线的情况下，计算出贫困率。即根据拟合的收入分布函数 $F(x)$ 和已知的绝对贫困线 x_0 元，计算相应的绝对贫困率：

$$p=F(x_0)$$

或者在已知相对贫困率的情况下，计算出相对贫困线：根据拟合的收入分布函数 $F(x)$ 及相对贫困发生率 p，计算出相对贫困线：

$$x_p=F^{-1}(p)$$

所以不难看出，只要能够给定一个收入分布函数，整个体系就可以通过数学模拟的方法进行估计。通常，在有关收入分布的资料中，最常见的收入分布的拟合函数有：伽玛分布函数、正态分布函数和帕累托分布函数。在实际的分析研究中，对数正态函数应用较广，很多实际的收入分布调研数据都能够近似服从对数正态函数。对数正态函数（Lognormal Distribution）的一般形式如下：

$$y=y_0+\frac{A}{\sqrt{2\pi}\omega x}e^{\frac{-[\ln\frac{x}{\mu}]^2}{2\omega^2}}$$

式中，y 为因变量，x 为收入，y_0 为截距，A 为系数，μ 为随机变量对数的均值，ω 为随机变量对数的标准差。一般在贫困领域的计算中，会采用简化的概率密度形式：

$$P(x)=\frac{1}{\sqrt{2\pi}\omega x}e^{\frac{-[\ln\frac{x}{\mu}]^2}{2\omega^2}}$$

其基本图形如图 5－3 所示：

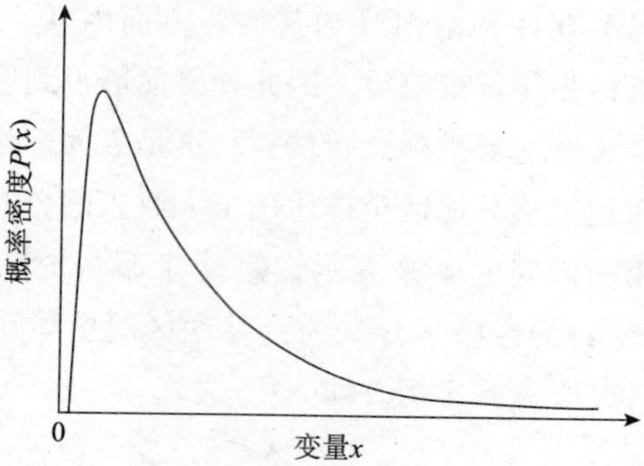

图 5－3　对数正态分布函数图像

关于收入分布符合对数正态分布的问题过去已经有相当多的报道。丹麦经济学家韦斯特加德（Weslergard）最早在研究哥本哈根的同类社会集团（如农民、手艺人、工人等）的收入时发现他们的收入分配是在按照正态曲线进行分配，但又不是完全对称，而且两端又突然中断。为此，波兰经济学家研究得出的结论认为在社会同类集团中，有一种根据正态分布或对数正态分布来安排的趋势。而在社会主义国家中，这种正偏的收入分布，更有可能用对数正态分布而不是正态分布来描述。后续采用对数正态分布函数进行拟合的验证性报道较多，较为著名的有 Aitchison 和 Brown（1963），他们指出在人口基数很大的情况下，收入服从对数正态分布；林伯强（2003）利用 1985 年我国农村家庭调查数据拟合的结果也表明，我国农村家庭收入的密度曲线是对数正态的。其他一些具体地区的研究也有不少报道，例如张耀光等人（2002）对辽宁农民收入的拟合研究，王兢（2005）对郑州市区每月人均可支配收入的拟合研究等等，都能够证实收入分布确实较好地符合了对数正态分布特性。

因此，目前一类基于对数正态分布函数的数学模拟方法，就是通过有限的统计数据（主要为五分位或十分位数据），根据对数正态分布的性质，采用非线性回归拟合确定其参数。根据确定的具体对数分布形式再估算各种需要的数据，这些模拟数据就可以进一步用于其他问题的解决。比如说模拟计算出收入分组数据的各组均值，这样可以得到 Lorenz 点，用于绘制 Lorenz 曲线，并进行贫困和收入不均等的测度等。这一方面的具体应用如 Foster、Greer 和 Thorbecke（1984）提出的 FGT 指数。

$$P_\alpha = \int_0^z \left[\frac{Z - X}{Z}\right]^\alpha f(X)\,dx \quad (\alpha = 0,1,2)$$

通过收入分布函数与 Lorenz 曲线间的联系，令 μ 为全体人口的平均收入，有：

$$L'(H;\pi) = \frac{Z}{\mu} \quad \left(L'(p;\pi) = \frac{x}{\mu}\right)$$

最后可以计算出 FGT 指数：

$$P_\alpha = \int_0^H \left[\frac{z - \mu L'(P;\pi)}{z}\right]^\alpha dp = \int_0^H \left[1 - \frac{\mu}{z} L'(p;\pi)\right]^\alpha dp$$

其中，H 为贫困人口发生率。FGT 指数是目前国际上在贫困测度领域中最为主流的方法，是著名的亲贫困增长（Pro - poor Growth）理论的主要判断工具之一。而通过 Sharpley 值的分解，FGT 指数还可以进一步地分解出经济增长和收入分配两部分，从而对贫困问题进行全面和深度的分析。在发展中国家统计困难数据不足的情况下，FGT 的计算基本上都需要通过数学模拟法做桥梁才能有效地计算出来。

使用数学模拟收入分布函数，从而得到各种数值，是 FGT 指数分析的重要环节，目前国际上这种方法已经较为成熟，国内近些年也有一些报道，如胡兵（2007）对中国农村贫困变动的研究等等。所以，由于数学模拟法可以用于提供各种缺失和未知信息，在扶贫开发规划领域有着极为重要的运用。

六、数学预测法

与数学模拟法侧重估计截面的未知或缺失数据不同，数学模拟法更为强调对未来的一种时间序列预测，所以在规划编制中也扮演了举足轻重的地位。只有科学地预测到未来区域经济、社会能够达到什么样的指标，才能合理地确定规划目标。否则，规划即使制定出来，其目标也是脱离实际的。

在过去数百年的时间中，基于各种模型的数学预测法得到了极大的发展，无论是应用还是研究都已经非常深入。由于其种类过于繁多，下面对一些影响较大的方法进行简要的介绍。

首先是最简单的二次移动平均法（double moving average），二次移动平均法自一次移动平均法发展而来。在时间序列中，一次移动平均法求得的移动平均值，存在滞后偏差，为纠正此误差，建立了二次移动平均法。其基本计算方法为：

$$M_t^{(1)} = \frac{Y_t + Y_{t-1} + \cdots + Y_{t-n+1}}{n}$$

$$M_t^{(2)} = \frac{M_t^{(1)} + M_{t-1}^{(1)} + \cdots M_{t-n+1}^{(1)}}{n}$$

$$a_t = 2M_t^{(1)} - M_t^{(2)}, \quad b_t = \frac{2}{n-1}(M_t^{(1)} - M_t^{(2)})$$

$$Y_{t+T} = a_t + b_t \cdot T$$

二次移动平均法是一种单变量的预测方法，优势在于要求的原始数据很少（一种数据 2~3 个样本点就可以），计算简便。但缺点在于不考虑事物间的相互作用，而且简单的线性时间趋势也难以适应复杂的实际情况。所以二次移动平均法只能被用于短期预测（未来 1~2 个时间点），潜在的误差也可能较大。

第二种方法是基于时间序列的 ARMA(p,q)模型。ARMA(p,q)是最简单的一种自相关模型，由自回归模型（简称 AR 模型）与滑动平均模型（简称 MA 模型）为基础组合构成，在预测领域运用极为广泛，其一般表达形式为：

$$x_t = \mu + \phi_1 x_{t-1} + \cdots + \phi_p x_{t-p} + \varepsilon_t + \theta_1 \varepsilon_{t-1} + \cdots + \theta_q \varepsilon_{t-q}$$

或者可以写成算子形式：

$$\phi(L) x_t = \mu + \theta(L) \varepsilon_t$$

其中，x_t为变量的第 t 期数据，ε_t为第 t 期误差，p 为变量滞后阶数，q 为误差滞后阶数，对于实际数据应该选用什么样的滞后阶数，大多采用 AIC 或 BIC 准则确定。

$$\begin{cases} AIC(m) = \ln(\frac{SSR(m)}{T}) + m\frac{2}{T} \\ BIC(m) = \ln(\frac{SSR(m)}{T}) + m\frac{\ln T}{T} \\ m = p + q \end{cases}$$

ARMA 模型也是一种单变量预测方法，其优势在于可以更加细致地描述数据间的自相关情况，参数估计也非常简单，从而便于做出更加长期的预测，理论上讲，ARMA(p,q)可以进行无限期的预测，当然实际应用中由于 ARMA(p,q)不考虑事物间的相互作用，这种预测的准确性也会随着时间推移逐渐下降。但主要的问题是，ARMA 模型对数据本身有较为严格的要求，一方面要求数据自相关，即需要进行 Q 检验判断；另一方面要求数据是平稳的，需要数据进行平稳化处理并通过复杂的平稳性检验。一旦数据本身是无自相关性的白噪音，或者不平稳，ARMA(p,q)模型就是不适用的。

在 ARMA 模型的基础上，进一步发展出了 ARIMA(p,q,d)模型。ARIMA 模型全称为自回归移动平均模型（Autoregressive Integrated Moving Average Model），是 Box 和 Jenkins 于 20 世纪 70 年代初提出的著名时间序列预测方法，所以也称为 box - jenkins 模型。它克服了传统 ARMA 模型关于事物的变化是渐进而非跳跃式的基本假定（也就是前面 ARMA 模型中所面临的平稳性问题）。其基本形式为：

$$(1 - \sum_{i=1}^{p} \phi_i L^i)(1 - L)^d X_t = (1 + \sum_{i=1}^{q} \theta_i L^i)\varepsilon_t$$

所以，ARIMA 模型在应用上比 ARMA 模型更为灵活。不过，由于其也是基于单变量自身过程的方法，所以也存在潜在的问题。而且为消除单位根所进行的多阶的差分尽管能够避开平稳性问题，但是也容易使经济、物理含义发生变化，在预测时也很难合理把握单位根这种随机游动带来的影响。但总的来讲 ARIMA 模型在规划领域的预测应用是比较成功的。

目前，基于 ARMA 模型所发展出来的一种非常有效的现代模型是向量自回归模型，即通常所说的 VAR 模型。在其方程形式的基本写法上是与 AR 模型类似，为：

$$Y_t = \tau + \phi_1 Y_{t-1} + \cdots + \phi_p Y_{t-p} + \varepsilon_t$$

但这里的 Y_t不再是单变量，而是多变量的，ϕ 也变成一个 $m \times m$ 维的矩阵。换句话就是说，VAR 是用于研究多时间序列变量共同变化关系并进行预测的一种方法。在变量间的相互关系上，VAR 研究变量间的冲击响应问题。尽管 VAR 模型仍然有数据平稳性要求，但共积现象的存在使变量的平稳化处理更加容易。VAR 模型是现代经济预测的主要手段，应用极为广泛。为说明其基本思想，下面举一个例子（由于本例来源于 Matlab2010b 的 Demo，因此是基于美国的研究和预测）。

设向量 Y_t 包含以下变量：GDP、GDP 平减价格指数（DEF）、人均工资（WAGES）、工作时间（HOURS）、三个月存款利率（TB3）、个人消费支出总额（CONS）、投资额（INV）以及失业率（UNEMP），数据时期为 1947 年 3 月到 2009 年 3 月。经过计算后，其各变量间的冲击响应如图 5－4，对未来实际 GDP（2009～2014 年）的预测见图 5－5。

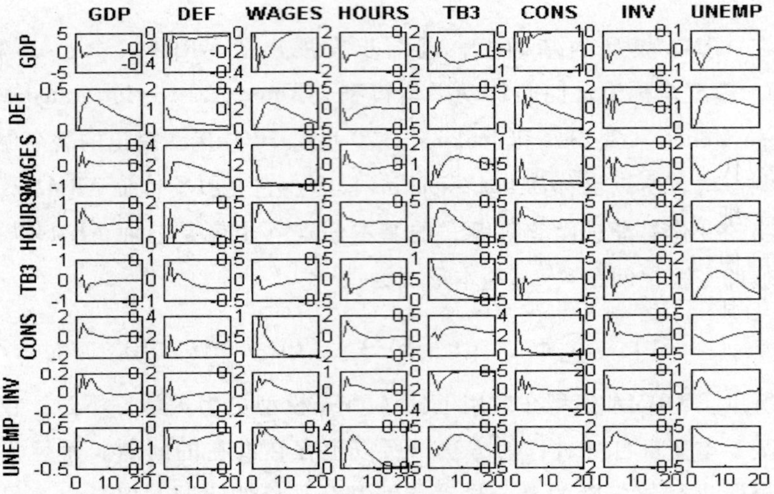

图 5－4　冲击响应图

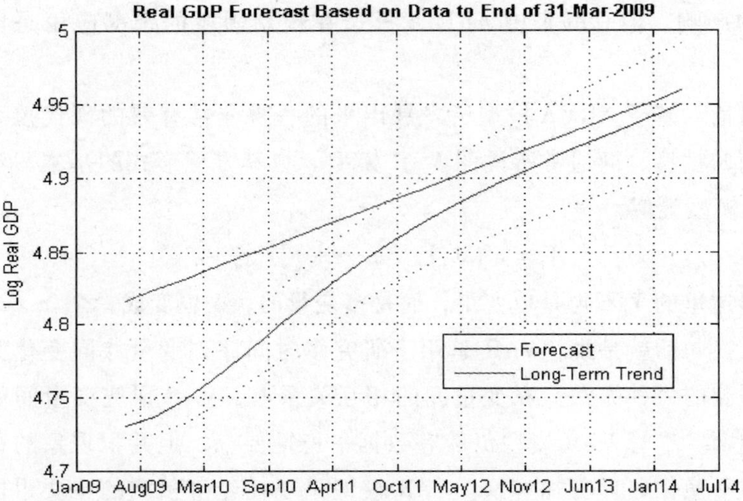

图 5－5　2009～2014 年美国去除价格因素后的实际 GDP 预测结果

目前，VAR 由于其灵活性，在预测领域应用极为广泛，是国外经济领域所采用的主要预测手段，对于规划的编制能够提供非常全面和完善的预测，甚至对各种政策的影响进行预估，作为现代预测手段而言是不可或缺的。而更进一步的，由于 VAR 是一个自回归过程，不考虑当前的变量间相关影响，于是 SVAR 方法应运而生。SVAR 的基本形式是：

$$A_0 Y_t = \tau + A_1 Y_{t-1} + \cdots + A_p Y_{t-p} + e_t$$

SVAR 最大的特点是加入了限制矩阵 A_0，其代表了现期变量间的关系，所以通过 SVAR 法可以得到更加合理的分析和预测结果。不过 SVAR 法作为一个出现只有几十年的新型方法，已经算得上迈入研究的大门，因此在现代一般的规划编制中可能还不至于采用如此尖端的方法，故这里就不再详细深入介绍。不过随着计算机技术的快速发展，相信很快就会出现更加简便快捷的低门槛应用软件，因此 SVAR 很可能在 10～20 年后成为规划编制中所应采用的基本方法之一。

在经济预测的数学方法中，除了上述的时间序列模型方向外，国内目前较为常用的还有灰色系统和马尔科夫链方法。灰色系统建模方法（Gray Model）是我国著名学者邓聚龙教授于 1982 年创立的，其分析的对象是部分信息已知，部分信息未知的不确定系统。该模型通过处理灰色信息来揭示系统内部的运动规律，利用系统信息，使抽象概念量化，量化概念模型化，最后再进行模型优化。作为灰色系统理论的重要组成部分，GM(1,1)模型运用最为广泛。GM(1,1)模型是基于累加生成的数列预测模型，设 $x^{(0)}(1), x^{(0)}(2), \cdots, x^{(0)}(m)$ 是所要预测的某项指标原始数据，对其进行一次累加生成处理，即：

$$X^{(1)}(M) = \sum_{i=1}^{m} x^{(0)}(t)$$

得到随机性程度弱化的新数列。将新数列的变化趋势用微分方程近似描述：

$$dx^{(1)}/dt + ax^{(1)} = u$$

a、u 为识别参数，通过 OLS 拟合得到：

$$\begin{bmatrix} a \\ u \end{bmatrix} = (B^T B)^{-1} B^T Y^M$$

构造数据矩阵 B，Y^M 为列向量，有：

$$Y^M = [x^{(0)}(2), x^{(0)}(3), x^{(0)}(4), \cdots, x^{(0)}(M)]^T$$

$$B = \begin{bmatrix} -\frac{1}{2}[x^{(1)}(1) + x^{(1)}(2)] & 1 \\ -\frac{1}{2}[x^{(1)}(2) + x^{(1)}(3)] & 1 \\ \cdots & \cdots \\ -\frac{1}{2}[x^{(1)}(m-1) + x^{(1)}(m)] & 1 \end{bmatrix}$$

最后求解预测模型：

$$x^{(1)}(t+1) = [x^{(0)}(1) - \frac{a}{u}]x(1)e^{-at} + \frac{u}{a}$$

除 GM(1,1)模型预测外，灰色关联度分析（Grey Relational Analysis）也在土地应用规划的相关研究分析中较为常用。灰色关联度分析是依据各因素数列曲线形状的接近程度做发展态势的一种分析方法，其多被用于影响用地规模的主导驱动因子查找筛选。但由于灰色系统理论对于数据波动较大的非平稳情况预测效果较差，为解决这个问题，近年来将其与马尔科夫链模型耦合成为了新发展方向。

马尔科夫过程是一个研究多、应用广的离散随机过程，因其最先由 Andrey Markov 于 1906 年研究得出，故称为马尔科夫链模型。该过程中，在给定当前知识或信息的情况下，只有当前的状态用来预测将来，过去（即当前以前的历史状态）与将来（即当前以后的未来状态）是无关的，即“无后效性”（Non - Ageing Effect）。具备马尔科夫性质的集合可表达为：

$$P(X_{n+1} = x \mid X_0, X_1, X_2, \cdots, X_n) = P(X_{n+1} = x \mid X_n)$$

由于马尔科夫模型的理论特点，使其在预测领域有着非常重要的应用。在用于预测时，k 步的转移概率由 C - K 方程可表达为：

$$P_{ij}(k) = \sum_{K+1}^{N} P_{ij}(m) P_{ij}(K-m)$$

确定 k 步转移概率矩阵为：

$$P^K = \begin{bmatrix} P_{11}(K) & P_{12}(K) & \cdots & P_{1N}(K) \\ P_{21}(K) & P_{22}(K) & \cdots & P_{2N}(K) \\ & \cdots & \cdots & \\ P_{N1}(K) & P_{N2}(K) & \cdots & P_{NN}(K) \end{bmatrix}$$

反复用 C－K 方程，k 步转移概率可以通过一步转移概率 P_{ij} 得到，用矩阵表示即为 $P^{(K)} = P^{K}$。

运用马尔科夫链进行趋势预测时，其关键步骤为两个，第一是初始矩阵的确定；第二是转移概率矩阵的确定。目前马尔科夫链模型与灰色系统理论的结合已经成为了当前建设用地规模预测的主要热点，即灰色——马尔科夫模型（Gray－Markov Model）。传统的灰色模型 GM(1,1)主要适用于预测时间短、数据资料较少并波动不大的对象，预测趋势也是较为平滑的曲线，对于随机波动性较大的数据，拟合效果较差。而马尔科夫链理论中，转移矩阵尽管可以反映随机因素的影响程度，但要求预测对象具有马尔科夫链等特点，适用于预测随机波动大的动态过程。所以两者的相互结合能够优势互补并克服各自的不足。

应用灰色——马尔科夫链方法进行预测的基本思路是：先建立灰色 GM(1,1)模型，求出其预测曲线：

$$\hat{Y}(K) = \hat{x}^{(0)}(k+1)$$

然后以这条平滑的预测曲线为基准划分成与预测曲线平行的若干条形区域，每个条形区域构成一个状态。其中任一状态区间 Q_i，表达为：

$$Q_i = [Q_{1i}, Q_{2i}] \quad (i = 1, 2, \cdots, n)$$

$$Q_{1i} = \hat{Y}(k) + A_i$$

$$Q_{2i} = \hat{Y}(k) + B_i$$

根据落入各状态区间的点，计算出马尔科夫转移概率矩阵预测未来状态，从而得出预测值区间，取区间中点，最终得到精度较高的预测值。目前，灰色——马尔科夫模型在规划的预测方面已经有非常广泛的应用，近年来与地理信息系统 GIS 的联用，使得该方法具有更好的发展前景。

最后需要提一下的是关于趋势的线性回归方法。多元回归分析预测法是指通过对两上或两个以上的解释变量与一个因变量的相关分析，建立预测模型进行预测的方法。当解释变量与因变量之间存在线性关系时，称为多元线性回归分析。作为最基础的统计回归方法，多元线性回归预测在各领域有着极为广泛的运用。其基本形式为：

$$y = b_0 + b_1x_1 + b_2x_2 + \cdots + b_kx_k + e$$

由于多元线性回归可以任意设定解释变量，计算也非常简便，这使得其在运用上极为灵活。而一旦估计出参数具体数值，就可以在公式基础上做趋势外推进行预测。由于其简单方便，几乎绝大多数规划领域的预测中都有所涉及。但是，由于实际应用中这种预测是用时间序列数据计算的，其忽视了数据自相关性、平稳性以及共积性等问题，会导致“伪回归”、估计有偏、不一致等问题，使得本方法的误导性很强，因此一般不提倡使用，即使使用也只能作为对照，目前已经很少单独将该方法作为预测依据。

关于趋势的非线性回归方法也存在类似情况，不过由于其大多只做一元分析，因此即使出现问题也较容易识别。而且相比线性回归，非线性的趋势往往也更加贴近实际情况，但其计算和估计也更为复杂，作为一个大类，其包含许多种函数形式，在各个领域都有着较为深入的应用，比较多用的是生长曲线函数（Growth curve models），其基本形式为：

$$y = \frac{K}{1 + be^{-ax}}$$

对于事物而言，通常在发生阶段变化速度较为缓慢；在发展阶段变化速度加快；在成熟阶段变化速度又趋缓慢，呈一种 S 型的生长趋势，因此生长曲线函数往往更为接近实际的情况，在预测领域运用较多。

综上所述，数学预测法是提供指标预测和目标确定的主要方法，在规划编制中扮演着非常重要的作用。由于其方法众多，理论基础也多有差别，因此一般的做法是同时选择几种预测方法进行预测，从而建立一个预测区间，供确定规划目标时参考。

七、统计汇总法

在实际工作中需要收集大量的统计调查资料，对这些资料最后要进行需要众多人员参与的汇总统计。所以统计汇总法并不完全像前面的那些具体方法有严格精确的计算流程，更多的是依赖组织设置和机构制度来实现的。统计汇总的组织形式也称纵向汇总方式，是指按一定的统计管理体制，将统计资料自下而上进行汇总的方式。常用的统计汇总形式为：逐级汇总、集中汇总、综合汇总。

逐级汇总法本身是指按照一定的统计管理制度，自下而上地逐级对调查资料进行汇总的方式，是一种统计资料的整理方法。目前我国的统计报表制度多采用的就是这种形式。逐级汇总法有利于就地审查核对资料，便于及时纠正，并且能及时满足各级管理对统计资料的需要，从而有利于发挥各级统计部门的作用，充分利用其优势。但逐级汇总的层次多且费时，在反复转录资料时发生登记性误差的可能性较大，不适合用于对保密性资料的汇总。

集中汇总法是指将统计调查资料直接集中到组织统计调查的最高机构或某一级的统计机构统一汇总，其可分为：越级汇总和超级汇总。所谓越级汇总是指在自下而上的汇总过程中，越过一定中间层次而进行的汇总。介于逐级汇总和超级汇总之间。所谓超级汇总是在自下而上的汇总过程中，越过一切中间层次，将统计调查资料由基层直接上报到组织统计调查的最高机构统一汇总。集中汇总法的优点是能够缩短汇总时间，适用于时效性较高的统计调查；同时由于汇总的层次少，发生登记性误差的可能性相对较小；便于利用某级机构的汇总优势；适用于保密性资料的汇总。但如果原始资料有差错，采用集中汇总法不能及时就地更正，而且汇总资料不能满足各级管理的需要，不便于充分利用各级统计资源。

综合汇总法是将逐级与超级汇总两种形式结合使用的方式，即将各级所需要的最基本的统计指标实行逐级汇总，同时又将全部原始资料集中到最高机构超级汇总。我国人口普查资料的汇总就曾采用这种组织形式。综合汇总法能够兼具逐级汇总法和集中汇总法的优点，但缺点是耗费较大。

对于统计汇总的技术，其也称“横向汇总法”，是指将同级单位的同级调查资料进行汇总的方法。它主要分手工汇总技术与计算机汇总技术。其中手工汇总技术包括划记法、过录法、折叠法和卡片法。所谓划记法也叫“点线法”，是事先设计好空白的分组统计表，然后对所有问卷中的相同问项的不同答案一份一份地进行查看，并用划记法划记（比如用“正”字），全部问卷查看并划记完毕后，即可统计出相同问项下的不同答案的次数，最后转录到正式的分组统计表上。过录法又称“登记法”、“整理表法”，是将调查资料过录到事先设计好的整理表上，计算出各组的单位数及标志值的合计数，然后再编制统计表，过录法与划记法的不同之处仅在于在分组表上将划记号改为抄录其值。而折叠法是把所需要汇总的统计表，按相同的项目或栏次加以折叠，并将它们一张接一张地叠放在一起进行加总，然后把加总后的数字填入汇总用的空白表内。卡片法是利用专门制作的卡片作为分组记数的工具进行汇总的方法。这几种方法各有优劣，可根据实际情况选择使用。

而随着现代电子计算机技术的快速发展，计算机汇总法已经成为了统计汇总的主要技术方法，其基本流程是首先编写统计程序，然后设置好编码。在程序中逐一录入所需数据，然后通过计算机对数据进行编辑，并根据预设程序进行统计、计算等进一步的处理，最后将结果制表打印即可。目前由于各类统计软件种类繁多功能强大，如 Excel、Origin、Eviews、SPSS 等等，不同的软件强调的功能不同，有的侧重数据整理，有的侧重统计分析，可根据实际需要结合使用。

对于具体的统计汇总工作，一般采用如下的步骤进行：

第一，设计和制订统计资料的汇总方案。通常在设计阶段要考虑内容设计和形式设计两个方面，根据实际情况设计一套系统完整且合理适用的分组汇总表至关重要。表 5－5 提供了一个范例。首先各区根据表 5－5 的格式统计各区内的贫困村互助资金运行情况，然后汇总到省级机构，由省级机构根据表 5－5 的格式将各区汇总数据统计汇总，得到最终的汇总表。

表 5－5　　贫困村互助资金运行情况统计表和最终汇总表

内　容	单位	金　额
1. 资金总规模	万元	
1.1 中央财政扶贫资金	万元	
1.2 省级财政扶贫资金	万元	
1.3 农户互助金	万元	
1.4 其他	万元	
2. 试点村总户数	户	
其中：常住户	户	
贫困户	户	

续表

内　　容	单位	金　　额
3. 入社农户	户	
其中：贫困户	户	
4. 组建互助小组	个	
5. 占用费率	年息	平均　%；最高　%；最低　%
6. 累计借款人次	次	
其中：贫困户	次	
贫困户	户	
7. 累计发放借款	万元	
其中：贫困户	万元	
8. 累计还款	万元	
其中：贫困户	万元	
9. 借款贫困户占入社贫困户的比重	%	
10. 2010 年底货币资金余额	万元	

第二，对原始资料进行审核和检查。为防止统计结果出现问题，应当对原始的统计资料进行审核和检查。统计资料的审核包括完整性、正确性和可比性、及时性审核。完整性审核是指汇总要求得到的资料是否都得到了，是否有缺页漏项的现象。正确性审核是指判断资料的真假和可靠程度。可比性审核是指资料的计算口径、包括范围、计算方法、计算价格等方面是否可比。及时性审核主要是检查调查单位是否按时上报统计资料，有无拖延。

第三，用一定的组织形式和方法，对原始资料进行分组、汇总和计算。如前面所述，汇总组织方式有逐级汇总、集中汇总和综合汇总等方法。按照事先确定的汇总组织方式，根据汇总要求和具体方法，对原始资料进行分组汇总，并计算各组指标和综合指标。

第四，对整理好的资料再一次进行审核，以便及时发现和纠正汇总过程中的各种差错。

第五，将汇总的结果表示出来（比如各种统计表、统计图和统计报告）。

第六，系统地积累统计资料。

通过上述流程，就可以完成统计汇总工作，为规划的编制提供依据。

在片区的实际扶贫开发工作中，统计汇总法将是最基本的资料收集和处理方法，可以为编制规划提供前期准备材料。因此，为保证统计汇总法的有效运行，在编制片区扶贫规划期间，应根据实际情况先确定一套完整的统计汇总组织形式，并配合相应的监督部门以保证工作的效率。通过专门成立规划编制资料搜集小组，通过与各级政府和部门协作，实现贫困资料和数据的汇总搜集，保证规划的合理编制。

第二节　片区扶贫规划编制方法

针对连片特困地区的扶贫开发没有现成的经验，从国内到国外，都是一个创新。因此，怎么去编好规划，需要我们加强对片区扶贫体系的研究。这种体系研究是编制规划的基本方法，不是技术上的方法，也就是说在我们编制规划时，应该做那些隐含在规划表面背后的工作，这种体系研究是编好规划的基础。

一、加强片区扶贫体系研究

（一）提高对片区扶贫体系研究的认识

片区扶贫不仅仅是政策执行问题，还需要我们对此有一些理论思考，需要我们在执行片区扶贫时对片区扶贫有一个清晰的、正确的共识。加强片区扶贫体系研究有以下几个需要思考的地方。以连片特困地区为对象推进扶贫开发，是中国扶贫开发体制机制及方式的系统创新。有力、有序、有效推进片区扶贫开发，必须加强相关研究。没有经过系统的研究，很难制定出好的政策，政策执行效果也很难保证。

第一，需要从理论上提高和深化对片区扶贫必然性和规律性的认识，从而增强相关方面开展工作的自觉性和主动性，这是确保片区扶贫目标实现的前提。在纲要的宣讲和解读中，有一个问题很重要，中央为什么要以片区的形式开展新阶段扶贫？具体到一个县，你可能不容易完全理解，具体到一个省，你可能会感觉到应该这样做，但具体到国家，你会发现国家必须要这样做。它是国家经济、社会发展到一定阶段的历史必然，大家都需要对这种必然性有一个明确的认识，这是新阶段扶贫能不能实现最终目标的前提。如果没有统一的思想，就没有统一的行动。

第二，需要从实践上系统总结三十多年来全国、片区内扶贫开发的成功实践和失败教训，准确了解和把握贫困地区、贫困人群的真实愿望和迫切需求，这是片区扶贫针对性和效果提高的必然要求，更是确保片区扶贫目标实现的基础。

第三，需要从战略上明确片区扶贫的总体思路、目标定位、重点内容、主要途径、保障措施等要素，同时厘清片区扶贫与区域发展、专项扶贫与行业扶贫、开发扶贫与保障扶贫的关系，这是确保片区扶贫目标实现的关键。

第四，需要从规划上明确片区扶贫规划编制的指导思想、基本原则、建设内容、项目布局、实施管理等要求，及其与区域发展规划和专项扶贫规划的关系，这是确保片区扶贫目标实现的保障。

第五，需要从扶贫规划的实施需要上研究体制机制与政策体系的创新需求、内容体系及创新路径，这是片区扶贫目标实现的根本。

可见，片区扶贫理论、片区扶贫实践、片区扶贫战略、片区扶贫规划、片区扶贫体制机制与政策创新等五个方面的研究，构成了“片区扶贫体系研究”的主要内容，五个部分相互支持、互为整体。也就是说，如果我们把这五个方面的内容都搞清楚了，就可以为中央的决策提供依据。比如说整个片区规划编制完以后，片区规划的实施需要政策和体制机制的创新，没有这些创新，规划也很难落实。没有政策的创新，依靠现有的政策是不足以改变落后地区贫困的状态的。这需要我们事前开展各种研究，而不是在规划实施过程遇到问题时，才提出要求和建议。

（二）片区扶贫体系研究的内容

从我们目前已开展的规划来看，片区扶贫体系研究的主要内容主要包括以下几个方面。

第一，片区扶贫基线调查。通过基线调查来明确规划所需要的基本信息，来为战略、规划研究提供基础。

第二，片区扶贫战略研究。通过战略研究确定片区扶贫攻坚工程的目标、指导思想、内容、主要途径和政策需求，特别为理清相关关系提供指导。

第三，片区扶贫规划研究。在片区扶贫战略研究成果的指导下，研究并明确片区规划的指导思想、目标定位、主要内容和实施管理的体制、机制创新以及项目安排等相关问题，还应包括规划编制的组织方式、技术路线、关键环节和编制范式等。

第四，片区扶贫规划编制和实施试点研究。通过研究，以片区扶贫规划指南和新阶段扶贫开发纲要为内容，片区内相关省（市、自治区）和市（地、州）、县等各级有关部门参与规划编制提供培训、技术支持。中央已经研究决定将武陵山区确定为11个片区的“先行先试示范区”，主要就是为片区扶贫体系的研究和规划编制方法提供基础及借鉴。

第五，片区扶贫理论研究。主要回答以下问题：采用片区形式组织扶贫攻坚的必然性、合理性、科学性，国家总体发展布局和扶贫攻坚互动关系。充分借鉴国际经验，特别是欧盟内促进后发展国家、地区发展的经验，以及美国和拉美地区促进后发展地区的发展经验。有些领导同志说，既然中央已经确定以片区的方式来开展扶贫，就没有什么好研究的了，但实际上不是这样。一般而言，对一项政策的执行有两种情况，一种是理解后执行政策，一种是直接按照组织要求执行政策，显然，在理解的基础上执行政策，效果肯定更好一些。

第六，片区扶贫体制机制及政策创新和建立综合扶贫试验区可行性研究。扶贫攻坚工程必须有“特殊政策”和“特殊手段”，这就要求体制机制及政策体系创新的步伐必须得跟上。政策创新远非现有政策集成，而是需要开展新的创新和试验。我们可以考虑选择一到两个片区作为国家试验区，采取类似改革开放初期设立经济特区的模式给予特殊政策支持，比如大幅度增加财政转移支付，在税收政策、土地政策、金融政策等方面进行改革、创新，此外，社会管理模式也应成为探索、试验内容。在深入研究、试验的基础上，提出一揽子的相关战略、政策建议供国家决策。如果说按照当前中央的整个部署，按照温家宝总理多次所提到的，从根本上改变集中连片特殊困难地区生产生活和发展条件的战略构想来看，我们必须得有政策和体制机制的创新才行。现在所需要的就是如何在扶贫开发规划的框架当中，围绕着扶贫体制、机制和政策的创新来进行更大的试验改革。从研究的角度我们可以这样设想，但最终能不能执行就取决于领导们的重视程度，取决于我们研究的深度，取决于我们提供的各种政策建议的合理性。

二、开展片区扶贫现状的研究（以武陵山区基线调查为例）

基线调查的重要意义在于片区扶贫开发现状研究需要以基线调查为基础。片区扶贫开发的前期研究的起点和基础是对贫困现状、扶贫需求及趋势的判断和把握，开展基线调查正是该目的实现的方法和途径。正如刚才所说，编制规划的一个重要方面就是要搞清楚区域现状，定位好目标，然后再思考采用什么样的路径去缩小现状和目标之间的距离。尽管根据新纲要的要求定位好了目标，如果你搞不清楚现状，制定出的规划的科学性和可操作性也会受到质疑。现在我们很多领导、干部对现状的了解往往满足于一些基本统计数据，实际上这是远远不够的，我们除了要了解数据外，更需要知道目标群体的实际需求和其对生活与发展的切实感受。比如，世界银行报告中的信息，既有从各国直接拿取的统计数据，也有对全球几百万的农户开展访谈，一户一户收集整理的信息，而且后一种途径更为重要。我们很多领导也经常下乡调研，那是一种收集信息的方式，但通过一种更为规范的方法来分析区域现状，是规划当中比较重要的一个部分。

首先，要研究目标定位和研究路径。片区扶贫开发基线调查需要有明确的目标定位和清晰的研究路径。武陵山区基线调查的目标是通过对扶贫开发过去评估、现状了解和未来展望，既为其他片区开展同类研究提供范式，也为该地区甚至其他片区开展扶贫战略、扶贫规划研究提供技术支持，对于开展片区扶贫开发政策创新研究也具有参考价值。

其次，要研究技术路线和研究方法。片区扶贫开发基线调查也需要运用适当的技术路线和研究方法。在这里提到方法问题，主要是想让领导们建立这样一种运用成熟的调查手段的意识。

再次，要研究基线调查报告框架。片区扶贫开发基线调查报告需要有清晰的框架。武陵山区基线调查成果以基线调查报告的形式呈现，该报告由一个总报告和四个分省（市）报告组成。总报告在全面把握武陵山区所涉及的贵州省、湖南省、湖北省和重庆市扶贫开发状况的基础上，力求提炼它们的共有特点，力争较为全面地反映武陵山区的扶贫开发状况；分报告重点展现各省（市）涉及武陵山区扶贫开发的具体情况。

三、开展片区扶贫战略研究

战略研究很重要，它是规划的基础。没有开展战略研究，规划肯定做不好。片区扶贫战略研究是片区扶贫体系研究的核心组成部分，是片区扶贫规划制定的基础。在开展战略研究时，要注意下列几个要点。

（一）片区扶贫的内涵

片区扶贫战略研究是指，对推进片区扶贫产生决定性影响的一系列前瞻性重大问题及重要关系进行深入、系统的分析，提出片区扶贫的指导思想、基本原则、重点内容、主要途径和保障措施等方面的建议，用于指导片区扶贫规划的编制和实施以及相关政策的完善与创新。

（二）片区扶贫战略要立足于片区的特殊性

这也是理解为什么划分片区的主要因素。因此，我们在今后编制规划和区域政策的制定中，如何显示出区域的个性是最为主要的，体现不了个性，政策的效果就很难实现。所以，我们需要从根本上把握这种特殊性，才能提出有针对性的减贫战略和措施。以武陵山区为例，它至少包含三条特性。（1）民族性。武陵山区是一个多民族聚居的跨省片区，千百年来形成了特殊的多民族共居的气氛。同时，各个民族又有自身独到的特点，这是武陵山区最显著的文化优势。无论是国家支持性的政策，还是对外的交往互动，都与它的民族性有关系。（2）生态性。武陵山区的政策与三江源头、青藏高原不一样。同样是生态脆弱区、生态保护区、生态贡献区，就应该有相应同等条件的生态补偿，但现在武陵山区是空白的。在应对全球气候条件恶化的环境当中，需要通过碳交易的方式实现生态贡献区和其他地区的市场化互动。由于它的生态性，对发展的产业布局和开发的产品就不能沿用东部沿海城市和长三角地区的形式，否则过了五年、十年以后就是死路一条，还是被甩在了全国发展的后头。（3）区域协作和外部联系的落后性。其他片区也可能存在这个特点。尽管区域协作提了很多年，但很多领导并不知道如何实现区域协作。实际上，既然是水同源，山同脉，片区内的各个地方就应该有相似之处。由于行政的分割，使不同区域归属于不同省份治理，但在客观层面上这些区域还是属于一个整体。只有我们内部实现了区域协作，形成了一个整体，我们与外部的联系才会更加通畅。

（三）要用好片区扶贫的基本理论

目前，贫困的基本理论主要是解释贫困的内涵及外延、贫困测量及消除的方法，目的在于为减贫实践提供理论指导。从贫困概念看，贫困的内容极为广泛，不同的国家、历史时期、社会制度、经济背景下，贫困的特征大相径庭。而且，不同的政治信仰、价值观念和社会身份的人，对于贫困的理解和评价也大不相同。贫困的理解决定了反贫困理论的丰富和发展。而扶贫模式是反贫困理论的实践基础，是在扶贫战略范畴下形成的、可以复制的扶贫机制、方式或方法。中国农村扶贫模式是在多年扶贫实践的基础上形成和发展的。在不同的扶贫开发阶段分别有不同的扶贫模式。具体模式因为分类标准不同而呈现出不同的特征。

（四）着眼于片区扶贫模式的创新

片区扶贫模式创新需要研究和解决以下几个问题。（1）扶贫资金的来源问题。如果说片区扶贫还沿用现有的投入力度，显然难以改变片区现在的状态。因此在战略体系研究当中，就需要思考怎么去获取资源，思考如何创新资金获取的渠道。比如说资金的来源不能仅仅局限于专项扶贫资金的增加，还得包含财政转移支付的增加，包含可能的生态补偿资金。争取政策和资金，需要我们拓展思维。国家每年用于农村发展的资金很多，每年也都在增加，但面对那么多区域，为什么要侧重关注你所在的地方，关键就在于能提供给国家足够的依据。再比如各个行业部门的资金，也有很大一部分可以用于扶贫。我们研究这个问题，不应该简单地说今年资金增加多少，明年资金增加多少，而是应当思考怎样增加外部对当地的投入。（2）扶贫对象瞄准问题。我们是在做扶贫，不是在推动整个区域的发展，所以在扶贫模式设计中，就需要考虑如何使贫困地区、贫困人群受益。（3）扶贫模式的效率问题。有些县级领导反映说，扶贫的效率不高。其实这与减贫的体制、机制、模式的选择和制定有关系。

（五）梳理好片区扶贫与片区发展的关系问题

我们在做新阶段规划时，容易混淆规划的性质，比如有人问，我们做的规划是片区发展规划呢，还是专项扶贫规划，或是大扶贫的规划。如果对片区扶贫体系没有系统研究，是很难搞清楚这个问题的。厘清减贫与发展的关系，首先要认识到减贫是发展的有机组成。片区的发展需要通过减贫来实现，减贫需要融入到发展之中。其次增长对减贫的带动效用。基尼系数越高的地方，经济增长对减贫的带动效益越小，但是这并不能排除经济增长的带动效应。这种带动效应是有条件的，关键是需要我们创造恰当的条件。再次是减贫对发展的支撑（促进）作用。有时候我们习惯弱化减贫对发展的促进作用。但正如我刚才所分析的那样，贫困地区的劳动力转移到城市务工，对国家 GDP 的增长都是有很大贡献的，同样，每一个扶贫项目的安排，都可以被纳入整个区域发展格局当中。当然，减贫不仅仅是经济层面的问题，同时也是政治层面的问题。对于很多贫困地区来讲，减贫是能最快出成绩，也是最易于出亮点的地方。有些地方领导认为开展扶贫工作很困难，但我们不能因为困难就不做扶贫。当然，其中有些问题还是出自我们自身，源于我们对一些主要问题认识不深刻。最后是益贫式增长与开发式扶贫要有机结合。

（六）重视片区扶贫战略研究的具体方法

片区扶贫战略研究的视角需要区域性与整体性结合。片区扶贫战略研究的对象是片区，而不是行政区划的某一地区。需要在国家宏观战略政策框架下研究区域性的扶贫问题；研究方法需要多学科与多方法结合。扶贫开发问题是一个要素众多、结构复杂的系统工程，需要多学科、多领域的主体广泛参与。要突破传统研究专注于经济领域的局限；研究重点需要特殊性与一般性结合。片区扶贫战略研究既要充分体现其自然、社会、民族、文化等的特殊性，扶贫需求的差异性，也要注意一般理论和方法的适用性。这几个结合旨在告诉我们如何开展片区扶贫战略研究。尤其是面对新纲要，面对新形势，我们对此要有更深入的研究才行。

例如，武陵山区扶贫战略研究框架由 1 个总报告、1 个背景报告和 8 个专题研究报告组成。即连片特困地区（武陵山区）减贫理论与战略研究总报告；连片特困地区（武陵山区）经济社会发展与扶贫开发背景报告。其中，专题报告反映了研究的主要内容。（1）需要研究的是武陵山区减贫理论与实践研究综述。解放以后，对武陵山区的研究有很多不同的视角，现在的研究需要站在前人研究的基础上进行。包括费孝通老先生对武陵山区都有过非常著名的论断，这一论断到现在都还是很有道理的。

(2) 武陵山区转变经济发展方式与减贫战略创新。在这一区域，转变经济发展方式是必然的趋势，但是在转变的过程中，如何与减贫有机联系在一起，需要进行深入研究。(3) 武陵山区社会发展与惠农政策减贫效应评估和益贫机制创新。也就是说，我们各种社会发展政策及强农惠农政策如何与益贫挂钩，体现出它们扶贫的效果，这也需要研究。(4) 武陵山区可持续生计与产业发展模式评估与扶贫产业发展战略。可持续生计和贫困人口是紧密相连的。在政府人员的认识中，帮助农民种核桃、种蔬菜，提高他们的收入水平是好的。但是从农民这个角度而言，发展这一产业，他会思考需要承担什么样的风险，分析自身能不能承担这种风险，以及今后生存能不能得到保障。农民的土地是有限的，人力资源也是有限的，从可持续生计的角度而言，外部力量动员农民发展的产业类型是不是他们自身所期望的很关键。这就需要我们从发展主体的视角出发，来选择并决定发展的产业类型。毕竟，最终实施项目的不是政府，而是农民。(5) 武陵山区乡村治理、农民合作、人口流动与减贫策略。现在很多农村劳动力都已外流，而且外流的也不一定都找到了工作，怎么在人口流动这一大背景下治理乡村，在这种状况下怎么组织农民，怎么去构建减贫策略。(6) 武陵山区民族文化与减贫及特殊类型贫困问题。少数民族文化是少数民族地区人们几千年沉淀的结果，其已完全融入到当地人的生产生活当中。因此，这种文化既需要被传承，同时也需要与现代文明相融合。这与减贫有很重要的关系。(7) 武陵山区行业扶贫、社会扶贫与专项扶贫衔接与方式创新。中央相关机构如何从宏观层面布局片区扶贫是一个方面，但更为主要的是面对这几个方面的项目，县一级如何做好衔接的问题。根据经验这种衔接是很困难的，主要是因为各个部委管理项目的办法不一样，同时管理机制垂直性很强，灵活性又很小。因此，如何做好三种扶贫方式的衔接，需要我们去创新机制。最终创新的情况就决定了大扶贫格局能够实现的程度。最后需要研究的是其他国家集中连片特殊困难地区减贫与可持续发展的理论与实践。这需要从国际视野来看我们国家的片区扶贫。

（七）重视通过开展片区扶贫战略研究所提出的政策建议

例如，武陵山区扶贫战略建议由战略、政策和措施三个层面提了18条建议。这18条建议对编制武陵山区规划有一定的指导作用。主要战略建议包括：设立武陵山区综合扶贫试验区。现在还不清楚会不会专门设立试验区，中央领导的讲话体现了这种倾向；编制武陵山区综合扶贫总体规划；推动区域、村户分级分类。主要政策建议包括：强化政策整合力度；推动相关政策机制创新；充分考虑民族支持政策的均衡性、特殊性和灵活性；设立国家级“山地生态扶贫”专项补偿基金。这也是根据武陵山区生态性的特点，从生态扶贫的角度，来支持当地生态产业的发展，生态产品的开发。主要措施建议包括：加大基础设施扶贫力度；重点发展特色产业和生态产业；探索旅游产业与扶贫开发结合的路径及模式；加强农民合作组织的培育；增强村庄治理的科学性和有效性；注重加强文化建设；推进特色乡镇建设带动减贫；完善社会保障扶贫体系；促进贫困剩余劳动力的培训和转移；加强外部人才的引进；构建特殊类型群体扶持体系等等。经过上述研究过程，基本上可以厘清武陵山区新阶段扶贫开发所要做的工作，这为编制规划提供了依据和支撑。

第六章　片区扶贫规划编制的阶段与程序

片区扶贫规划编制是一项系统工程。构成同一片区的区域越多，规划需要考虑的因素越复杂。一般而言，片区扶贫规划编制可以分为五个阶段：准备、启动、编制、编修、审批等。

第一节　准备阶段

片区扶贫规划准备阶段主要包括任务分解、资料搜集、实地调研三项工作内容。

一、任务分解

在接到片区规划编制任务后，应组织相关工作人员召开会议讨论，明确各部门的职责，并将任务分解到各个阶段，分别由相关人员负责完成。一般情况下，可将片区开发规划制定程序分解为六个阶段。

（一）确定片区扶贫开发的具体目标和任务

这个阶段的主要任务有四项：

1. 找准规划定位

片区扶贫规划应是一个集行业扶贫、专项扶贫和社会扶贫于一体的大扶贫规划，对外与区域经济社会发展规划相衔接，对内专项扶贫规划与行业部门相关规划、社会扶贫规划相结合。因此在规划的准备阶段要在可能的情况下召集所有相关方进行座谈和交流，并确定参与制订规划的部门及人员。

2. 明晰规划属性

片区扶贫规划的定位应该是统筹解决片区内与贫困村和贫困人口脱贫致富直接相关的问题。它不是简单的区域规划或行业规划，可以视为国民经济和社会发展的专项规划，因此需要编制两个规划，即：区域发展规划和片区扶贫规划，前者为后者提供发展环境及基础，后者以贫困区域、贫困人群为目标，两者共同促进片区扶贫攻坚目标的实现。在编制规划之前要参照相关地区经济社会发展的相关指标，两个规划的目标要与之相对应。

3. 明确规划期限

为与连片特困地区扶贫攻坚的长期性、艰巨性相适应，片区规划期限应为十年，可以以五年为界分两个实施阶段，既与新扶贫纲要的时间相统一，又与全国及各地的“十二五”规划相一致。

4. 确定规划目标

片区扶贫攻坚规划目标应体现在“缩小城乡、区域、贫富三大差距”等方面，并以“改善生活、改善生产、改善生态、提高发展能力”为着眼点，并与各地方的经济社会发展规划相一致。

（二）初级审核各市（地、州）及县扶贫开发项目

这个阶段的主要任务：（1）扶贫开发项目分类与分析。（2）数据的采集及确认。（3）初审各地区扶贫开发项目规划。

在片区所属各地区的扶贫规划上报后，要将各地区的规划进行汇总和分析。具体工作包括：将各扶贫项目需求和发展支持需求录入电脑，建立数据库；按照统一的工程技术标准修正项目的参数；汇总扶贫项目需求和发展支持需求的总量和频率；分析扶贫需求与贫困群体的关系；分析扶贫需求的领域和迫切程度。

审核地区规划，需要组织地区相关的业务部门对规划进行评估论证，并进行调整修改，直到符合规划的要求为止。可对上报的项目按类别进行打捆整理。如种植业可按作物分类；畜牧业按畜种分类；基础设施按水、电、路分类等。由此构成若干不同类别的项目组合，再对不同类别项目进行可行性分析。

（三）形成片区扶贫开发规划方案的基本框架

本阶段主要有以下五项任务：一是初步确定项目扶持对象和建设区域；二是初步确定建设内容和产业方向；三是捆成扶贫项目包；四是不同类别项目与部门工作衔接；五是不同省份跨省协作。

片区扶贫开发规划的制定工作有五个显著的限制因素：（1）具体的任务目标确定；（2）投资的总量确定；（3）以发展种植业为主的投资限定；（4）不同层次、不同部门的扶贫开发职责；（5）不同省份之间的协作。在构建片区扶贫规划方案的基本框架时，就要注意以上限制因素的影响，做好组织和协调工作。

1. 初步确定项目扶持对象和建设区域

在初步确定扶贫对象和项目时应尽量从严掌握，以便留有余地。选择扶持对象要优先保证那些不予扶持就不能发展生产、解决温饱或巩固温饱的贫困农户，根据这些农户分布的规律初步确定种植业、养殖业、基础设施建设，人畜饮水以及教育卫生等项目的建设区域。

2. 初步确定建设内容和产业方向

在初步确定建设内容和产业方向前应对目标区域进行充分调研，了解贫困地区的资源禀赋以及贫困户的需求，并对项目内容、项目资金需求、项目实施的管理等重要事宜进行评估，从而使得建设内容和产业方向更具有可操作性。

3. 捆成扶贫项目包

将规划提出的项目按照工程、产业、地域、受益群体、生态环境、支持措施等类别组成项目包。项目包设计具体包括：将项目按打包原则进行分类，对产业项目进行产业链条整合，参照其他部门的规划选择扶贫部门工作重点，形成扶贫开发项目包，计算项目包的主要参数。

4. 不同类别项目与部门工作衔接

不同类别的项目要与部门的工作进行衔接；如公路的建设要依靠当地交通部门主导；畜牧项目需要畜牧部门的技术指导；解决人畜饮水问题的项目需要水利部门参与；退耕还林项目需要林业部门的组织等。这些部门参与项目都需要解决组织管理方面的问题，也需要一部分工作费用，会对项目预算和原组织管理方式产生影响。这其中还涉及各部门的项目与扶贫项目工作相互衔接的问题。这就需要对原有项目进行调整，甚至出现部分专业性强的项目转由有关业务部门直接承办，需要各有关部门通力合作，提出合理、可行的项目参与方案。

5. 不同省份跨省协作

由于涉及片区大多横跨多个省份，因此行政区划较为分散，地区性协作特别是跨省协作在现有体制下很难突破。各地享受的政策及资金扶持力度并不相同，所以导致了各地区之间发展差异较大，造成了局部性的发展不平衡，严重影响了扶贫开发的效果及质量，也影响了制定统一的片区扶贫开发规划，因此需要各地区加强合作，形成常设性合作机构，统一协调整个地区的扶贫开发工作，并在地方扶贫规划汇总的基础上编写片区扶贫规划。

（四）确定具体实施方案

本阶段主要有四项基本任务：

1. 扶贫资源估算与配置

按照近几年的扶贫资源状况对规划期进行预测，估计规划期内的扶贫资源规模量，预测规划期内扶贫资源的增长情况。

2. 子规划的制定

选择有代表性的若干个县或行政村，在组织重点的扶贫项目基础上，制定县级或行政村典型规划设计方案。在选择典型县或行政村进行规划设计时，要注意数量的控制。确定技术标准和单位投资概算的工作，需要有业务部门人员参加，样本过多，工作量过大，会延长准备工作时间；样本过少，也会因覆盖范围的代表性不足影响整个片区扶贫开发规划设计的系统性和科学性。由于片区扶贫规划往往涉及多个省，每个省的政策差异性较大，在选择的过程中还要兼顾各省的差异性。因此，要因地制宜，从自然条件、贫困状况和省际差异三个方面确定类型代表，通常一个省选2~3个县，一个县选2~3个行政村。

3. 确定技术标准和单位投资概算

主要针对贫困农户生产性项目和各县及行政村教育、卫生、基本农田建设、人畜饮水工程等项目以及跨省、县和乡村的项目（譬如加工企业、公路、输变电线路项目等）。

4. 分析地区规划提出的各种支持需求

归纳出各种项目顺利实施与所需支持的定量关系，为片区规划设计相应的支持措施，选定扶贫支持体系。有了上述基础就可以研究具体实施方案了。

（五）形成规划方案和管理监测系统

在完成类别项目汇总和部门衔接工作后，首先考虑扶贫项目区域和产业结构问题，也就是从片区不同区域的资源优势和产业合理比例，对各个地区的扶贫项目进行总体评价，以确保符合该地区的社会、经济发展构想，并成为其中的一部分，在此基础上，对规划和各类项目进行再调整，以保证各类项目的宏观合理性与平行性。

在此之后，还应完成三项任务：（1）在调整项目内容、测算投资规模、平衡资金结构的基础上制定项目规划方案；（2）在制定项目管理制度、确定具体项目实施单位的基础上建立项目工作系统和项目监测系统；（3）根据前两项工作的进度和上级的申报审核规定，制定上报项目建议书。

（六）结合国家及区域政策完善上报规划及实施准备

片区扶贫规划的编制，需要“自上而下”与“自下而上”结合起来，即将片区扶贫规划作为中间的结合点，国家整体的扶贫攻坚规划与县级扶贫攻坚规划同时编制，最后汇集到片区层面进行统筹平衡。通过上下互动编制的规划，有利于发挥中央和地方两个积极性，有利于地方更加明确发展的目标、指导其科学推进扶贫工作，有利于中央部门履行监督规划实施责任。

前面几个阶段主要是“自下而上”的市（地、州）以及县扶贫规划的制订及汇总，因此该阶段的任务是结合国家及区域政策“自上而下”地完善片区规划。由于涉及的片区可能横跨数个省份，每个省份的“十二五”国民经济和社会发展计划以及享受的国家政策可能不一样，因此在项目建议书和片区扶贫规划的编写上一定要注意这些差异，要做到与各省的规划以及国家的总体部署相衔接，不能有太大出入。某些政策如不能在部分省区实施，应该上报国务院争取统筹协调解决（如武陵山区均享受西部大开发待遇），实在无法协调的应在规划中特别说明或作出修改。

除此之外，另一项主要任务是实施准备。即排出实施各类项目的先后顺序，制定进度表和项目规划方案。包括分解计划，制定项目实施计划表；分解资金，制定资金投放计划表；分解项目，制定村项目排序表。整个任务分解的过程如图 6－1 所示。

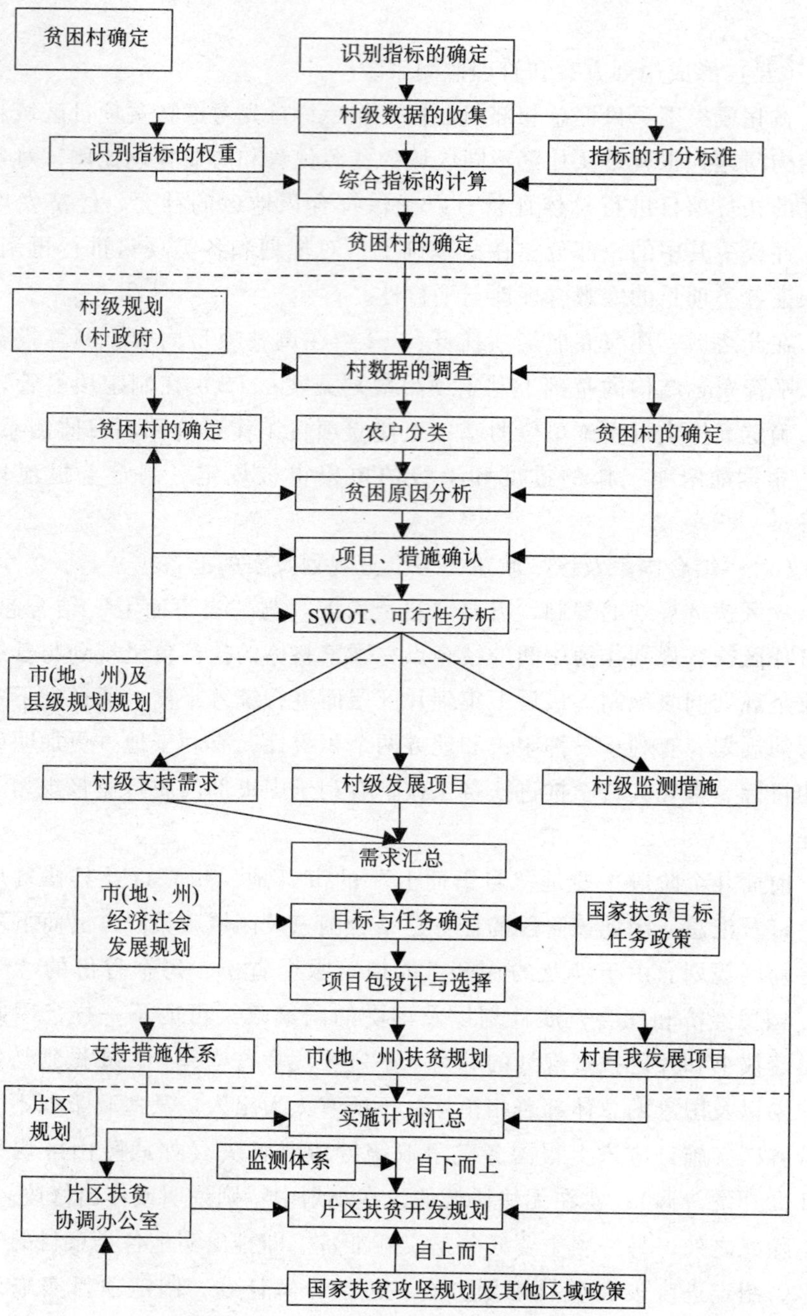

图 6－1　片区扶贫开发规划制定的程序框架

二、资料搜集

片区规划基础资料的搜集，不是片区规划的目的，而是使片区规划建立在科学可靠的基础上，防止工作中的主观片面性，从而提高片区规划成果质量的手段。对于片区规划而言，相关资料的收集、整理、分析，既是其编制的基础，也是贯穿规划编制全过程的重要环节。由于片区规划工作的极其复杂性，其对资料的要求也是很广泛的。

解决片区扶贫的关键在于找到片区致贫的原因及脱贫的有效途径，调查研究主要突出以下几个方面：（1）搜集和掌握相关资料与文件。包括区域经济社会现状与发展规划、已有的或全国扶贫规划纲要、地区扶贫规划纲要，前期片区扶贫规划和执行情况及总结分析等。（2）调查了解片区的自然资源、经济资源、社会资源等情况。（3）了解片区贫困的发展现状、趋势及主要原因等。（4）查询有关片区扶贫科研成果等。因此，片区规划的基础资料可以分为以下四个方面的内容：自然资料、经济资料、科研成果、发展规划或国民经济计划资料。

片区规划的资料搜集工作，具有其独特的广泛性、阶段性与经常性、地域性等特征。

第一，广泛性。基础资料收集的目的是为了使规划建立在可靠的数据与科学的分析基础上，提高规划成果的质量。由于区域规划工作极其繁杂，其对资料的要求也非常广泛，涉及面更为繁杂。

第二，阶段性与经常性。任何一个阶段需要的资料，一般无法一次搜集齐全。特别是在目前，片区发展迅速，很多资料跟不上实际的发展变化——新的致贫因素、新的解决贫困办法等等，这就需要我们经常不断地充实新资料，修正已经过时的旧资料。有些自然资料、文化习俗等等，需要慢慢了解，这也说明资料工作的经常性。

第三，地域性。搜集资料还需从实际出发，视具体情况而定，贯彻因地制宜的原则。片区规划需要的资料有一般的要求，但不同性质特点的贫困地区在规划过程中又各有特殊的要求，因此搜集资料的过程中不要忽视地域特性。

资料工作的目的，是为规划提供依据，因此必须根据规划的需要对资料进行详细的分析研究，揭露矛盾，提出问题。对于那些有利的条件应该继续促进其在规划中发挥作用；而对于那些不利的条件，则应该在规划中想办法加以限制，或在规划中进行定向的改造。总之，对资料的分析应包括两方面的任务，即进行资料的核实鉴定以及对资料进行有系统的分析研究，从而有利于制定有效的规划。

资料搜集的方法主要有三种：（1）通过图书馆、网络、报纸、期刊等途径自行收集初步的统计数据和文字资料。（2）通过有关主管和专业部门获取相关资料。（3）然而这两种方式获得的资料都是二手的，所以在必要的时候还需要采取另一种方法，那就是实地调研。实地调研过程中可以通过各种方式向有关方面了解情况，如发放调查问卷，访问有关人员，召开座谈会等，从而能够获得更为直接、真实的第一手资料。

具体来说，片区扶贫规划编制需要收集多个方面的资料，比如：扶贫规划的理论和方法，包括综述整理关于扶贫开发规划的理论，总结梳理我国专项扶贫规划以及少数民族地区、山区等针对性扶贫开发规划的具体方法；收集分析各部委、各行业的"十二五"规划，整理出有关扶贫开发的内容和措施；梳理归纳目前所实施的各项与扶贫工作相关的经济社会发展政策内容，从而构成一套全面的大扶贫政策工具集，如：社会保障政策、少数民族政策、区域开发政策、综合改革试点政策等等；整理收集目前所实施的各项专项扶贫政策内容，从而构成一套完整的专项扶贫策略集，为连片特困地区的政策研究提供路径引导；整理各方关于与扶贫规划编制相关论著，特别是重点整理连片开发、特殊类型贫困地区减贫与发展、少数民族地区扶贫等方面的研究，为连片特困地区的系统研究提供文献索引等等。

除此之外，由于片区的划分具有其特殊性，因此对于片区扶贫规划而言，这种划分不同片区的背景资料搜集也显得尤为重要，以下列出了划分集中连片特殊困难地区的一些因素，在资料的搜集过程中，要特别对这些内容进行扩充，它往往是分析该地区致贫以及如何脱贫的基础和关键：

（1）石山区。中国西南地区有一个以碳酸盐岩地层为主的喀斯特地貌裸露岩溶带，总面积达到 74 万 km^2，称为中国南方岩溶石山区。这种自然地理特点导致了岩石大量裸露，地势险峻，耕地的水土流失严重而且地下水系难以开采。当地居住了 31 个少数民族，人口达 4000 多万以上。

（2）荒漠区。荒漠区是指湿润指数范围在 0.05 ~ 0.65 的干旱、半干旱、亚湿润干旱区。中国荒漠化地区面积较大，覆盖总人口超过 1 亿人，同时也是多个少数民族的聚集区域，主要位于青藏高原西部、蒙新高原及黄土高原北部边缘。这些地区不但干旱缺雨，而且经常刮有大风，沙尘暴频发。荒漠化地区植被稀疏，生态环境极为脆弱，很多地方的经济资源承载能力都处于超载状态。

（3）山区。中国山区面积为 663.6 万 km^2，占全国国土总面积的 69.1%，592 个国家级贫困县中有 84% 位于山区，人口超过 7 亿。特别是高寒山区。高寒山区在中国分布较广，特别是西部地区分布较为密集，高寒山区一般是指拥有大量积雪的山脉顶层，海拔大多 800 米以上，通常温度较低，动植物生育期短，而且局部地区的小气候较为明显，雪灾等自然灾害频发，生存环境较为恶劣，给当地的生产活动带来很多不利影响。由于高寒山区远离经济中心，人口稀疏、交通不便，一般支柱产业带动的扶贫工作惠及面往往很窄，难以推行。

（4）黄土高原。黄土高原位于中国北方太行山以西，乌鞘岭以东，秦岭以北，长城以南，面积大约有 40 万 km^2，其丘陵沟壑区是全中国，甚至是全世界水土流失最为严重的地区。当地水土流失严重的面积约 27 万 km^2，其中有 11 万 km^2 特别严重。

（5）地方病高发区。中国是一个地方病流行较为严重的国家，除上海外，全国 31 个省（区、市）都不同程度地存在地方病的流行问题，在“老少边贫”地区以及部分农村地区尤为普遍，全国 592 个国家扶贫工作重点县中，有 576 个是地方病流行的重病区。

（6）民族地区。民族地区是指以少数民族人民为主聚集生活的地区，中国的民族地区主要包括内蒙古、新疆、宁夏、广西、西藏、云南、贵州、青海、四川、甘肃、黑龙江、辽宁、吉林、湖南、湖北、海南、台湾等省、自治区。其中，西部民族地区由于生态、区位、历史等因素，贫困问题较为严重。需要特别强调的是人口较少民族地区。人口较少民族指人口在 10 万以下的民族，中国共有 22 个人口较少民族，大多数人口较少民族经济发展水平落后，社会政治经济制度滞后，多分布于边境地区，因此其贫困问题较为明显。

（7）“直过区”。新中国成立时，各民族所处社会发展水平差异很大，从原始社会、奴隶社会、封建社会到资本主义社会，人类社会发展过程中的各种社会形态几乎同时存在。所谓“直过区”，就是指在中国民主改革和社会主义改造前，处于原始公社（或其残余）的社会经济形态直接过渡进入社会主义社会形态的民族地区。

（8）边境地区。中国领土辽阔，陆地边境线总长度约2.2万km，与14个国家相邻，边境人口超过2000万，135个边境县（旗、市）中107个属于民族自治地方，有数个边境民族在境外建立有民族国家或主体行政区。

（9）革命老区。革命老区既是为中国革命作出重大贡献的地区，往往也是经济欠发达地区。这些地区贫困面大，贫困程度深，在历史上就是经济发展水平较为落后的地区。特别是革命老区中，民族杂居地区、直过区、边境地区、人口较少民族地区占了很大比重，导致民族构成复杂、境外影响渗透等不稳定因素较多。除此以外，自然灾害、耕地不足、疾病多发以及观念落后也是当前革命老区所面临的客观问题。

三、实地调研

通过资料搜集阶段，我们可以对片区的情况有一个大体的了解，但还需要通过实地调研来取得一些更加具体、更加深入的资料，通过实地观察对材料进行校订、修正和补充。要充分掌握片区的自然条件、经济条件和社会文化现状之间的联系，关注片区贫困人口的生活现状、特点等。

（一）调研点的选择

由于行政村是扶贫攻坚项目规划设计的基本单元，真正解决温饱问题的项目往往是农户自选项目和村级项目，因此片区扶贫规划的实地调研应以贫困村为对象。由于片区涉及的范围较广，贫困村较多，全面考察是不现实的，因此应该选择具有代表性的贫困村进行调研并作为片区规划编制的依据。贫困村的调研选取应遵循以下原则：（1）差异性原则。不同地域环境的贫困村都要有所选取，这样才能代表整个片区的贫困特点。更准确地说，典型村的分类是按照“三性”划定的，即自然条件、社会经济条件的相似性；农业生产特点的类似性；农业综合开发方向和主要措施的一致性。分类的资料依据主要是区域内的自然资源，包括地貌类型、土壤、水、热条件和农业生产结构等。其中最重要的两个因素是与农业开发相关的海拔高度和气候特点，如川道低热区、浅山中温区、高寒山区等。这是相对较宏观的划分方法，在片区规划的过程中可跟进片区自身特点进行类似划分。（2）各省区兼顾原则。因为涉及片区往往是跨省的，各个省区的政策、机构组织、发展水平以及人文状况不一样，因此有必要在各个省区分别选择调研点以反映出其特殊性，并写入规划报告中。（3）最贫困原则。选择的点应该是片区中最贫困的村之一，如此才能对片区的贫困状况有一个全面的了解，有利于片区规划的编写。

（二）调研的主要内容

1. 村级基本情况调查

通过与村干部、村民代表的座谈，了解村的基本情况。调查的对象主要是对行政村的整体情况和特定领域的贫困现状和脱贫发展需求比较熟悉的村支书、村主任、中小学校长、医生、妇联主任、有威望的年长者等。主要内容和步骤包括：

（1）收集村社会经济数据表中的数据，包括：人口、劳动力、土地、草地资源、家畜、农户收入情况、自然村和农户的贫困状况、劳动力数量和素质、村级社会性基础设施和生产性基础设施等情况（见表6－1）。收集的数据与入户调查和小组访谈的数据核实后，填入数据表中作为片区规划编写的基线数据。

表6－1　　村基本情况数据表

数据类别	指标	单位	数据	备注
人口/劳力	总人口	人		
	男性人口	人		
	女性人口	人		
	劳动力	人		
	其中：男性	人		
	女性	人		
	外出打工劳力	人		
	全村总户数	户		
土地资源	总土地面积	亩		
	草地面积	亩		
	人工草地面积	亩		
	山地面积	亩		
	其他土地面积	亩		

续表

数据类别	指标	单位	数据	备注
种植业	水稻（人均）	亩		
	小麦（人均）	亩		
	玉米（人均）	亩		
畜牧业	猪（人均）	头		
	牛（人均）	头		
	羊（人均）	只		
收入结构	种植业	元		
	畜牧业	元		
	外出打工	元		
	家庭手工业	元		
	其他收入	元		
人均收入（贫困状况）	年人均纯收入	元/年		
	低收入户	户		
	中等收入户	户		
	高收入户	户		
交通	到乡政府所在地距离	公里		
	到区政府所在地距离	公里		
	到最近大城市距离	公里		
	到农副产品集散批发市场距离	公里		
	汽车数量	辆		
	摩托车数量	辆		
	拖拉机数量	辆		
	其他农用车数量	辆		
通讯/电器	有电话数	户		
	手机数量	部		
	电冰箱	台		
	录像机	台		
	有电视农户数	户		

续表

数据类别	指标	单位	数据	备注
教育	是否有村级小学	人		
	教师数量	人		
	全村小学在校人数 小学适龄人数	人		
	全村初中在校人数 初中适龄人数	人		
	在校女童数	人		
卫生	本村的诊所数	个		
	乡村医生的人数	人		
	地方病患病人数	人		
	女性长期病患人数	人		
	疫苗接种适龄儿童数	人		
	本村是否有医疗统筹保险			
劳动力素质	文盲人数	人		
	女性文盲数	人		
	有初中文化的劳动力人数	人		
	有外出经历的劳动力人数	人		
	有专门技能的劳动力人数	人		

（2）按照农户贫困排序和贫困程度分类。填写农户登记卡片，将户主名字写在卡片上，然后召开座谈会并让乡镇干部根据他们对每个农户贫困程度的了解将农牧户分类到不同贫困程度三类户中去（见表6－2）。表中的贫困特征仅供参考，可根据各片区的实际情况进行调整。一般参照的指标有：人均收入；人均耕地或草场面积；人均家畜数量；家庭是否缺口粮；劳动力数量和素质、技能，外出打工劳动力数量；家庭住房条件：住房面积、房屋结构（土房或砖瓦房）、是否是危房；是否有子女因为贫困和缺乏劳动力而辍学；有无长期患病的病人。

（3）分析村的贫困现状和致贫原因。采用座谈方式对村镇干部以及村民代表进行访谈，主要从以下方面进行讨论：影响收入的制约因素；经济贫困的主要原因；耕地、草地以及其他资源的利用现状；教育、医疗卫生设施；人畜饮水和社区环境；住房条件；交通以及其他基础设施（见表6－3）。

表 6－2　　农户贫困排序和分类表

类别	户主姓名	特征
贫困户（××户）		人均收入：200～1000 元 人口多，劳力少 少耕地或牲畜 家中长期有病人 除农牧业外无其他经济收入 无自我发展能力
一般户（××户）		人均收入：1000～2000 元 有足够劳力 有农牧业以外的经济收入来源 有一定的自我发展能力
较好户（××户）		人均收入：2000 元以上 劳动力素质高 有车搞运输或经营商店 有自我发展能力

表 6－3　　××村贫困原因分析

问题领域	贫困原因和具体表现
农牧民收入低	种植业产量低、品种单一 养殖业落后、品种老化、饲养条件落后 外出打工收入低
社会性基础设施落后	医疗条件差 学校设施条件差 缺乏文化娱乐设施 村里缺乏必要的卫生设施
生产性基础设施落后	没有村级路 缺乏灌溉设施 缺乏饮水设施 通信设施落后 缺乏投资能力
耕地或草场退化严重	过度耕作或放牧 鼠害 牲畜过多 不合理开垦 洪涝或干旱
农牧民素质，村级发展能力	文化素质低 缺乏技术培训 缺乏农牧民合作组织 缺乏公共积累

（4）调查脱贫发展需求并排序。在贫困分析和问题分析的基础上，对农户的发展需求进行打分排序（如表6－4）。

表6－4　　某村村民对基础设施项目的需求差额排序

内容	1	2	3	4	5	6	7	8	9	10	11	12	13	14	15	16	17	得分	排序
桥涵	√	√		√	√	√		√			√	√	√	√	√	√		12	3
改善住房条件	√	√	√	√	√	√	√	√	√	√		√		√	√	√	√	15	1
能源								√	√	√	√	√	√					6	4
修筑河堤		√																1	5
村级文化室	√	√	√	√		√	√	√	√	√		√	√	√	√	√	√	15	1
孤儿院						√												1	6

2. 户级贫困状况和发展需求分析

从不同类型的农户中抽出样本户，通过对他们的访谈了解不同贫困程度的贫困农户的基本情况、贫困原因和发展需求。访谈的内容包括以下三个方面：（1）家庭基本信息：人口、劳动力、耕地或草场面积、家畜的种类和数量、家庭收入及收入来源等；（2）家庭的贫困现状和贫困原因；（3）脱贫发展的需求及排序。采访之前应事先设计好提纲，以互动、开放、讨论的方式进行，从起因开始要力求回答以下几个问题：谁、何时、何地、过程、结果和影响如何，并将采访的内容整理过后形成类似于表6－5的表格。

表6－5　　不同类型贫困户的贫困状况和发展需求

内容	贫困户	一般户	较好户
贫困特征	人均收入低于800元；无现金收入，无钱供孩子上学；房屋非常简陋	人均收入在1000元以上；有现金收入，能支付基本的生活开销	人均收入2000元以上；房屋较好，家电齐全
生计特征	人均耕地或牲畜少；缺劳动力，家庭人口多；家里有病人	有较多的耕地或牲畜；有足够的劳动力，季节性外出打工	耕地或牲畜较多；开商店，搞运输；劳动力素质高，外出打工
脱贫发展的需求	适当增加耕地或牲畜数量；开展家庭手工业培训；安排妇女就业；参加以工代赈；改善住房条件	改善耕地；适当扩大养殖规模；劳动技能培训	扩大经营规模；建立小型企业；提供信贷资金

3. 不同类型的贫困群体的贫困现状和发展需求分析

通过小组座谈方式分别对贫困村的男性、女性、在校学生、儿童、老人以及在乡镇企业就业的劳动力进行访谈，探讨不同类型农户的贫困现状及发展需求。访谈的内容与方法与上述类似，只是划分的标准发生了变化：上述主要针对不同贫困程度的贫困户进行分析，该部分的对象换成了不同类型的贫困群体。在访谈的过程中尽量避免对已在上述中抽取过的样本农户进行重复访谈，以增加信息量。

4. 资源利用和基础设施现状分析

通过实地走访对不同类型土地资源进行观测，记录大致的面积、利用现状、植被、水土流失情况、基础设施情况等，确定合理利用的因素和条件，诊断利用中存在的问题，并提出改进建议。

（三）调研的主要方法

1. 问卷调查法

问卷调查法也称“书面调查法”，或称“填表法”。用书面形式间接搜集研究材料的一种调查手段。通过向农户发出简明扼要的征询单（表），请示填写对有关问题的意见和建议来间接获得相关信息。在实地调研过程中，一般以封闭型回答为主，以便于问卷的统计分析。该类型问卷将问题的几种主要答案、甚至一切可能的答案全部列出，然后由被调查者从中选取一种或几种答案作为自己的回答，而不能做这些答案之外的回答。

2. 重点采访法

对抽取样本的生产、生活状况进行收集整理分析。如是否缺粮，从事哪些生产活动，收入来源，生产、生活中有哪些困难，提高收入与生活水平需要解决哪些问题等。访谈时应注意：（1）要保证贫困户的样本量；（2）平易近人的态度；（3）开放式提问，引导采访对象讲清来龙去脉；（4）注意倾听，以被采访者为主；（5）态度中立，不要刻意诱导被采访者说出采访者期望的答案；（6）随机应变，在按照提纲采访的前提下不断引申新的问题；（7）避免使用专业术语，语言要本土化；（8）尊重当地文化和风俗，回避禁忌问题；（9）访谈与其他工具交叉使用，如绘图和填报；（10）采访中观察和座谈要相结合。

3. 问题排序法

召开村民大会，每户必须有一人参加，由农户在问题排序表上打分（如表6－6），共同寻找制约农户发展的问题或制约因素（或对发展的需求进行排序），然后再加汇总。

表6－6　　调查询问表范例

序号	制约农户发展问题与因素	农户对问题与制约因素的判断					
		主要问题		次要问题		再次问题	
		男	女	男	女	男	女

第二节　启动阶段

片区扶贫规划启动预示着片区扶贫规划编制工作的真正开始，该阶段主要包括机构组建、经费预算、统筹协调三项工作内容。

一、机构组建

将具有权威性的未来决策领导机构组织起来，形成一个规划组织框架。领导机构的主要作用是组织、协调与决策。片区扶贫开发规划的领导机构应该有各行政区的主要负责人参加，同时要有片区内各地区上一层的行政区主要负责人或者主管部门的领导者参加。

另外，要明确专业化部门和相关机构，培训规划工作人员，统一思想，提高认识，正确把握规划任务和工作方法，选择直接参与规划方案设计的课题组。课题组成员应该包括负责综合规划方案编制和各个区域专项规划的专业规划技术人员以及深谋远虑、经验丰富的专家，以提高规划质量。

在机构的组建上，片区扶贫开发规划有别于一般的扶贫规划。片区虽然已经基本划定，但一个片区横跨几个省，虽然自然环境有一定的统一性，但是地域之间依然存在诸多隔阂，比如区域政策、经济社会环境的差异以及地方保护主义等，若没有统一的跨行政区的区域协调管理机构，跨区域的片区扶贫开发规划就很难进入到真正的实质性阶段；没有明确的协议或制度，就很难保证地方政府在追求地方利益的同时不会对共同利益产生消极影响，因此如何建立有效的协调机制成为最突出的问题。谁来协调，如何协调，规划如何编制，由谁审批，如何加大投入和相关政策的支持力度，都需要深入探索。从我国已有的区域规划实践看，从理论上讲，区域规划本身就是一种区域协调、区域合作的机制，但实际上规划协调的作用十分有限。

片区扶贫机构可参照美国、欧盟等一些成熟的区域模式，由国务院扶贫办的牵头，分上中下三个层面设立相关常设协调机构，即联席会议——专业委员会——具体的工作组。最高层面为区域联席会议制度，联席会议制度为决策层面的协调机构，其职责主要是负责统筹整个片区关于扶贫的重大事宜及项目建设，制定一体化的长期发展规划与战略目标。联席会议制度主席可由国务院扶贫办的相关人员担任，也可实行轮值制，由片区类各地区扶贫办主任轮流担任。但这种松散型联盟，对于涉及区域发展重大利益问题也难以协调。因此，从我国行政管理体制的现实出发，由上一级政府部门设立有权威的协调性机构，相对来说效果会更好。对于片区扶贫规划而言，在国务院或至少在国务院扶贫领导小组下设立片区扶贫攻坚协调领导小组及办公室，在制定片区扶贫规划、出台特殊支持政策、协调跨省利益关系等方面发挥关键作用，是确保片区扶贫目标如期实现的最重要保证之一，所以，在联席会议之上可设立国务院扶贫办——片区扶贫协调办公室，该机构直属于扶贫开发领导小组——片区扶贫攻坚小组，是片区扶贫的常设机构，确保了联席会议之外日常工作的进行。中间层则为负责运作联席会议制订的发展规划与战略的专业委员会。其主要职责是把最高层决策机构的战略规划，落实到各系统之间，并做好与片区所属各省扶贫办以及地区间项目涉及到的其他部门的沟通协调工作。第三层则更为细化的工作组，即把各专业委员会的工作具体分配到各个地区或县，并顺利完成规划项目。由于属于执行层面，这个工作组可由地区扶贫办或县扶贫办担当，其主要职能是全面负责片区扶贫开发规划的实施，协调资金管理部门同项目办和相关行业主管部门的关系（如图6－2）。

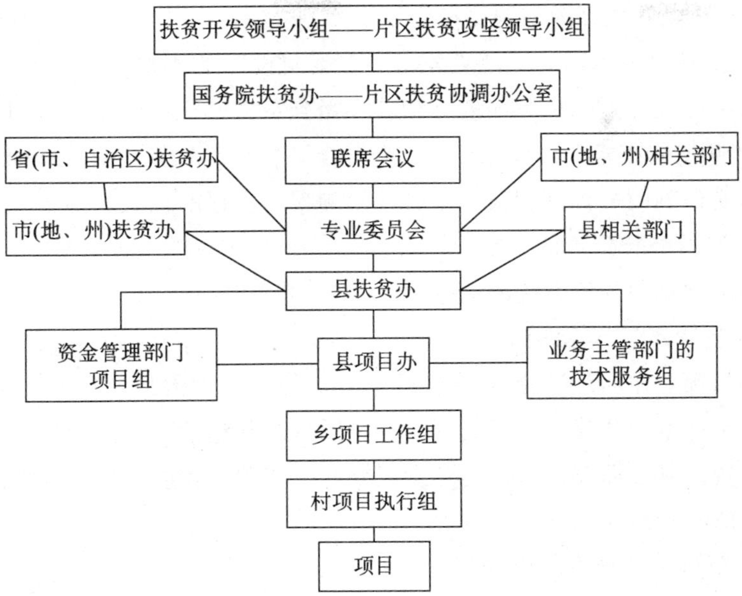

图 6－2　片区扶贫机构设置

协调机构明确后，片区扶贫联席会议要尽快着手研究制定诸如“片区扶贫开发规划编制和管理条例”这样的法律法规体系，确立片区扶贫开发规划的法律地位。有了法律的保障，才可能消除政策障碍和行政壁垒。除了协调机构，在地区或县扶贫办下还有将工作进一步细化的常设机构。其中项目办的职能是组织各级项目工作站按照实施规划实施项目，并为其提供相应的服务。资金管理部门主要负责资金到位和监督资金的使用。行业主管部门提供技术服务，进行技术监督。乡、村项目工作站负责具体组织项目的实施。

二、经费预算

预算是根据扶贫规划针对每年的计划执行而制定的资金使用计划，扶贫规划及其执行计划是预算的前提。合理的经费预算是片区扶贫开发规划能够实施的重要保障。因为项目的开展需要有资金来支持，如果经费预算过少的话将导致项目不能如期完成或半途而废，影响扶贫规划的效果；反之，如果经费预算过多的话，将使得一部分闲散资金得不到充分利用，从而浪费了扶贫资源。

（一）经费预算的编制要符合以下原则

1. 坚持量入为出和“一要吃饭，二要建设”的原则

根据收入和财力的可能安排预算，做到量力而行，收支平衡。

2. 坚持实事求是的原则

切实做到收支计划积极稳妥，杜绝瞒报、虚报的现象。

3. 坚持综合预算的原则

实施预算内外资金统筹安排。

4. 坚持部门预算的原则

部门预算作为一个单位的总预算，是涵盖单位的所有资金的收支预算，既包括本级预算又包括其下属单位预算，既包括正常经费预算又包括专项经费预算。即在片区扶贫开发规划的经费预算要覆盖整个区域内的扶贫项目的经费预算。

5. 坚持零基预算的原则

人员经费按标准核定，公用经费按部门分类分档的定额核定，事业发展和建设项目按轻重缓急排序。

6. 坚持一般不予调整预算的原则

部门支出预算确定以后，除突发性事件和政策性因素增加的必不可少开支，并经财政审核后报市人大批准调整预算外，其他支出项目当年财政不予追加，一律在编制下年度预算时考虑。

（二）经费预算编制要经过“两上两下”，即自下而上、自上而下的程序

第一，每年定期由财政部门向各部门布置预算编制工作，具体说明预算编制的有关事项。

第二，各部门在规定时间内将部门收支预算建议计划（含基层单位预算）上报财政主管部门。

第三，财政主管部门根据资金性质（基本建设、科技三项费、离退休经费、公费医疗经费、住房基金、办案费、排污费、水资源费、城市维护费等专项支出），将部门预算建议计划分送各业务部门进行初审；业务部门审定后，报主管部门统一编制部门预算。

第四，财政部门将汇总后的分预算科目、分部门的预算报主管政府部门综合平衡。

第五，预算经政府平衡后，财政部门向各部门下达收支预算控制总额。

第六，在规定时间内各部门（含基层单位预算）将调整后的预算计划报财政部门。

第七，财政部门将汇总的预算建议计划报政府、党委审定，形成的政府预算草案提交人代会审议。经人大批准的预算由财政部门向各部门（含基层单位预算）批复下达。

（三）经费预算编制的内容

根据上述经费预算编制程序可知，片区扶贫开发规划的预算应该以辖区内各地区和县下一年的整乡推进扶贫方案的执行计划和经费预算为依据，以常设的片区内省际扶贫合作机构（如联席会议——专业委员会——具体的工作组）为实施主体，根据片区内计划期的资金和资源情况进行调整和分配，修定各地区和县的执行计划，督促其做出详细的经费预算并进行汇总，报国务院或地方政府批准后开始实施（见表6－7）。

表6－7　　项目预算表

地区及编号	地区及编号	内容	单位	数量	单价	总费用	资金来源1		资金来源2……	
							数量	%	数量	%
××（I）	1	村级公路改造								
××（I）	1.1	沥青								
××（I）	1.2	……								
××（I）	培训	培训								
××（I）	××（I）	……								

总体来说，经费预算是一个自下而上逐级汇总并由片区内省际扶贫合作机构（如联席会议——专业委员会——具体的工作组）自上而下统筹协调和报批实施的过程，因此项目的经费预算是整个片区扶贫开发规划预算的基础。其中项目总体规划财务经济分析是项目经费预算的主要内容，它主要包括以下几个方面：

1. 项目典型设计

通过对具有代表性的类型单元进行投入—产出的微观设计与测算为项目的整体预算提供参考。目前在项目规划的分析中，主要有三种方法：（1）单位规模的投资方法。如种植项目往往以一公顷的规划投资作典型设计，测算单位规模的劳务投入、物资投入、其他费用的定额，最终形成具有标准作用的单位投资概算表。（2）单位投入—产出分析。如养殖项目以户为单元的投入—产出分析、以特困村为单元的综合项目投入—产出分析等。（3）模式农户。在有众多农户参与的项目中，根据不同类型农户选择典型的农户作为标准形式，对其进行财务预测和财务分析。

2. 测算项目数据

在完成项目典型设计和确定测算标准后，认真汇集、整理和测算与项目有关的基础数据，做好项目规划财务经济分析基础资料的准备。需要测算的项目基础数据主要有：项目产品品种方案及生产规模测算；项目计算期测算；项目投资构成、资金分年使用计划及资金来源测算；项目收入与利润测算；项目成本与税费测算；项目借贷偿还测算；项目现金流量测算。

3. 编制报表

项目规划的财务经济测算以及基础数据要反映在财务报表上，主要分两类：第一类是现金流量表，包括全部投资和自由资金两个部分。第二类是基本报表，包括投资概算表、成本测算表、损益表、资产负债表、投入产出表等。

4. 计算效益指标

根据财务经济测算与分析表，进一步计算财务经济效益指标。如计算净现值、内部报酬率和投资收益率等。

5. 财务经济评价

依据计算的财务、经济、社会各项效益指标，对项目规划做出总体效益评价。

6. 编写经费预算

根据总体效益分析，调整项目的经费构成、内容以及来源等，使其达到最大的经济效益，并以此为依据编写项目预算。

三、统筹协调

（一）省际间的统筹协调

这是片区扶贫开发规划的特殊性所在。由于片区扶贫开发规划一般涉及多个省份，省际间存在隔阂，地缘的优势无法显现，因此“大扶贫”

“主战场”的开发布局难以形成，需要各省相关地区通力合作。以武陵山区为例，从2003年开始，武陵山区所辖各地就在积极争取国务院及其职能部门制定“武陵山经济协作区发展战略”。2004年，全国政协民族和宗教委员会连续四年召开“武陵山民族地区经济社会发展座谈会”，向党中央和国务院建议把武陵山区经济社会发展纳入国家总体发展规划，争取国家发改委、国家民委、文化部、财政部、交通部、铁道部、农业部和国务院扶贫办等职能部门支持武陵山区经济社会发展。2009年，国务院国发［2009］3号文件首次明确提出：协调渝鄂湘黔四省市毗邻地区成立“武陵山经济协作区”，组织编制区域发展规划，促进经济协作和功能互补，加快老少边穷地区经济社会发展。2009年9月，国务院办公厅又发出文件《保持西部地区经济平稳较快发展几点意见》，指出：加快少数民族地区和革命老区发展。加大对贵州南部、广西北部、云南东部以及武陵山区、川北地区、甘南地区等集中连片特困民族地区发展的支持力度，探索开发模式。同月，国家发改委和国家民委就筹建武陵山经济协作区、促进武陵山区经济社会发展进行调研，武陵山区经济协作区步入快速启动轨道。2010年，国家发改委办公厅发出［2010］448号《关于开展武陵山经济协作区发展规划编制工作的通知》，并牵头编制了《武陵山经济协作区发展规划》，在这个规划中，主要阐明国家推进集中连片贫困地区协作发展的战略思路，明确武陵山经济协作区发展的主要目标，以旅游产业为先导，统筹协调区域基础设施建设、生态环境保护、社会事业发展与特色产业布局，研究提出保障武陵山经济协作区发展的有效机制和政策措施。这些政策的实施有利于武陵山区成立统一的片区扶贫机构（如联席会议——专业委员会——具体的工作组），制定出面向整个片区的《武陵山区扶贫开发规划》并加以实施。

（二）部门间的统筹协调

扶贫项目的开展离不开其他部门的支持，以前的扶贫开发资金相对分散，部门各抓各的项目，整体效果差。面对这种情况，要协调好区内部门的关系，加强部门间的合作，整合资源。按照“政府统筹、资源整合、资金捆绑、部门共建”的思路，协调相关部门分层次捆绑各类扶贫资源。在具体工作中，要通过片区扶贫开发规划实现区内资源的有效整合，即以扶贫开发项目为核心，捆绑使用其他各类涉农资金，拼盘开发，集中向贫困片区倾斜，安排退耕还林、流域治理、农村能源、人畜饮水、公路建设、易地移民、生态移民等项目，凸显综合效应。

（三）政策间的统筹协调

片区扶贫开发的对象往往享受国家的多种优惠政策，因此在片区扶贫开发规划的编制过程中要对相关的政策进行统筹协调，实现政策集成与创新，从而使政策体系更加有利于减贫的效应得到体现。以青海玉树为例，其扶贫开发规划将与西部大开发政策、藏区民族政策、灾后重建政策、三江源生态保护政策、现代新农村建设政策等紧密结合，将该地区特有的政策优势纳入扶贫开发规划中，充分发挥政策的关联与溢出效应，并着眼于少数民族政策、藏区政策、西部大开发战略、玉树地震灾后恢复重建政策和三江源自然生态保护等五项政策的融合与互补。其中西部大开发是一项区域增长战略，而扶贫开发是一项居民收入增长战略。前者注重经济增长，后者注重居民福利水平的改善；前者强调效率，后者强调公平；前者是手段，后者是结果。要将区域扶贫开发与藏区政策、民族政策相结合。藏区的优惠政策，是协调处理好民族关系，充分尊重少数民族的文化传统，发挥少数民族传统文化优势，将为高原地区经济发展和减贫工作发挥特殊作用。而灾后重建政策则是玉树经济发展和扶贫开发工作重要契机，将两者相结合同样会发挥特殊性功效。由上可见，片区扶贫开发规划的编写要注重政策间的统筹协调，将若干个利于扶贫开发的政策融合起来，形成政策高地，从而达到事半功倍的效果。

通过省际、部门以及政策间的统筹协调，才体现大扶贫的格局。大扶贫格局由专项扶贫、行业扶贫和社会扶贫有机构成。新扶贫纲要明确，专项扶贫包括易地扶贫搬迁、整村推进、以工代赈、产业扶贫、就业促进、扶贫试点和革命老区建设；行业扶贫包括发展特色产业、开展科技扶贫、完善基础设施、发展教育文化事业、改善公共卫生和人口服务管理、完善社会保障制度、重视能源和生态环境建设等七个方面；社会扶贫包括加强定点扶贫、推进东西部扶贫协作、发挥军队和武警部队的作用、动员企业和社会各界参与扶贫以及开展国际交流合作。片区扶贫开发的统筹协调为实现行业扶贫、专项扶贫和社会扶贫的有机衔接提供了基础。

第三节 编制阶段

片区扶贫规划是为实现一定地区范围的扶贫开发和经济建设目标而进行的总体部署。从广义上来讲扶贫规划指对一定区域范围内的扶贫开发工作和社会经济发展进行总体部署（包括区际和区内）；包括区际规划和区内规划，前者主要解决区域之间的发展不平衡或区际分工协作问题，后者系对一定区域内的社会经济发展和建设布局进行全面规划。片区扶贫规划作为针对某一特定贫困区域的专项扶贫规划，重在突出区际规划特点，协调不同行政管理区域内的扶贫开发工作，以期合理、有步骤地在区域内实施扶贫项目、开展扶贫工作，促进地区社会经济快速发展，早日实现区域内脱贫、减贫目标。

要想编制出一份科学、合理的片区扶贫规划，既要选择科学、适用的办法，也要有全面细致的地区材料，既要保证规划的可操作性，也要保证规划内容的全面性、合理性。

一、选择规划撰写工作的进行方式

全国需要开展片区扶贫规划的地区面临的实际情况均有所不同，但依据经济资源丰富程度，基本上可把我国主要贫困片区分为两种不同性质、特点的地区：一种是具有比较突出的经济资源优势的贫困片区，如旅游资源丰富而未开发的地区，正在建设大型基础设施的地区，重大的矿区，农业专业化地区，自然资源丰富地区，自然环境保持良好地区等；另一种是地区发展经济资源缺少的贫困片区，如环境破坏严重地区，国家规定的禁止开发地区，对外开放较晚、较慢地区，国家长期投资较少、基础设施十分落后地区，生存环境恶劣地区等。

另外，片区扶贫规划主要是按行政区划或地理区划全面考虑区域内不同地区综合发展的专项区域规划，从行政管理体制来讲贫困片区规划是省级下的专项扶贫规划，但是片区规划的实施又离不开各级政府和扶贫部门的大力支持。一般的扶贫规划是从国家、省、市（州）、县、乡（镇），甚至一些贫困地区的村级扶贫规划都已经非常完备。因为我国各项规划的编制都是按照行政级别来逐级整理、完善的，省、市、县这三级地域的关系又十分密切，而且片区规划的编制一定程度上还要参考片区涉及省、市、县的扶贫规划，因此这里着重讨论有关按照行政级别来开展贫困片区规划工作进行的方式。

（一）自上而下

在实行计划经济的前苏联及存在东方集权色彩的某些资本主义国家（如日本、新加坡），规划基本是计划的代名词，各类发展规划、区域规划国家具有完善规划编制体系及政策保障体系。各项规划的强烈指令性使其成为一种绝对的政府行为，规划成为国家干预、调控地方发展的有力工具。这种规划从政府管理角度讲具有强大的权威性，国家在制定规划过程中主要从宏观角度兼顾区域协调发展的角度来考虑。

片区扶贫规划在实际操作上是高于省一级的扶贫规划，只不过是针对特定区域，所以参考省级及以下各级扶贫规划也是十分必要的。具体来讲就是先做贫困片区内各省区级的规划，再依次进行地（市）区、县区级规划。这种进行方式的最大优点是比较全面。因为这一规划步骤的特点是从大到小，从全体到局部，所以下一级的规划可以得到上一级规划的指导，使规划有所依据，从而避免了规划的片面性。但其缺点是不容易深入，因为在没有掌握下一级规划的资料时，上一级的规划就难以具体化，只是体现出纲领性或方向性的东西，具体内容不够详实，往往显得规划内容较粗、不实用；而且很多时候由于没有充分考虑下级地方的实际需求难以调动地方的主动性，往往缺乏可操作性。

（二）自下而上

由于长期以来自由经济意识形态在政治、经济、文化领域的全面渗透，“控制”的观念在一些国家或地区并不十分受欢迎。市场的盲动性和生产的无政府状态使规划缺乏稳定的地位，时而被政府当作防止市场失效的工具，时而被视为避免经济危机、政治危机发生的临时权宜之计。综合性的区域发展规划在一些国家（如美国）基本不能真正开展。“区域性的规划”实际是被无数单项的或更小范围的地方性的规划、契约或法规所取代。美国国家级的规划管理机构主要职能是通过制定全国或全区的立法和分配国家对区域建设的财政补助（联邦基金）来干预影响地方，因此美国对区域物质环境发展和变化的管理能力要比许多欧洲国家薄弱得多。

我们必须清楚地意识到按照自上而下的方式进行片区扶贫规划，对规划要求的各方面准备条件比较高，困难较多，不容易着手。比较易于着手的办法，还是从下而上地逐级进行。这种方式简单易行，可以依靠地方规划的力量，调动地方政府的积极性，发挥地方规划的细致性、可操作性。通过地方扶贫规划可以快速、清晰、明确地了解和掌握本地区的贫困状况、致贫原因、脱贫需求，做到心中初步有底；同时也为上一级规划积累了丰富的资料，使上一级规划有了比较可靠的依据。但其最大的缺点是局部规划的局限性，使许多问题的考虑和解决有很大的片面性，很可能被上一级规划否定。

（三）先中间后两头——控制与引导并举

针对以上两种工作方式的弊端出现了第三种规划工作进行的方式，即是先中间后两头。这种方式兼有上述两种方式的优点，能够起到控制下级和引导上级的双重作用。

在西欧国家，其相对集权的价值观及并不宽裕的生存空间，使得区域规划不仅成为政府的一项重要工作，亦能基本得到整个社会的认同。政府通过权威的规划、完备的法规、开放的规划体系、市场化的经济手段等，将控制与引导较好地结合起来，基本保证了区域规划由编制到实施的一致性。

新的区域规划要求在自上而下与自下而上的力量之间进行磨合、平衡，转向双向互动互求、协商型规划。在西方国家称为“非正式规划”，即利用咨询、讨论、谈判、交流、参与等措施，在正式的规划途径之外，开辟一条不完全是官方的意见交流和协商行动的渠道，通过制定公平准则，建立公开的规划体系，广泛吸收各利益集团（政府、社团、企业等）参与规划全过程，以寻求解决区域发展中的各种利益冲突的方法和途径，制定出一个透明度高、可信度强、满足全社会愿望的区域规划（契约）。因而这样的区域规划将被区域成员视作“我们的规划”而自觉去履行。这种协商式的规划可以处理包括经济结构的调整、就业市场的开拓、环境污染的防治以及土地资源的需求、开创空间的建设和区域基础设施的共享等问题，也可运用在目前已经频繁出现的有关争夺城市发展机遇和信息共享处理等方面。

从理论上来讲，在条件允许的情况下，同时在相邻二级地区开展片区扶贫规划是一个较好的办法。因为相邻二级规划间的联系较为密切，同时进行，规划过程中的矛盾易于揭露，也易于解决，并能够很快取得一致。但是，这种方式进行的过程较为复杂，机构组织较为庞大、协调成本相对较高，需要参与工作人员也多，因此需要有极其严密的组织工作，加强统一领导，密切协作。

总之，无论采用哪一种工方式来编制片区扶贫规划，各级规划都是互相有关联的。上一级规划完成后，确定或校正了下一级规划的发展方向，而下一级规划完成后也补充了上一级规划的不足。只有经历这样反复修正，互相补充，使各级规划更臻于完善。各级规划虽然是分阶段完成，但却有反复修改的过程。

新时期扶贫开发工作也十分突出参与式扶贫开发，片区扶贫规划制定过程中如能够争取政府、社团、企业等多部门或团体参与，不仅能够为片区扶贫规划提供大量的智力支持，保证片区规划能够符合各方参与和支持地区扶贫开发工作的诉求，也能够最大程度地扩大片区规划在制定过程中社会的参与度，还能够充分保证规划的全面性、可操作性。在片区扶贫规划编制过程中，调动社会团体的积极性参与片区扶贫规划的编制，在为地区扶贫开发工作提供很好指导的同时，也能够为当地扶贫工作吸引更多的社会支持。

二、规划撰写准备

根据贫困片区实际情况，确定具体的片区扶贫规划工作方式以后，接下来的工作主要是为片区扶贫规划的编写做好充分的准备工作，以保证规划撰写工作顺利开展。

（一）搜集、汇集整理有关资料

编制片区扶贫规划首先是基础资料的搜集，但我们也必须清楚搜集整理有关资料不是规划的目的，而是为了使我们编制的片区扶贫规划建立在科学、可靠的基础上，防止工作中的主观片面性，从而提高规划的科学性、可操作性、全面性，以保证规划成果的质量。由于整个片区规划工作极其繁杂，涉及多个省、市、县，因此对资料的要求也是很广泛的。但在扶贫片区规划实践中所运用到的资料有必要的和充分的两方面。掌握必要的规划基础资料是很重要的，搜集到充分的资料对规划的编写也是不可缺少的。

在规划的不同阶段，对所需要资料的要求也不同。在拟定片区扶贫规划提纲阶段，必须掌握的基础资料有：片区的自然条件、经济特点、贫困状况、致贫原因，现阶段扶贫工作中面临的主要问题或挑战，地方脱贫需求等有关资料，以此作为编制贫困片区扶贫规划提纲的基本依据。到了编制贫困片区扶贫规划草案的阶段，则需要有更为深入细致的资料，如各地贫困人口数量（可能要具体到各乡（镇）、村）、基础设施建设情况（公路、桥梁、水利等）等各方面的详细情况，以便足以作为贫困片区扶贫规划的依据及其进行有关论证之用。

在此，我们需要提醒大家的是，任何一个阶段所需的资料，一般无法一次性搜集齐全。因为新情况在不断出现——新资源的发现，新的区域发展政策的出台，新交通线的开辟，新的扶贫政策或扶贫资金对一些区域的倾斜，物质基础的不断扩大、加强以及国家对一些贫困片区国民经济发展要求的变化，等等，这都要求我们经常不断地充实、更新有关资料，修正已经过了时的旧资料。另一方面涉及民族文化发展的资料（如民族文字、民族建筑等方面的资料）更需要长期的累积，这也说明了资料工作经常化的必要性。搜集资料还须从实际出发，视具体情况而定，贯彻因地制宜的原则。片区扶贫规划需用的资料有一般的要求，但不同性质特点的片区在规划过程中可能会有特殊的要求，因此资料工作的地域特性也不容忽视。

总之，片区扶贫规划中资料的搜集整理工作，具有其独特的广泛性、复杂性、阶段性、经常性和地域性。

资料搜集方法有多种，但在片区规划中比较实用的有两种：一种是通过各种方式向有关方面了解情况，如发调查表格或问卷，访问有关人员，召开座谈会等；通过这些方式所获得的材料往往是第二手的，所以在必要时还采取另一种方法，那就是通过实地调研、走访群众等方式，从实地观察了解中对已有材料进行校核、修正和补充。无论是采用什么办法，通过什么方式搜集资料，事先都需要做好准备工作，先整理检查已经掌握的资料，然后提出拟收集的资料提纲。

在片区规划中所需要的资料中，大多由有关的主管和专业部门负责供给，一般对口分工如下：关于国民经济和工业企业技术经济指标的资料，由中央和地方的计划、工业、农业、交通、水利、电力等主管部门供给；关于矿产地质的资料，由中央和地方的地质部门供给；关于交通、水利、动力等各项工程建设的规划设计资料，分别由交通、水利、动力等各专业规划设计机构供给；关于地形、测量资料，由中央和地方的测绘局或有关的专业设计机构供给；关于城建和环保方面的资料由地方城建和环保部门提供；关于扶贫、灾害等有关规划和统计资料分别由中央和地方的专门扶贫机构、民政部门等提供，有关的水利、交通、民委等部门也能够提供一些具体的有关材料。

这一阶段的工作简单来说就是汇集整理片区规划的基础资料，掌握片区经济社会基本特征，明确工作中要研究解决的问题，根据中央和地方领导机关一致研究确定的关于本片区经济和社会的发展战略，立足扶贫开发工作实际需要，以现有的社会经济基础、资源（包括自然资源、经济资源和社会资源）和建设条件，为拟定贫困片区扶贫规划提纲提供第一手的材料支持。贫困片区扶贫规划提纲在初步拟定后，由地方党政领导机关组织工业、交通、农林、水利、电力、城建、环保等各有关部门讨论研究报审后，即可作为编制片区扶贫规划草案的根据和指导性的材料。

（二）资料分析

在完成贫困片区规划编制所需资料的搜集整理工作后，还要对资料进行分析，以求全面掌握片区内各地贫困情况、经济现状和社会发展条件，查明各地具体的致贫原因、统计各地详实的贫困人口、基础设施等基本情况，同时补充搜集有关技术经济和自然条件方面的资料；在进行实地调查、细致研究的基础上，根据当地国民经济和社会发展规划内容与要求，以及从中央到地方最新的扶贫政策或规划文件，收集并研究各级部门有关工业、农业、交通运输、水利、能源、环保等专业规划草案；组织各专业规划单位协作配合，从发挥地区和专业部门优势，发展本地区国民经济的整体利益，促进本地区扶贫开发工作出发，合理地解决各项专业规划之间有关开展扶贫工作所存在的重复和矛盾的内容；在各项专业规划草案的基础上，进行综合平衡和技术经济论证，为编制片区扶贫规划提纲和草案提供重要参考和支撑。

片区扶贫规划的基础资料分析包括四个方面的内容：贫困现状资料、经济资料、发展规划或国民经济计划资料、各专业部门资料。其详细内容主要有以下十八项：

（1）近十年或更长时间段片区内贫困人口变化、致贫因素、有关保障扶贫开发工作开展的文件或通知，每年扶贫工作总结，具体的扶贫资金来源、投入情况，片区内已经开展实施的各项扶贫政策及成效、问题分析材料，其他有关反映贫困的资料；

（2）片区内各地工业现状及其发展规划的资料；

（3）片区内各地农业（包括农林牧副渔）现状及其发展规划的资料；

（4）片区内商业、乡镇企业的发展现状及其发展规划的资料；

（5）片区内各地交通运输（包括：铁路、公路、水运、管道、航空、邮电等有几个搜集分析几个）现状及其发展规划的资料；

（6）片区内水资源现状及水利综合利用和给水排水发展规划的资料；

（7）片区内能源供应现状及其发展规划的资料；

（8）片区内城镇居民点现状及其发展规划的资料；

（9）片区内人口和劳动力的有关资料；

（10）片区内教育尤其是义务教育现状及其发展规划的资料；

（11）片区内科技文化（要特别关注民族文化）、卫生（要关注公共医疗卫生、医疗保险等）体育和休疗养事业现状及其发展规划的资料；

（12）片区内地形地貌、水文、气象、水文地质等自然地理的情况和特征的资料；

（13）片区内区域环境条件与污染状况及环境保护规划措施的资料；

（14）片区内劳动力结构、劳动力转移特征及变化情况的资料；

（15）片区内少数民族扶贫开发工作有关资料；

（16）片区内有关扶贫工作创新或尝试的有关资料；

（17）片区内享受的特殊区域政策或其他国家支持政策的有关资料；

（18）片区内各地整体社会经济发展概况相关资料。

收集整理资料并对资料进行分析的目的，主要是为片区扶贫规划提供依据，这样一来就必须根据片区规划的需要对资料进行详细的分析研究，揭露矛盾，提出问题。对于那些有利的条件应促其在规划中得到充分利用，而对于那些不利的条件，则应想法加以限制，或在规划中进行定向的改造。简单来说，对资料的分析应包括两方面的任务：其一，进行资料的核实与鉴定，根据对片区规划的直接关联程度进行分类；其二，针对上述资料进行有系统的分析研究，作出各种分析图表。资料的分析工作主要是通过一系列的数字、表格、图纸和文字的描述进行的。这些工作对提高片区扶贫规划的全面性、准确性和可操作性有重大意义。

（三）完成前期研究

制定一份片区扶贫规划，不仅是要进行资料的整理和研究工作，在前期进行一些必要的专项研究也是不可缺少的，主要是通过课题研究、专项调研等方式完成。

充分和扎实做好编制片区扶贫规划的各项前期准备工作，搞好规划前期重大问题研究是编制片区扶贫规划的重要组成部分。对于进入新的发展时期，任何一个贫困片区都将处于新的重要战略机遇期。新的发展阶段无论是社会经济发展还是扶贫工作的开展，面临的机遇前所未有，挑战也前所未有，但是总的来讲，机遇大于挑战。因此，片区扶贫规划将是贫困片区妥善应对区内外发展环境重大变化的新规划，是深入学习和实践党中央、国务院有关理念和政策的重要规划，也是承诺实现新的扶贫开发目标的科学规划。科学制定并实施好新的片区扶贫规划，对实现贫困片区全面建设小康社会宏伟目标具有重要意义。对进一步提高规划编制的透明度、民主参与度，广泛凝聚社会各界的智慧，对重大问题形成共识，增强规划的科学性也是非常重要的。从国家到地方各级政府，不论从贫困片区实际发展需要考虑，还是顺应国家总体发展潮流，均应该大力支持并高度重视片区扶贫规划编制的前期研究工作。

从国家每个五年规划的编制到地方各类发展规划、城市规划的编制工作，一般都要经过前期研究、形成基本思路、研究提出规划框架和起草规划草案等几个阶段。前期重大问题研究是基础，是否能够做到充分和扎实，直接影响到基本思路的提出，影响到最后形成规划的科学性、有效性和权威性。片区扶贫规划的制定也不例外。

为了做好每一个和每一次的扶贫片区扶贫规划，片区规划内各级部门要在充分讨论和广泛征求专家意见的基础上，提出涉及片区扶贫各领域且能满足制定片区规划实际需要的题目，面向大专院校、科研院所，大型企业、行业协会及国际组织，以及其他经审查符合条件的机构或组织公开投标，以提高课题研究的透明度，保证研究成果质量。选取的研究题目，重点有两个方面：一方面是关于片区扶贫规划总体思路研究，发展目标研究等；另一方面是关于需要推动解决的制约贫困片区中长期发展的一些重大问题，如转变经济发展方式，统筹城乡发展，加强区域合作等，研究重点是寻找破解这些问题路径、方向，并提出具体可行的政策举措。

有关单位也可根据实际需要自行确定研究题目，但是一定要围绕片区规划编制工作需要，突出关系贫困片区全局发展的问题，突出战略发展的问题，突出宏观性、政策性方面的问题。要能直接为提出新时期国民经济和社会发展思路、起草片区扶贫规划服务，从国家中长期发展和地区长远发展的战略高度出发，把问题分析透彻，把解决思路梳理清楚，并提出针对性和实用性强的政策措施。

搜集、汇集整理有关资料，进行资料分析，完成片区规划前期研究等准备工作，主要是了解贫困片区发展现状和掌握有关影响贫困片区社会经济发展各种条件、各种要素的基础资料，并加以分析研究，认识贫困片区的本质特征、贫困片区的发展演变过程，明确贫困片区发展的优势和限制因素，找出发展中的关键问题和潜力，为研究贫困片区发展战略，制定贫困片区发展目标及设计规划方案提供依据。

（四）拟定片区扶贫规划提纲

拟定片区扶贫规划提纲主要包括确定贫困片区发展目标、设计片区扶贫规划提纲、规划提纲评估等三个工作内容。

1. 确定贫困片区发展目标

贫困片区发展目标是贫困片区发展战略中的核心部分。目标是发展的导向。在贫困片区规划方案设计之前，必须首先决定贫困片区发展的总体目标，明确贫困片区发展方向。有了目标，才能研究发展的方针，组织合理的结构，提出实现目标的对策和建设的方案。确定贫困片区发展目标，实质是对规划的贫困片区提出发展的理想状态，可以采用“形势发展的需要为原则”，也可以采用“地方的发展条件和资源的可能性为原则”，或者是两者的结合。发展目标有高目标、低目标和适中目标等多种层次。为决定发展目标，需要根据社会发展的总趋势、贫困片区内外的条件和资源状况，对贫困片区未来发展变化进行大量的预测工作。

2. 贫困片区扶贫规划提纲设计

根据贫困片区发展战略和课题研究的对策，规划工作者综合各种各样的设想和片区规划提纲，拟定贫困片区发展的规划提纲。这是规划工作者在规划中最富有创造力和想象力的阶段。他们要使各个部门、地区的各个部分尽可能和谐、协调、有效地发展，要设计出可供比较、选择的若干个规划提纲。规划设计提纲时既要考虑部门发展的专项规划方案，也要融合综合的总体规划方案。它们通常是以规划图来表示，同时编写规划提纲撰写报告或附上详细说明，往往还同时附上其他有关的图表和研究资料作为补充。

3. 片区扶贫规划提纲讨论、完善

这一步骤可分为两个不相连的阶段。第一阶段是在规划提纲未决定之前，对若干个供比较、选择的提纲进行初步评估，以判断规划设想或未来制定出的规划方案构想的合理性和优劣性。在评估的基础上，选定出较为适当的规划提纲。第二阶段是在规划提纲初步拟定后，请当地政府的负责人、业务主管部门和各方面的专家，对规划提纲进行论证或评审，以期进一步完善片区扶贫规划。

根据片区规划提纲的评估、论证或评审意见，认真研究，做必要的修改和完善，最后确定片区规划撰写提纲，最后确定的提纲可以是一个也可以是多个。之所以对片区扶贫规划提纲进行如此细致的工作，是因为片区规划提纲对片区规划文本起到非常重要的的指导性作用，而且讨论提纲花费的人力、物力相对较少，提纲确定好以后，将大大节约后期片区扶贫规划文本的评审和论证时间，而且也能提高片区扶贫规划的全面性、准确性。

三、规划撰写

确定片区扶贫规划撰写提纲以后，接下来的工作就是撰写片区规划文本，这是整个片区扶贫规划编制过程中最为核心的一部分工作。该部分主要包括编写片区扶贫规划文本和编写片区扶贫规划说明书两项工作。

（一）片区扶贫规划的主要内容

片区扶贫规划涉及范围广、牵涉领域多，全面、准确的规划内容是保证规划全面性和科学性的前提。片区扶贫规划的内容主要包括以下几部分内容：

1. 规划总则

（1）规划依据（片区内相关省市区县的国民经济和社会发展计划、

扶贫规划、区域合作与发展规划、相关部门的专项规划，国家和省的其他相关规划及法律、法规和标准规范和文件）。

（2）规划的指导思想。

（3）规划的原则。

（4）规划范围与重点（片区涉及的省、市（区）县个数及名称，国土面积、总人口、经济发展水平、贫困发生率等）。

（5）规划期限，具体包括整个规划期的起止时间，规划期内什么时间段是近期规划期；什么时间段是中期规划期；什么时间段是远期规划期。

（6）规划对象。

2. 规划背景

（1）片区现状评价及存在的主要问题。片区内的经济发展水平、资源、人口、农民收入、贫困状况、生态建设和环境保护、基础设施、社会事业、企业发展、产业发展等发展现状评价分析，并总结存在的问题。重点分析片区内扶贫开发工作进展情况，评价各项扶贫政策（如整村推进、产业扶贫、以工代赈、农业产业化、自愿移民扶贫、科技扶贫、对口帮扶〈东西协作〉、雨露计划、定点扶贫、国际合作等）成效，归纳扶贫开发过程中遇到的问题。

（2）片区扶贫开发工作供需预测及缺口分析。依据发展现状和未来扶贫规划需要，预测完成规划所需的资金投入、人员投入等需求情况，与片区实际发展力相结合，要满足规划需求会有多大的缺口，为寻求各方支持提供参考。

（3）片区扶贫开发面临的形势和要求。从贫困发生率、自然环境的影响等方面分析片区扶贫开发面临的形势，针对片区面临的严峻形势，对各级政府在片区扶贫规编制和实施过程中有哪些新的要求。

（4）片区未来发展存在优势和劣势。从片区的资源、交通、经济、产业等方面分析片区未来发展存在的优势和劣势。

（5）片区未来发展面临的机遇和挑战。从国际、国内、周边区域的宏观发展环境来看，在片区规划年限内，片区的发展和扶贫工作的开展主要有哪些机遇，又面临怎样的挑战。

（6）基本做法和经验。主要从组织管理、工作方法、管理制度创新、资金投入管理、扶贫项目开发与实施、社会参与扶贫等方面总结片区扶贫工作经验。

3. 总体思路

（1）基本方针。

（2）发展战略。片区扶贫规划未来将采取怎样的发展战略，这对确定片区发展目标至关重要。

（3）总体发展目标。通过实施片区扶贫规划预计未来片区总体发展将会达到什么水平，经济总量、贫困发生率变化、与全国平均水平差距、基础设施总目标、资金投入总规模等宏观目标。

（4）具体建设目标。主要包括：片区规划年限内计划完成道路、水利灌溉、居民住房等基础设施建设目标；预计农民人均收入提高目标；贫困农村饮水、通讯建设目标；生态建设与环境保护发展目标；完成社会事业（科教文卫等）任务设计；改善特殊群体（无劳动能力人员、丧失劳动能力人员、孤寡老人、特殊困难家庭）生活及社会保障任务；产业发展目标（包括现有乡镇企业发展目标，预计新发展乡镇企业数量）；计划完成减贫人口目标，贫困人口健康生活水平、综合素质和稳定发展能力提升，缩小城乡收入和发展差距任务；贫困户房屋改造、劳动力技能培训、各级部门预计投入扶贫资金规模等方面的具体目标。

（5）规划的技术处理过程。规划中遇到的问题采取怎样的技术处理，如统计方法、调研取证等。

（6）规划的技术路线。将采取怎样的技术路线完成片区扶贫规划，可以是路线图也可进行文字描述。

4. 规划实施的重大工程

（1）基础设施建设工程，如公路建设、大桥修建等。

（2）重大民生工程，如贫困户房屋改造、农田水利改造工程等。

（3）产业发展扶持计划，根据地区特色和资源优势，培育发展地方特色产业，增加群众就业机会，提高农民家庭收入。

（4）专业人才及培训基地建设工程，主要开展农业技能培训和扶贫工作队伍建设，村级领导组织建设和管理人才培训等有关工作。

5. 规划布局

依据各地资源优势和规划实施项目，合理布局片区扶贫资源，形成合理的规划布局并绘制成规划图以便更加清晰的掌握全局。规划布局中要清楚地标明片区规划中将要实施的项目（如道路建设、产业规划区、企业位置），在预计能顺利、按时完成各项规划任务的前提下，规划布局一个片区的未来发展蓝图。

6. 工作重点

（1）专项扶贫政策（包括整村推进、产业扶贫、以工代赈、农业产业化、自愿移民扶贫、科技扶贫、对口帮扶（东西协作）、雨露计划、定点扶贫、国际合作等）；

（2）扶贫资金整合、管理；

（3）扶贫项目的实施、监督、管理；

（4）各级扶贫开发工作成效考核；

（5）基础设施建设或改造；

（6）整合社会资源，鼓励社会力量参与片区扶贫；

（7）探索、试验、试点新的扶贫方式和方法，进一步完善扶贫开发工作机制；

（8）规划确定的其他有关工作任务。

7. 保障措施

（1）法规体系，领导、责任机制；

（2）组织保障，规划管理；

（3）各级扶贫项目、资金的筹措和管理措施、制度；

（4）扶贫资金投入、经济稳定发展机制；

（5）健全和稳定扶贫机构，加强扶贫队伍和扶贫人才建设的保障措施；

（6）生态建设和环境保护政策；

（7）保障扶贫资源整合，鼓励社会力量参与扶贫的改善政策；

（8）完善和落实促进扶贫开发的各项激励政策；

（9）完善扶贫监测、督查力度的方法、措施和政策保障。

8. 基本定义和数字指标的确定

（1）基本定义。规划中一些专用名词或专业术语的定义及解释。

（2）数字指标的确定。规划中有关数字指标的确定采用的具体算法和计算过程，依据的理论和原理也要讲清楚。

9. 规划补充说明

对规划中的有关问题、目标、措施或其他内容进行必要的补充说明。

10. 附则

关于规划的解释问题，具体实施日期等有关说明。

（二）片区扶贫规划的特点

片区扶贫规划编制过程中，要参阅其他各类规划并为片区扶贫规划提供参考，与其他规划相比片区扶贫规划具有如下几个突出的特点：

1. 片区扶贫规划的范围是以跨行政区为主的

我国各级政府部门制定的国民经济和社会发展计划和规划基本上是以县级以上各级行政区为基础编制的，其涉及的范围以行政区为主；而片区扶贫规划是以跨行政区的经济区域为主体的，它可以是我国国内几个省、市、区的组合，也可以是省级行政区内若干个重点贫困地区的组合等形式，同时随着国内区域经济发展态势愈演愈强，片区扶贫规划可能触及片区内各级政府行政管理方式的变革。

2. 片区扶贫规划的内容不是面面俱到的

片区扶贫规划不应是国民经济和社会发展计划、规划在特定区域的细化，它的内容无须包含各个行业、各个领域，面面俱到。片区扶贫规划应该是为了解决特定贫困片区内贫困和发展问题和特定的扶贫开发目标而采取的战略措施和方案对策等。

3. 片区扶贫规划展望的时限一般较长

片区扶贫规划的时间弹性一般较大，作为国民经济和社会发展规划的重要组成部分，既要与国民经济和社会发展五年、十年规划相协调，对一些重大问题又可展望更长的年限。

4. 片区扶贫规划与经济社会发展规划和行业规划有不同的内涵

片区扶贫规划既不是国民经济和社会发展计划、规划在区域上的细化，也不是行业计划、规划在区域上的汇总。片区扶贫规划是为了发挥不同片区内不同地区间的比较优势，形成合理分工、优势互补、利益兼顾、协调发展的区域战略格局，是对国民经济和社会发展计划、规划和其他专项规划在区域上的调整和完善。

5. 片区扶贫规划还更多地注重人与自然、资源、环境相协调的关系，更多地考虑必须和可能的关系由于片区扶贫规划更注重空间布局的合理性、更注重经济发展及其依赖的自然资源条件的关系、更注重区际间协调平衡和联合与协作等问题，同时也由于大部分片区扶贫规划展望期比较长，因而它可以成为编制国民经济和社会发展年度计划的重要基础和参考依据。

根据以上特点，我们可以认为：片区扶贫规划是我国市场经济条件下国家宏观调控和合理分配扶贫开发资源的重要手段，是我们国民经济和社会发展规划的重要组成部分，是推进扶贫开发工作跨省区市联合与协作，促进片区内各地区经济协调发展，落实可持续发展战略的重要机制。片区扶贫规划是规划主体为解决特定片区的扶贫开发问题或达到片区内其他特定扶贫目标而制定和实施的某些战略、发展思路、政策等。

（三）编写片区扶贫规划文本

片区扶贫规划为制定片区扶贫政策奠定了基础，是片区扶贫工作的前期重要工作之一。因而它对整个片区的经济建设、社会发展具有重要的指导作用，具有广泛性、政策性、综合性的特点。片区规划要求规划工作者具有良好的相关专业知识，同时了解当地实情，能够利用现代化科技手段和方法对片区的情况进行分析和论证，全面规划统一布局，协调好各方面的矛盾，是规划方案在经济上合理，社会上可接受，实施中可行。

片区规划编制的依据有以下几个方面：（1）片区的资源禀赋。它是片区经济发展的物质基础，会直接影响到片区经济发展的方向、经济结构和具体内容，是立足片区实际开展规划的关键步骤。主要指该片区的矿产资源、河湖水库及地下水资源、海洋资源、森林资源、生物资源、农业资源、劳动力资源以及自然景观等。这些因素不仅是片区重要的致贫因素之一，同时也是片区走出贫困的重要途径。片区扶贫规划就是要在考虑该地区的资源禀赋的基础上，分析其资源劣势及优势，然后尽量减少劣势对该地区经济发展的影响，加强优势对经济的刺激作用。（2）片区的社会条件。主要包括人口、交通运输、能源供应、基础设施建设和地区生产力发展的历史、现有基础及其构成、水平和技术特点等。片区社会经济条件这一规划依据是在多种因素相互作用的长期历史中形成的，既是理解现有发展基础的重要线索，也是进一步发展的重要因素。我们在制定片区扶贫规划的过程中，应该充分考虑片区的社会条件、地方的风俗习惯等等，按照当地的习惯来帮助他们脱贫致富。（3）国家对片区经济和社会发展的定位和发展计划。国家国民经济和社会发展规划对于片区扶贫规划编制有着重要的参考作用，是其编制的重要背景和基础。片区扶贫工作的展开，在很大程度上取决于政府的支持力度。虽然我们不能排除有些地区可能会通过自力更生的独立发展实现脱贫，但是更大程度上，脱离国家政策支持而以自我突破的脱贫工作很难取得成功。

规划撰写之初，应该明确一些纲要性问题，例如片区经济发展落后的原因、片区经济发展的方向等。对片区扶贫应建立在对片区贫困问题的正确认识的基础之上。在明确了片区扶贫的主要工作方向之后再研究片区扶贫工作的方针，组织合理的结构，提出实现目标的对策和建设方案。然后，规划工作者根据片区扶贫发展战略和课题研究成果，综合各类设想和方案，设计出可供比较选择的若干个片区扶贫规划。

（四）编写片区扶贫规划说明书

严格来讲一个规划的一般文字部分要包括规划文本和规划说明书。无论是做国家级发展规划还是地方的区域性发展规划时，很多人是十分重视规划的文本部分，往往忽略编写规划说明书，给大家的学习和实施规划过程带来一些不必要的麻烦。但仔细来讲片区扶贫规划文本和说明书是有明显区别的，但也有十分密切的联系。

1. 片区扶贫规划文本和说明书的区别

片区扶贫规划文本和说明书的区别主要表现在下面几个方面：

（1）从内容详细程度来说，规划文本一般简要阐述结果；而规划说明书则要详细阐述文本中的相关条文。

（2）从表现形式方面来说，规划文本是以条文的表现形式；规划说明书以章节的表现形式。

（3）从法律效力方面来说，规划文本具有法律效力；规划说明书不具有法律效力，仅对规划做具体的说明。

（4）从措辞用语方面来说，规划文本语言比较确定，比较严谨，可能、建议的词语一般不用；而规划说明书则有较大的语言表达空间。

（5）规划说明书主要体现的是，规划方案设计的思路及理念与设计远景发展方向。

（6）规划说明书是规划编制人员对于自己方案的肯定和介绍，让他人认可自己的方案和了解为何如此规划的优点，更好地让外人或非同行清楚地理解方案的含义与理念。

2. 片区扶贫规划文本和说明书的联系

片区规划说明书和规划文本又有着十分密切的联系。片区扶贫规划说明书既是对片区扶贫规划编制工作过程的回顾和总结，也是对片区扶贫规划文本的补充和详细论证，它为规划文本提供了基本事实和科学依据，而规划文本则为规划说明书确定了基本框架，两者互为条件、相辅相成。在内容上，规划文本和规划说明书紧密联系，但又互相区别，各有侧重。通常，规划文本主要是在一定的原则指导下，以国家或区域有关法律、法规、政策、国民经济和社会发展长远规划及专项扶贫总体规划为依据，概要说明某一区域在未来较长时期内扶贫开发工作方针，地区发展潜力、扶贫总体目标、规划总体安排、预期投资和效益、实施规划的保证措施等方面的内容。由于规划文本编制完成后，按照法定程序经审查批准后即可成为具有法律效力的文件，因而规划文本必须简明扼要，突出重点，而不可能对有关规划内容做详细的说明和分析。规划说明书则既要对规划编制工作过程等程序性内容进行必要说明，更要着重对规划文本所涉及的各项实体性内容进行详细的说明和科学的论证。其内容比较全面，篇幅相对较长。

3. 片区扶贫规划说明书的基本内容

一般而言，根据区域规划技术要点对区域规划编制工作的具体要求，扶贫片区规划说明书应包括以下基本内容。

1. 片区扶贫规划编制的简要过程

本部分主要对片区扶贫规划编制工作过程进行简略回顾，按照片区扶贫规划编制工作进程可以分为以下几个阶段说明：（1）工作准备阶段，该部分主要阐明规划编制的一系列准备工作，如成立片区扶贫规划领导小组的组织准备，选派骨干参加培训的技术准备，收集各种相关资料的资料准备。（2）片区扶贫规划调查研究阶段，该部分说明在片区扶贫规划办的组织领导下，技术小组对片区内各省、市、州，各地市、县区的贫困状况和扶贫开发工作开展情况进行了实地调研。（3）片区扶贫规划编制和论证阶段，该部分主要阐述片区扶贫规划技术小组以各地专项扶贫规划为依据，结合区域具体情况，研究和制定片区扶贫规划总体方针，编制片区扶贫规划文本、说明书及相关图件。同时，该部分还可阐述技术组人员听取意见，反复论证成果的工作。

2. 片区扶贫规划编制的基础资料和分析测算数据的来源

本部分应主要说明片区扶贫规划编制工作中涉及的各种基础资料的来源和片区各项分析测算数据的来源。在规划编制过程中，可能会发现各种基础资料对同一数据或问题的表述存在或大或小的误差，这就要求技术人员要善于对这些资料做分析和校正处理，并善于选择较为权威、准确的资料。这些资料一般包括各级政府部门的国民经济和社会发展五年计划、国民经济和社会发展统计年鉴、扶贫工作成果资料、地方志、地方统计部门提供的统计资料、扶贫部门提供的有关资料等。在说明分析测算数据的来源时，应主要交代在规划编制中利用了哪一级（省、市、县）的贫困调查资料。同时还必须指出在利用该级调查资料时，如何对其进行进一步的核实和勘误。另外，在说明分析测算数据的来源之后，有必要对资料整理分析方法和各项数据的处理方法进行具体说明。

3. 规划编制的前提和设想

本部分应着重说明片区扶贫规划指标落实情况以及规划目标确定的依据和指标分解情况。分析说明片区扶贫规划指标落实情况可以认为是编制片区扶贫规划的前提。因为只有了解片区扶贫规划指标要求后，才能根据基年期以前片区内各地扶贫开发工作进展情况进行全面了解，并在下阶段片区扶贫规划制定过程中做好片区内的区域平衡工作，从而有助于论证确立片区扶贫规划指标的科学性、合理性。针对同一片区内不同地域、不同时期片区扶贫规划的编制，其规划目标的依据是不同的。片区整体扶贫开发工作目标确定以后，应根据片区内各地社会经济发展规划目标和地区整体开发潜力状况，将其分解落实到片区内的各市、县、区，最后再把具体任务分解到各乡（镇）甚至到村，所以指标分解情况也是本部分的重要内容。

4. 对片区扶贫规划文本主要内容的说明和论证

本部分是片区扶贫规划说明书的主体部分，它应对规划文本有关内容尤其是一些重要内容进行比较详细的说明和论证，具体内容则要按照片区扶贫规划工作方案技术要点的要求，根据规划文本的需要确定。一般而言，这一部分的内容包括：（1）规划多方案比较、协调论证和可行性分析；（2）片区扶贫规划工作重点区域和重点项目的确定；（3）制定片区扶贫规划各项目标的依据和落实情况；（4）投资估算及预期效益分析；（5）片区扶贫规划实施措施的依据和条件。

5. 材料附件

该部分主要包括片区扶贫规划制定过程中搜集资料汇编、问卷及问卷调查结果分析，会议及各类座谈会资料，其他各项活动的文字及所有活动图片资料均可呈现在这一部分，如果有必要，材料附件部分可以作为单独的一部分呈现。

四、征求意见

待片区扶贫规划方案初步拟定后，通过各种渠道积极征求社会各界的意见，能够体现规划的“参与式”理念，充分调动社会各级的积极性；也能保证规划更加符合实际，更加满足群众需求，为片区扶贫规划方案最终的实施提供了非常重要的依据。

（一）征求意见的目的

为了全面深入地贯彻落实从党中央、国务院到地方各级政府开展各项扶贫开发政策，真正使片区内扶贫开发工作在未来一段时间取得更大的成效，使片区扶贫工作有一个更好的指导，让片区扶贫开发工作成为广大群众满意的民心工程。同时为了让新制定片区扶贫规划的内容更全面、准确，更加符合人民群众的愿望，所以根据新时期扶贫开发工作的实际需要，片区规划领导小组通过社会各界参与，请人民群众“会诊”，寻找片区规划中存在的不足和问题，全面、准确地查找“病因”，以便下一步在完善片区扶贫规划中更准确地“对症下药”。重点从农村基层群众脱贫致富遇到的突出问题、各级扶贫工作部门开展实际工作中遇到的难点问题、涉及人民群众切身利益的问题、影响片区规划实施的政策障碍问题等方面征求意见、建议，使改进措施更具针对性和操作性，从而实现完善片区扶贫规划，提高规划的科学性、全面性、可操作性的目标，达到改善片区发展条件、促进各项工作、真正取信于民的目的。

（二）征求意见的意义

成功地制定片区扶贫规划，关键是要充分发动片区群众积极参与到制定发展规划的全过程中。要充分地发动群众，广泛征求社区成员各方面的意见，特别是那些弱势群体、经常不能表达自己意愿的人。

但从一般规划征求意见来讲，社会各界的大力支持和积极参与，是征求意见形成的基础。刚刚拟定的征求意见稿肯定且存有很多不足之处和不够深入细致的地方，仍然需要社会各界提出宝贵的意见建议。规划编制工作小组也希望社会各界能够为制定一个让人民群众满意、符合贫困片区实际情况、能够指导新时期扶贫开发工作、满足新时期贫困片区脱贫需求的，真正管用的片区扶贫规划建言献策，发动群众的力量共同努力。

对片区扶贫规划编制成果进行公开征求意见具有十分重要的意义，是当前反映规划工作“公众参与”的重要途径。制定发展规划的过程，本身就是充分发动群众的过程。“公众参与”强调公众对规划编制、管理过程的参与、决策和管理，强调对话与沟通，协调公众各方利益，力求实现规划项目的经济效益、社会效益、环境效益的协调统一。公众参与以其追求公平、讲求沟通、公正客观的本质特点应当作为有效推动区域面向信息社会、可持续地、和谐地发展的重要规划策略。

公开征求意见，积极听取社会各界意见，体现了实事求是的工作态度和严格务实的工作方法。片区规划涉及范围广，各地情况又有所不同，在编制过程中很难做到真正的面面俱到；群众的智慧是无可估量的，各基层单位工作人员多年的扶贫工作实践，从实践中来到实践中去本身就是编制片区规划的宗旨，因此，根据片区内各地实际情况与各单位面临的实际困难，及时调整片区扶贫规划方案，体现了实事求是的工作态度与工作方法。

体现了以民为本的工作思路和工作要求。扶贫工作，不是某个人、某个单位的事情，扶贫的对象是广大片区的人民群众，脱贫是片区内全体人民的共同的目标和任务。科学的片区扶贫规划也不是某项技术发明，仅靠专家、学者就能做到十分完美。片区扶贫规划最后怎么做，如何才能让群众满意，必须放到群众中去，让群众来评价、判断，让群众提意见。只有大多数群众都认可、接受的东西，才可能取得满意的效果。因此，片区扶贫规划能够在正式出台前，先通过各种方式征求广大群众的意见，很显然，这是以民为本、执政为民工作思路和工作要求的体现。如果所有事关民生的工作，都能够多听听群众的意见，多吸纳群众的建议，各项政策就能够更加符合广大群众的意愿，减少反复，减少浪费，减少损失。

体现了科学决策的工作思维和工作作风。科学决策，来自于实践，来自于群众，来自于广大群众对决策的意见和要求。一项决策，特别是像片区扶贫规划这样事关整个片区群众脱贫的民生决策，如果不多方征求意见，不多听听群众的看法，难免有漏洞，难免出现问题。领导、专家、学者，如果过于自信，过于看重自己的能力水平和想法，置群众的意见于不顾，决策就不一定完全符合实际，更不一定符合广大人民群众的愿望和要求。

（三）征求意见的对象及范围

征求意见的对象要充分体现广泛性，尽可能覆盖到不同层次、不同类别的群体：既要有党政机关代表，又要有基层的代表；既要有国企代表，也要有民营企业代表，还要有群众代表；既要征求片区内省市县相关部门、各级扶贫部门的意见，又要征求乡镇、村干部的意见；既要争取人大代表、政协委员的意见，又要征求新闻媒体的意见，还要征求片区内一些在扶贫工作方面有着丰富实践经验的老干部的意见。

总之，片区扶贫规划应该广泛地听取各方不同的意见，如片区地方政府、片区群众以及片区企业及其他社会团体或相关人员的意见建议，对其进行综合考虑权衡，并根据这些意见建议对片区扶贫规划进行进一步的完善，制定一个切实符合片区发展的片区扶贫规划。

（四）征求意见的技巧和方法

很多规划征求意见是通过论证评审的规划成果进行公示，展开公众咨询，有的通过展厅展示、登报、上网等多种形式进行，或通过新闻媒体加强宣传，建立公众参与渠道平台，开通邮箱、电话、网页等民意收集系统。片区扶贫规划作为一种跨区域的专项规划，在征求意见的方式上可以借鉴已有的各种方式，但也必须注意一些方法或技巧。

1. 画片区扶贫规划图

首先应该把画片区扶贫规划图作为与群众讨论片区扶贫问题的第一步，片区扶贫规划图可以帮助有关领导和工作人员获得最基本的信息，它可以比较醒目地反映一个片区的贫困状况和可利用资源情况。片区扶贫规划图的符号应简单明了，即便是识字不多的一般群众也能看得很明白，这样可以吸引更多的人员参与征求意见活动。

2. 制作问题树

问题树是一种直观的图画，它能从一个中心问题开始，找出尽可能多的、造成该中心问题的原因，使专业人员找出问题的关键，抓住主要矛盾，其他矛盾也就迎刃而解了，问题树也可以使各级扶贫部门的工作人员看出整个片区扶贫规划中本部门或自己在这些问题中所处的位置，以便更好地解决问题。

3. 访谈和小组讨论

访谈和小组讨论是召开片区讨论大会前的铺垫工作，访谈应该走出办公部门，深入到片区各级政府部门尤其是扶贫部门，多方征求意见，必要时也可以把相对居住集中的几户人或邻近乡镇（村）的村干部组织到一起进行小组访谈，访谈要带着问题访谈，不要漫无边际，但也不要形成审问式访谈，切忌一问一答式“审讯”或访谈，要允许访谈对象提出新的问题，表达他们的想法。

4. 卡片和问卷调查

卡片和问卷是可视化的调查，卡片和问卷可以把问题明朗化，但问卷调查内容不要太深奥，要让回答问卷的有关工作人员或群众能够充分表达自己的意见，但要切忌问题太一般化，回答问卷千篇一律也解决不了实际问题。

5. 尊重和认同

对弱势群体的访谈，一定要注意态度端正，让他们大胆发表自己的见解。对于弱势群体一定要注意细心倾听，并对他们的问题做出明确地回答，使他们感到自己得到了征求意见者的尊重，使他们也能充分地发表自己的意见，尊重、接受和认同是最好的方法。

6. 召开座谈会

以“请进来”的方式，召开各层次、各界别的座谈会，实行零距离、面对面征求意见。在前期大范围征求意见以后，各级政府部门作为最后规划执行者，社会各界作为重要的参与者，都有必要进行再一次的座谈，面对面详细听取大家的意见。考虑到会议规模和时间，可分别召开片区内省级政府部门座谈会，市、县级扶贫工作部门座谈会，乡镇村代表座谈会，国有企业座谈会，民营企业座谈会，社会团体代表座谈会，老干部座谈会等。也可根据各片区的实际需要进行调整。

7. 设置征求意见箱，开通征求意见热线电话

在片区规划办公部门以及相关部门设置片区扶贫规划征求意见箱，接

受大家的书面意见。同时在片区规划领导小组设置热线电话，派专人专门负责接听社会各界表达意见的热线电话。

8. 网站征求意见

可以建立片区扶贫开发网站，将片区扶贫规划文本电子版放在网站上，并在网站上临时建立片区扶贫规划征求意见专栏。这样在征求意见时不仅是面对本片区，而是面向更大范围的机构和群众，面向全国甚至是全世界有关机构组织和个人，从而在规划修改、完善过程中能够听到更多的意见，也能够引起更多人的关注和支持片区扶贫开发工作。

征求多方意见，加强群众的参与，并通过参与式方法促进加强与片区内各界人士和团体的联系，是制定科学、可行的片区扶贫发展规划的前提保证。每个片区扶贫规划编制小组都要充分认识这个问题的重要性，让片区内的各层人员都能真心参与，片区扶贫规划才会有全面性、持续性、更具有前瞻性和巨大的生命力。

（五）征求意见的内容

征求意见的内容并不是完全按照规划的内容来确定的，征求意见的内容要简单、准确，在此我们进行了简单的罗列，在实际操作过程中可根据实际需要进行增减。

1. 过去扶贫开发成效

过去五年片区内各级政府扶贫开发取得成效是否准确，是否有高估或虚报的情况，具体内容主要包括：

（1）片区内贫困人口变化；

（2）片区内农民人均收入变化；

（3）片区内基础设施建设情况；

（4）片区内生态建设与环境保护情况；

（5）社会事业（科教文卫等）发展情况；

（6）劳动力转移培训情况；

（7）产业发展情况（包括乡镇企业发展情况）；

（8）专项扶贫政策执行成效（如整村推进、产业扶贫、以工代赈、农业产业化、自愿移民扶贫、科技扶贫、对口帮扶〈东西协作〉、雨露计划、定点扶贫、国际合作等）。

2. 基本做法和经验

总结是否全面到位，片区内其他成功的经验是否有遗漏情况；主要内容分为以下几方面：

（1）领导管理，部门协调经验；

（2）工作方式、工作方法、管理制度创新；

（3）资金投入管理；

（4）扶贫项目开发与实施；

（5）参与扶贫开发方式、参与对象变化，开展对外合作等。

3. 存在的主要问题

在总结问题方面是否有遗漏，是否出现避重就轻、片区内总结分析问题不平衡。总结问题主要包括以下几方面：

（1）总体贫困状况；

（2）特殊困难；

（3）工作开展过程中的困难和问题；

（4）扶贫项目、资金；

4. 分析目前面临的形势

主要是看对当前的形势分析是否到位，对未来变化把握是否准确，这对片区扶贫规划的执行至关重要。具体包含以下内容：

（1）机遇。主要总结分析国家政策调整导致的新的区域发展政策的实施，国家新颁布的条例、条令，国内外经济发展形势的变化对片区扶贫开发工作的开展会带来哪些有利的影响；对片区经济发展会起到什么样的促进作用。

（2）挑战。主要从自然环境、社会环境、贫困群体变化、扶贫工作机制和环境变化、国内外经济发展形势的变化对片区扶贫开发工作的开展会带来哪些不利的影响；对片区经济发展会起到什么样的负作用，以致可能会影响片区的经济发展和脱贫致富。

5. 目标任务

对片区扶贫规划设定的目标任务进行认真分析，内容是否切实可行，任务是否符合片区扶贫开发实际，目标是否合适，能否按期完成，主要包括以下内容：

（1）片区规划年限内计划完成道路、水利灌溉、居民住房等基础设施建设目标；

（2）片区规划年限内计划预计农民人均收入提高目标；

（3）片区规划年限内计划贫困农村饮水、通讯建设目标；

（4）片区规划年限内计划生态建设与环境保护发展目标；

（5）片区规划年限内计划完成社会事业（科教文卫等）任务设计；

（6）片区规划年限内计划改善特殊群体（无劳动力人员、丧失劳动能力人员、孤寡老人、特殊困难家庭）生活及社会保障任务；

（7）片区规划年限内计划产业发展目标（包括现有乡镇企业发展目标，预计新发展乡镇企业数量）；

（8）片区规划年限内计划完成减贫人口目标，贫困人口健康生活水平、综合素质和稳定发展能力提升，缩小城乡收入和发展差距任务。

6. 工作重点

重点看在规划年限内工作重点是否突出，具体工作安排是否到位、合理，根据片区发展实际是否需要改动，具体工作重点内容主要包括：

（1）专项扶贫政策（包括整村推进、产业扶贫、以工代赈、农业产业化、自愿移民扶贫、科技扶贫、对口帮扶〈东西协作〉、雨露计划、定点扶贫、国际合作等）；

（2）扶贫资金整合、管理；

（3）扶贫项目的实施、监督、管理；

（4）各级扶贫开发工作成效考核；

（5）基础设施建设或改造；

（6）整合社会资源，鼓励社会力量参与片区扶贫；

（7）探索、试验、试点新的扶贫方式和方法，进一步完善扶贫开发工作机制；

（8）规划确定的其他有关工作任务；

7. 保障措施

保障措施是为了保障能够顺利实施片区扶贫规划事先预定工作目标而设定一些政策激励和保障机制，这一部分主要看各项措施的编制是否得当，是否能够真正有助于实现规划确定的既定目标，措施是否需要增减。关于保障措施主要看以下几方面：

（1）领导、责任机制；

（2）各级扶贫项目、资金管理措施、制度；

（3）保障扶贫资源整合，鼓励社会力量参与扶贫的改善政策；

（4）生态建设和环境保护政策；

（5）完善和落实促进扶贫开发的各项激励政策；

（6）扶贫资金投入、经济稳定发展机制；

（7）健全和稳定扶贫机构，加强扶贫队伍和扶贫人才建设的保障措施；

（8）完善扶贫监测、督察力度的方法、措施和政策保障。

8. 其他内容

其他内容如指导思想、基本方针原则，扶贫标准及扶贫对象范围等，也需要进行征求意见，以保证规划的科学性、准确性、合理性。

（六）整理意见内容，完善规划

整理通过各种方式征集来的意见，对各方意见按照征求意见内容进行归类整理。整理过程中要根据片区实际情况对一些意见进行甄别、筛选，并不是所有的意见我们都要接受，我们要根据规划的需要、现实情况接受合理的意见，不符合片区发展实际，不能满足片区扶贫开发工作需要的意见我们不能接受，当然也不能忽略征集来的任何一条意见。

各类意见整理好以后，就可以根据规划文本初稿进行逐步修改，修改过程中要同时保留规划原来文本和修改后的文本，另一方面也有助于片区扶贫规划编制工作人员总结经验，掌握如何更好地把握片区情况来完善片区扶贫规划。

四、规划评审

经过征求意见修改完善和数次的评估交流后，规划方案基本拟定，此时应该请当地政府的负责人、相关扶贫专家、学者等对片区规划的成果方案的可行性等进行评审、论证。评审主要是采取恰当的评估标准和评估方法，依据成本、效益等基本指标，从可操作性、经济性、规范性、灵活性等方面对规划设想和方案进行综合评估，选出较为适当的方案。

（一）片区扶贫规划评审的目的与意义

规划评审是整个规划编制过程中的重要组成部分，是一个非常重要的环节。这一环节的好坏，关系到制定的片区扶贫规划能否顺利上报、审批和实施，关系到片区规划的质量，也关系到整片区规划编制工作的成败。

1. 片区扶贫规划评审的目的

（1）让评审组全体成员全面了片区扶贫规划的指导思想、编制背景、规划目标、规划内容及采用的规划方法等有关内容。这样，评审专家通过规划编制小组向大家报告，说明规划主要规划了什么内容，各项内容的具体目标如何，目标能否实现、保障措施怎样。通过问题的提出、规划的依据、规划目标的确定、目标任务的价值意义，详细讲解具体的规划内容、采用的规划方法、研究步骤等，使大家明白片区扶贫规划总的指导思想和大体思路。

（2）请专家咨询指导。同行专家和主管领导对有关扶贫规划研究和制定拥有非常丰富的经验，通过咨询，他们不仅可以看出现在拟定的规划中的问题，还会对被评审的规划文本提出修改建议，甚至还可以提供案例与国内外先进经验供参考。因此，聘请专家咨询指导可以收到事半功倍的效果。通过评审，片区扶贫规划内容将更加完善，不仅增加了片区扶贫规划的权威性，对其今后指导性的发挥也起到了至关重要的作用。

（3）会后规划编制组参考专家评审意见，修改完善规划内容，以利下一步的审批和实施。

2. 片区扶贫规划评审的意义

（1）有利于提高规划编制质量。做好片区规划评审，既可以通过这一形式进行宣传发动，使片区规划领导小组、片区扶贫规划编写小组进一步明确自己的职责；又可以通过同行专家面对面进行指导、片区规划编写成员相互研讨交流，了解把握片区扶贫规划存在问题和造成规划存在问题的原因以及如何改进的办法措施。这样，不仅达到规划评审的目的，也可以使规范管理落实到片区扶贫规划管理的每个环节，从而确保片区扶贫规划的质量。

（2）有利于进一步完善片区扶贫规划内容。规划评审论证应像新建一座大楼的论证一样，片区扶贫规划好比施工图，片区扶贫规划编写小组成员就是施工员，施工员一般是照“图”施工，规划实施情况最终的验收、评审是有关领导、专家在评审鉴定时按“施工图”验收。规划的评审论证可以进一步完善规划设计实施方案，使规划内容更科学、合理。评审会上要向大家报告你的规划实施计划，认识规划要解决的问题，明确片区在规划的时间段内扶贫开发工作的目标和内容，论证你的目标的合理性、可达性以及具体做法的可行性。同时，通过评审讨论，听取每个领导和有关专家对片区规划文本的意见，进一步理顺思路，统一做法、找准问题、明确要求。因此，规划评审本身就是一次研究性学习。进行评审实际上也是一次极好的交流学习和完善规划的机会。最重要的是片区扶贫规划能够得到有关领导的关心和资深专家、权威学者的精心指导。通过对规划的评审论证，规划编制工作人员可以开拓思路、扩大眼界，从感性的热情转入理性的思考。

（3）有利于不断改进片区扶贫规划中办法措施，找准问题，克服存在的不足。片区扶贫规划编写过程中一般要参考片区内各级政府有关的发展规划，由于各地的规划编制过程中，参与人员不同，采用的方法、思考问题的角度也有所不同，随着社会的发展和整个社会发展环境的改变，解决旧问题的同时，新问题又会不断出现，在一定时期内新的问题、旧的问题往往会同时存在，片区规划是一个跨区域的规划，编制过程中往往是包含了这个地区的问题而弱化了另外一个地区的问题。因此，召开片区规划研讨会，集思广益，针对规划编制过程中面临的问题或矛盾，及时向领导汇报、向专家请教，持续改进片区扶贫规划编制的办法措施，做到既不忽略旧问题也能抓住新问题，既不忽略地区发展问题也能做到片区内均衡发展，这样规划中的很多问题才可以得到有效克服，以免在实施过程中带来更大的问题或麻烦，达到了“一切以预防为主”的目的。

评审论证后，需要对规划方案进行决策。决策是指为了达到一定目标，利用一定的科学方法和手段，通过分析、比较，从若干种可供选择的方案中选择一个最优方案的过程。片区扶贫规划方案决策过程实质上是对拟定方案可能产生的效果进行评估的过程。片区扶贫规划工作者要根据评估、论证或评审的意见，认真研究，依据规划内容梳理出有关具体的修改意见，并做出必要的修改，从而形成最后规划成果。

（二）片区扶贫规划评审程序

任何规划的评审都有着严格的程序，片区扶贫规划也不例外。

1. 前期准备

完成前期规划文本、规划说明书的修改、完善工作，整理好有关基础资料。

2. 申请

前期准备工作完成后，由片区扶贫规划项目负责人或有关机构负责人填写片区扶贫规划评审申请报告，请规划项目总负责人审批。

3. 评审准备

在申请的同时，片区扶贫规划有关组织和部门应做好评审有关的准备工作，并向评审组提供规划有关的主要资料，其中包括：

（1）规划总结（阶段工作报告）。该总结要多用数据和事实说话，对影响规划成败和存有疑虑的问题要列出清单；

（2）片区扶贫规划文本和片区扶贫规划说明书；

（3）经审查签署的各级地方政府审查或审议报告和相关的基础资料。

上述资料应提前送评审组主要成员审阅，以便其有充分时间审阅规划和准备评审意见。

4. 组织评审组

一般情况下由片区扶贫规划编制总负责人或有关直接管理部门的最高负责人负责组织评审组。评审组成员必须是专业知识和经验均较丰富的专家，包括扶贫研究专家、规划研究、相关领域权威学者、专业工作者、上级主管部门工作人员、其他片区扶贫规划主持人或参与人员等均可，以及协作单位代表等。直接主持或参与本片区扶贫规划编写人员不参加评审组，但应参加评审会议。评审组组长由评审组全体人员在评审会议上选举产生，在评审会议未召开之前不推选评审组长。

片区扶贫规划评审能否取得预期的效果，一是看准备工作进行得如何，二是看评审组成员的资格和水平如何。如果上述两条不理想，那么很可能提不出质疑、意见和建议，或者仅仅局限在一般的差错上，不能使整个片区扶贫规划水平有显著的提高。

5. 召开评审会议

（1）与会评审组成员推选组长，组长主持评审过程；

（2）由片区扶贫规划编写小组负责人报告有关情况及存在的主要难点；

（3）评审员依次对规划进行评论，提出质疑、建议和意见；

（4）由片区扶贫规划编写小组负责人及其他成员对评审者提出的问题进行必要的解答，一时不能解答的，允许会后探讨、解答；

（5）由评审组组长或其指定的评审员填写评审报告，经评审组通过并签字确认后报上级主管部门或领导人，并由有关部门存档。

规划评审必须有准备、有计划、有议程、有记录。规划评审之前应制定评审大纲，按照主要议题的需要，确立评审提纲和人员，提前安排评审议程。为取得规划评审的有效性，应预先通知评审人员，发出有关评审的电子版材料或书面材料。会议评审中各位评审成员的建议和意见都应形成记录，以便会后对规划进行进一步的修改、完善。

6. 总结、修改

待评审会议结束后，片区扶贫规划编制有关工作人员要总结评审会议内容，整理有关会议记录，并分析评审会议上评审组提出的意见，然后根据有关意见对片区扶贫规划进行必要的修改。完成规划文本的修改工作之后，也要对规划说明书等有关材料和内容进行修改完善。待所有修改完善工作结束后所有资料要留存、备案，并报有关部门存档。规划文本要呈送有关领导和评审会议其他参与人员。

五、规划报批

在规划方案评审通过并进行了修改、完善后，规划成果应按有关规定程序，经同级人民代表大会或者其常务委员会审查同意，报送上级主管机构或政府权力部门审查、批准，才具有实施的权威。

第四节 修编阶段

片区扶贫规划的修编也是整个规划编制过程中重要的一部分，对片区扶贫规划的修编主要是实际情况发生了变化，与原来片区扶贫规划的预期差距比较大，如果不对规划进行修编的话，原来的规划将对实际工作失去指导意义。为了保证片区扶贫规划的指导性以及实际工作有章可循，有必要根据外界发展环境的变化和实际开展工作的需要，对原来的片区扶贫规划进行修编。

一、片区扶贫规划修编的条件

片区扶贫规划的修编必须满足一定的条件才能申请修编，否则将会造成规划修改工作的混乱，增加修编工作的随意性，给监管部门带来很大的麻烦，也影响主管部门的严肃性和权威。因此片区扶贫规划的修编要符合以下几个基本条件：

（1）上级人民政府制定的专项扶贫或区域规划发生变更，提出修改规划要求的；

（2）行政区划调整确需修改规划的；

（3）因国务院批准实施新的区域发展政策或扶贫政策确需修改规划的；

（4）经评估确需修改规划的；

（5）片区扶贫规划的审批机关认为应当修改规划的其他情形；

（6）片区内各地社会环境发生重大变化（如遭受自然灾害等）；

（7）国内、国际发展形势远远超过原规划预期，若按原规划将严重影响片区扶贫开发工作开展的有关情形；

（8）已经经过同级常委会讨论通过。

修改前，应当对原规划的实施情况进行总结，并向原审批机关报告。修改涉及片区扶贫规划原则性或强制性内容的，应当先向原审批机关提出专题报告，说明具体情况，经同意后方可编制修改方案。

二、提交片区扶贫规划修编申请报告

原来的片区扶贫规划已经经过上级有关主管部门审核，已经具有了一定的法律效力和实施权威，没有上级主管部门的同意不能对已经编订好的片区扶贫规划进行任意修改，否则规划将失去它的权威性和指导作用。为此，要想对扶贫规划进行修编需要填写修编申请报告，待上级主管部门审核、批准后，方可开展有关修编工作。

修编申请报告主要包括以下基本内容：

（1）前期片区扶贫规划执行情况总结；

（2）对片区扶贫规划进行修编的具体原因；

（3）明确指出原规划方案中需要修改的地方；

（4）同级常委会讨论意见以及同意修编原规划的公告或其他正式文件；

（5）原规划编写负责人同意意见书，签字确认后附详细说明。

片区扶贫规划修编报告是一份详细说明为什么要对原规划内容进行修编的申请书，所以在内容上务求全面、准确，不能够忽略任何一个细微改动的说明，否则会影响整个片区扶贫规划的监督管理工作和规划的指导性、严肃性。

三、拟定片区扶贫规划修编方案

待上级主管部门批准片区扶贫规划修编申请报告后，片区扶贫规划主管部门要着手组建修编组织，根据实际需要通过调研和座谈的形式详细掌握情况，总结需要编修的问题，然后拟定详细的规划修编方案报主管部门审核、批准。

（一）组建修编组织

建立相应的组织机构：（1）建立片区扶贫工作主管领导任组长的片区扶贫规划修编工作领导小组，片区内各级相关职能部门主管领导为小组成员，设立领导小组办公室，具体负责日常工作。（2）建立片区扶贫规划编写专家咨询组，吸纳相关专家共同参与，若规划修编小组人员和原规划编制人员不一致，也可邀请部分原规划编制人员参与其中，以便后期工作中的交流和学习。（3）成立片区扶贫规划修编工作小组，具体承担规划修编工作，修编工作小组由片区规划修编工作领导小组成员单位有关人员和规划研究机构的专业技术人员以及各地扶贫部门主管领导共同组成。上级主管部门也可派遣督察人员或督察工作组进行实地督察和指导。其余各级政府部门也要积极配合片区扶贫规划修编工作，这样可以为修编工作节省很多时间，提供很多方便。

（二）实地调研和座谈

根据已经掌握的情况，已经确定要对原规划进行修编，为了准确把握信息、详细了解情况，修编小组可以通过实地调研和座谈的形式来进行深入了解问题。

根据规划制定后有关专家提出的问题，再一次进行实地调研，进一步深入地了解相关情况。实地调研主要是实地考察了解各地的变化情况，初步评估这一变化对原规划的影响程度，以准确掌握如何修编规划方案。座谈主要是和各级有关政府部门进行座谈，目的主要有两个：（1）收集有关资料，全面掌握和分析各地实施片区扶贫规划以来的成效和存在的突出问题，为规划的修编提供可靠的依据；（2）详细了解各级政府部门对原扶贫规划的意见、想法，以及对下一步修编工作有什么建设性的意见或想法，以及在实践中面临压力或困难，既加强了双方的沟通和交流，也丰富了修编所需的信息。

（三）规划修编问题整理

经过前期的调研和座谈，对于当前情况下原来制定的片区扶贫规划存在的问题进行系统的了解、掌握，这些问题是针对原规划中的哪一部分要进行统一分类、整理，保证问题全面性的同时，增加问题的针对性和准确性。具体问题可按如下内容进行分类：

1. 扶贫开发成效

执行片区扶贫规划时间内，片区内各级政府扶贫开发取得的成效，为修编过程中明确工作重点，确定新的工作目标任务提供依据。具体问题内容主要包括以下几方面内容：

（1）片区内贫困人口变化；

（2）片区内农民人均收入变化；

（3）片区内基础设施建设情况；

（4）片区内生态建设与环境保护情况；

（5）社会事业（科教文卫等）发展情况；

（6）劳动力转移培训情况；

（7）产业发展情况（包括乡镇企业发展情况）；

（8）专项扶贫政策执行成效（如整村推进、产业扶贫、以工代赈、农业产业化、自愿移民扶贫、科技扶贫、对口帮扶〈东西协作〉、雨露计划、定点扶贫、国际合作、片区扶贫政策等）；

（9）片区内各级扶贫部门与以前相比工作开展的压力和难度变化情况。

2. 扶贫开发经验

执行片区扶贫规划时间内，取得基本做法和经验，为完善政策保障，促进下一步片区扶贫开发工作提供支持，也为修编片区扶贫规划提供参考。主要问题内容如下：

（1）领导管理，部门协调经验；

（2）工作方式、工作方法、管理制度创新；

（3）资金投入管理；

（4）扶贫项目开发与实施；

（5）参与扶贫开发方式、参与对象变化，开展对外合作等；

（6）片区扶贫政策的修改、完善。

3. 存在的主要问题

在总结问题方面是否有遗漏，是否出现避重就轻、片区内总结分析问题不平衡。总结问题主要包括以下几方面：

（1）总体贫困状况；

（2）特殊困难；

（3）工作开展过程中的困难和问题；

（4）扶贫项目、资金；

（5）片区扶贫规划实施的监督和管理。

4. 详细分析目前新的形势变化

对比分析与原来片区扶贫规划分析内容的差别，重点应放在片区规划实施后，国内、片区出现的一些新的当初未预料到的情况。大多数情况下导致对规划进行修编的主要原因就在这一部分，这部分内容分析、对比准确与否，对片区扶贫规划的修编和将来的实施至关重要。具体可按如下内容对问题进行分类：

（1）机遇。主要总结分析片区扶贫规划实施以来，国家区域发展政策调整而实施的对片区影响较大的新的区域发展政策，国家新颁布的条例、条令，国内外经济发展形势的变化对片区扶贫开发工作的开展会带来期初未预料到的影响；对片区经济发展会起到积极作用的国际及其他社会形势变化。

（2）挑战。主要总结分析片区扶贫规划实施以来，片区内最初没有考虑到或预料到的自然环境、社会环境、贫困群体的新变化、扶贫工作机制和环境变化、国内外经济发展形势的变化对片区扶贫开发工作的开展带来一些不利影响；对片区经济发展会起到明显消极作用，以致可能会影响片区的经济发展和脱贫致富的国际及其他社会形势变化。

5. 目标任务

通过对片区扶贫规划实施以来的总结和分析，按照过去的工作进度以及对今后工作的预测，研究分析原来片区扶贫规划设定的目标任务是否符合片区扶贫开发实际，是否存在过高或过低的情况，针对新的片区环境和条件原来设定的内容是否需要进行调整，目标任务能否按期完成。具体问题总结可按如下内容进行分类归纳：

（1）片区规划年限内计划完成道路、水利灌溉、居民住房等基础设施建设目标；

（2）片区规划年限内计划预计农民人均收入提高目标；

（3）片区规划年限内计划贫困农村饮水、通讯建设目标；

（4）片区规划年限内计划生态建设与环境保护发展目标；

（5）片区规划年限内计划完成社会事业（科教文卫等）任务设计；

（6）片区规划年限内计划改善特殊群体（无劳动力人员、丧失劳动能力人员、孤寡老人、特殊困难家庭）生活及社会保障任务；

（7）片区规划年限内计划产业发展目标（包括现有乡镇企业发展目标，预计新发展乡镇企业数量）；

（8）片区规划年限内计划完成减贫、脱贫人口目标，贫困人口健康生活水平、综合素质和稳定发展能力提升，缩小城乡收入和发展差距任务；

（9）根据新的变化需要增加或调整的其他工作目标或任务。

6. 工作重点内容

总结片区扶贫规划实施期间工作重点内容是否符合片区扶贫开发工作实际，具体工作安排是否到位、合理，根据新的需要和片区发展形势变化未来工作重点需要如何改动调整，具体问题分类主要包括以下几方面内容：

（1）片区扶贫规划实施以来，国家专项扶贫政策（包括整村推进、产业扶贫、以工代赈、农业产业化、自愿移民扶贫、科技扶贫、对口帮扶〈东西协作〉、雨露计划、定点扶贫、国际合作等）开展情况，片区扶贫规划修编需要做怎样调整；

（2）片区扶贫资金整合、管理；

（3）片区扶贫项目的实施、监督、管理；

（4）片区内各级扶贫开发工作成效考核；

（5）片区内基础设施建设或改造，居民住房建设等民生工程项目；

（6）片区扶贫开发中社会资源整合，鼓励和吸引社会力量参与片区扶贫；

（7）片区扶贫开发工作中，探索、试验、试点新的扶贫方式和方法，进一步完善扶贫开发工作机制、激励机制；

（8）原片区扶贫规划确定的其他有关工作任务。

7. 保障措施

保障措施是为了保障能够顺利实施片区扶贫规划事先预定的工作目标而专门提供一些政策。片区扶贫规划实施以来，从中央到地方出台的各类保障措施是否到位，对片区扶贫规划的作用如何，各项措施的编制是否得当，是否超出部门工作能力或权限，是否真正有助于实现片区规划确定的工作目标，根据新的变化，保障措施是否需要进行重新调整、如何调整，这都非常重要。关于保障措施的问题总结可以从以下几方面着手：

（1）原片区规划制定的领导、责任机制；

（2）原片区规划确定或建议的各级扶贫项目、资金管理措施、制度；

（3）原片区规划制定或建议的保障扶贫资源整合，鼓励社会力量参与扶贫的改善政策；

（4）原片区规划制定或建议的生态建设和环境保护政策；

（5）原片区规划制定或建议的完善和落实促进扶贫开发的各项激励政策；

（6）原片区规划制定或建议的扶贫资金投入、经济稳定发展机制；

（7）原片区规划制定或建议的健全和稳定扶贫机构，加强扶贫队伍和扶贫人才建设的保障措施；

（8）原片区规划制定或建议的完善扶贫监测、督察力度的方法、措施和政策保障。

8. 原片区规划制定或建议的其他保障政策内容

这些内容如指导思想、基本方针原则，扶贫标准及扶贫对象范围等，也需要进行征求意见，以保证规划的科学性、准确性、合理性。

综合考虑各方对原来规划提出的意见以后，对原片区扶贫规划中存在的问题进行分类总结，以求修编工作细致、准确，提升规划的合理性、科学性，从而使得规划能够更加有效，对片区扶贫工作发挥更好的指导作用。

（四）拟定修编方案

对问题有了详细了解和分析之后，接下来的工作就是拟定修编方案，虽然规划修编比原规划的编制工作量小一些，但是工作流程是基本一致的，仍然要满足编制规划的严谨性要求。

根据前期调研掌握的情况，通过对原片区扶贫规划各部分存在问题的深入分析，可以依据片区扶贫规划编制提纲和编制方案拟定片区扶贫规划方案，主要包括以下内容：

1. 片区扶贫规划修编的意义

详细阐述对本片区扶贫规划进行修编，将会对片区扶贫工作和片区社会发展带来什么样积极效果，对以后片区扶贫规划的编制有哪些可以借鉴的经验。

2. 片区扶贫规划修编的指导方针

片区扶贫规划的修编，不是哪个领导或者机构的事情，是整个贫困片区的共同责任和义务，牵涉整个片区扶贫开发工作的开展，不能随意进行修编，必须有严格的、科学的片区扶贫规划修编指导方针，这样既能保证修编工作的严肃性，也能保证规划的合理性、科学性。

3. 片区扶贫规划修编的原则

片区扶贫规划修编要有一定的原则，不能想怎么改就怎么改，要按照协调片区发展、强化可操作性、顺应社会形势变化等基本原则，对片区扶贫规划进行科学、合理的修编。

4. 片区扶贫规划修编的原因

为什么要对片区扶贫规划进行修编，要讲清楚，理由要充分、合理，不能因为一些无关大局的理由随便改动片区扶贫规划。

5. 片区扶贫规划修编的依据

既然要对片区扶贫规划进行修编，如何修编，修编的依据是什么，根据什么法律、什么规定，依据哪些研究方法，参照什么指标都要说清楚，不能漫无目的毫无根据的修编。

6. 片区扶贫规划修编的规划时段

说明对哪个时间段的规划内容进行修编，比如整个片区扶贫规划的中长期规划时间是 2016 ~ 2030 年，规划已经执行了八年，那么需要编修的时间段就是 2024 ~ 2030 年。

7. 片区扶贫规划修编的时间安排

制定整个修编工作的详细日程表，什么时间开始、什么时间结束，既能保证工作有条不紊的进行，也能保证工作效率。

8. 片区扶贫规划修编的组织建设

建设一个科学、合理的修编领导组织和工作团队，对保证修编工作的顺利进行和最终片区扶贫规划的质量至关重要。要明确责任，强化分工协作，既要保证效率也要保证质量。

9. 片区扶贫规划修编资料准备

片区扶贫规划修编需要哪些材料，提前列支清单，需要政府部门提前通知有关部门，需要修编小组自己来查找或咨询其他组织和个人的都要有所准备，以免耽误编修工作的顺利开展。

10. 片区扶贫规划修编的主要内容

编写专题研究报告，详细说明规划的哪一部分、什么内容需要修改，原来如何、现在要修改什么内容，均要详细说明。

11. 片区扶贫规划中图表的修改

规划的修编若牵涉修改原规划中的规划图表，最好进行统一修改，并在完成修改工作后，在适当位置注明修改之处。

12. 拟定片区扶贫规划修编提纲

根据新的修编内容，结合原来片区扶贫规划提纲和文本，拟定新的修编提纲，以便有关审查部门清晰地看到修编工作人员的修编思路。

13. 报主管部门审批

完成修编方案制定的各项工作后，方案首先要经过同级主管部门和领导批准后上会讨论通过，然后报上级主管部门审批。

四、规划修编

编制好的片区扶贫规划修编方案经上级主管部门审核、批准后，就可以开始修编工作。片区扶贫规划修编工作主要包括修编规划和编写规划修编说明书两项工作。

(一) 修编规划

综合分析各方意见，根据拟定的修编方案对原片区扶贫规划进行修改和完善。片区规划是根据片区内发展条件和发展环境的变化来安排本片区范围内扶贫要素发展的动态过程。因而，片区扶贫规划目标的确定—方案的优选—实施的管理—规划的调整，既需要一个有效的监督体系，以检查区域系统的各种变化对规划措施的响应，并及时反馈。同时也要求片区规划控制系统应能对各种反馈随时作出回应，并及时调整片区扶贫规划的有关内容，高效的更新数据和规划方案，使片区扶贫规划真正成为一个连续不断的动态过程，既有规定性和控制性，又具有时代性，从而适应不断更新的片区扶贫开发工作需求。

片区经济发展、贫困产生、消除机制变化很快，决定了片区扶贫规划必须采取动态规划的方法，即要求动态、反复、循环三大特性贯穿整个规划编制过程的始终。在片区扶贫规划编制时，应重视规划过程的循环性，保持规划的弹性，定期检查规划实施状况，根据新形势及时对规划做必要的调整、补充或修改。

（二）编写规划修编说明书

这里可以参照规划编制说明书的内容编写，在规划修编说明书里详细说明片区扶贫规划修编的简要过程、片区扶贫规划修编的基础资料和分析测算数据的来源、规划修编的前提和设想、对片区扶贫规划修编后有关文本主要内容的说明和论证，也可附加其他有关文字材料或图表。如有规划图表的变动，最好将原来的和修改后的图表都附在后面，这样对比参阅能够使阅览人员更加清晰地看到修编工作的成效。

完成片区扶贫规划的制定和修编工作，经同级人民代表大会或者其常务委员会审查同意后，下阶段的重点工作是将片区扶贫规划逐级上报、审批。

第五节　审批阶段

对已编制完成的片区扶贫规划，要按照法定程序逐级上报审批通过后，才有执行的效力。实际上规划的审批是高层决策者对已经编制好的规划进行进一步的科学论证和行政审批的过程，是在更高层次对片区扶贫规划的审视和指导。

片区扶贫规划是指导整个片区扶贫工作的法定性文件，为了维护规划的严肃性，有计划有步骤地合理安排各项工作内容，克服盲目性，避免高估或低估片区发展能力，更好地为片区社会经济发展服务，规划必须进行审批。一般情况下，审批单位级别越高，贯彻实施力度就越大。所以，尽可能地“向上”审批，以确保规划的效力。理想的方案是，片区扶贫攻坚规划由国务院审批。

一、规划审批的意义

对规划进行审批无论是对规划的编制单位或组织、规划实施的地区以及规划的监督、执行单位都有着非常重要的意义，既是对有关单位未来工作计划的审查，也是对未来片区扶贫开发工作能否顺利进行负责；既是在行使审查权利，也是在尽审批义务。

审批的重点，首要的是贯彻党和国家关于扶贫开发工作制定的基本路线，检查规划是不是符合有关领导关于片区扶贫规划的一系列指示。如有不妥，可建议及时进行补充或修改，以免造成大的失误。

通过审批过程中的审议，能够有效地解决各方面矛盾。片区扶贫规划是一个跨省区的扶贫规划，综合性强，牵涉面广。用审批会议形式，也可以引导各省区把各种意见反映出来，特别是有些特殊贫困地区，面临的压力大、困难多；有些地区资源开发受国家法律限制等，各种矛盾都很多。通过审议，可以根据小局服从大局、局部服从整体的原则，组织各单位反复酝酿、充分协商、合理解决。最后确实有些不能统一的地方，再由上级机关统筹安排，采取一定的平衡补偿措施来解决。只有这样，才能使片区扶贫规划建立在现实基础上，从这个意义来说，审批也是提高片区扶贫规划质量的一个必要过程。

加强党对规划工作的领导。按照审批程序，要求各级常委会和人民代表大会逐级报审规划，这就引起了党委的重视，纳入党委的议事日程，体现党的一元化领导多元化参与的管理理念。审批会议，一般都由有关部门党委主管领导同志主持，有关单位负责人员参加，很多时候他们会和有关组织部门和编制规划人员一起深入讨论，发现问题，商量解决，都是为了把片区扶贫规划做好，早日实现贫困地区脱贫的发展目标。

通过审查，能够把握好审批关，能够使片区扶贫规划较好地体现党和国家的方针政策，做到经济上可能，技术上合理，工作中可行，片区人民群众满意，切实起到指导片区扶贫开发及有关工作的积极作用。做好审批工作，也推动其他片区搞好规划，积极进行规划编制工作。

二、规划报批前准备

根据片区扶贫规划评估、论证或评审意见，认真研究，做必要的修改，最后形成规划文件。规划成果应按有关规定程序，报上级主管机构或政府权力部门审批。

片区扶贫规划上报审批时，除片区规划文本外还应附下列材料：

（1）编制说明。包括编制依据、编制程序、未予采纳的相关部门和专家意见及其理由等。

（2）论证报告。

（3）法律、行政法规规定需要报送的其他有关材料。报国务院审批的国家级片区扶贫规划，编制部门须会签发展改革部门后上报，也可与发展改革部门联合上报。国务院授权由有关部门批准的片区扶贫规划，编制部门应会签发展改革部门。

需由国务院批准的片区扶贫规划，要提前拟定好年度计划。编制部门应在已确认的立项基础上，于每年 10 月向发展改革部门提出下一年度国家级专项规划报批建议。发展改革部门会商有关部门，在此基础上拟订国家级片区扶贫规划年度审批计划，于每年 12 月前报国务院，经国务院批准后执行。基础工作不深入，准备工作不到位，不能保证在一年内完成上报程序的规划，一般是不会列入年度审批计划的。各级政府及扶贫工作部门应按照审批计划有序报批。未列入审批计划的，原则上不予受理。

三、审查规划的衔接问题

片区扶贫规划编制过程中，为了保证规划的科学性与可操作性，必须保证与其他各类规划的衔接。要高度重视规划衔接工作，使各类规划协调一致，形成合力。专项规划的规划期原则上要与总体规划保持一致，特殊领域也可根据实际情况确定。片区扶贫规划和其他有关规划的衔接要有一定的原则，在程序和内容上也要有一定的规范。

（一）片区扶贫规划衔接要遵循的原则

（1）下级政府规划服从上级政府规划的原则；（2）片区扶贫规划服务区域整体规划服从本级和上级总体规划的原则；（3）片区扶贫规划和

其他专项扶贫规划之间不相互矛盾的原则；（4）编制跨省（区、市）的片区扶贫规划，要充分考虑片区内各省、市、县的扶贫规划、国民经济发展规划等相关领域规划的要求。

（二）片区扶贫规划与其他各类规划之间的衔接协调程序

1. 与总体规划衔接程序

国家层面的片区扶贫规划草案在送本级人民政府审定前，应由省（区、市）发展改革部门送国务院发展改革部门与国家总体规划进行衔接，并送相关省（区、市）人民政府发展改革部门与其总体规划进行衔接，必要时还应送国务院其他有关部门与国家级专项规划进行衔接。相邻地区间规划衔接不能达成一致意见的，可由国务院发展改革部门进行协调，重大事项报国务院决定。

2. 与专项规划衔接程序

片区扶贫规划草案由编制部门送本级人民政府发展改革部门和扶贫工作机构与相关专项规划进行衔接，送上一级人民政府有关部门与其编制的专项规划进行衔接，涉及其他领域时还应当送本级人民政府有关部门与其编制的专项规划进行衔接。同级有关专项规划之间衔接不能达成一致意见的，由本级人民政府协调决定。

3. 跨区域的片区规划衔接程序

跨省（区、市）的片区扶贫规划草案由国务院发展改革部门送国务院其他有关部门与相关专项规划进行衔接。

（三）衔接的内容

1. 方针政策的衔接

主要目的是保持各级各类片区扶贫规划方针原则的一致性，保持政策的有效性和连续性。地方规划、行业规划、专项规划都要与国家总体规划所确定的政策方向相衔接，符合国家的基本政策、基本战略方针和基本政策走势。

2. 发展目标的衔接

一方面要求片区扶贫规划的基础性发展规划指标应与国家总体规划指标保持一致，以便于国家与各省以及各省之间的衔接和比较，比如贫困标准的界定、国内生产总值、资金投入、农村居民收入等。另一方面也认同各地在此基础上可根据自身情况适当增加一些指标，如反映人民生活水平、地区可持续发展等的指标。

3. 措施手段的衔接

国家总体规划作为指导国民经济和社会发展的纲领性文件，其政策措施相对来说涉及范围广，规定也比较宏观。片区扶贫规划要吸收中央政府和地方政府编制的各类规划中政策措施的要点，在和各级部门的规划保持衔接的前提下，也要保证各类措施手段的指导性、方向性、准确性、实用性，坚决不能有违背上级规定或与有关规划明确矛盾的措施手段。

4. 重大建设项目的衔接

从中央到地方的各类规划中都有一些重大建设项目，中央政府从国家发展的战略高度设计一些项目，由中央拨款建设。地方根据国家政策引导和地方社会经发展需要也会规划一些重大建设项目，资金主要是地方政府筹集。这样一来，片区扶贫规划在考虑规划建设项目时，首先要和各规划中确定的重大建设项目做好衔接，做到既不能影响重大项目的建设，也不要放弃符合片区扶贫开发所需的项目建设规划。

5. 不同层次规划对象的衔接

各类规划、各级规划都有自己的规划对象，如交通部门主要是公路、桥梁、高速公路等，教育部门主要是义务教育、中学教育、教育资源培育和发展等；片区扶贫规划主要涉及扶贫工作，但是扶贫工作涉及部门多，自然规划对象也就广泛，具体规划会涉及科技、教育、文化、交通、水利、畜牧等政府的各部门。片区扶贫规划对象和各层次规划对象都可能有一定的交叉，为此在制定片区扶贫规划时，一定要和各有关部门进行充分协调和磋商，对象可以相同，但是大家要避免实际工作上的重叠，以免造成无谓的投入或重复建设，导致资源浪费。

（四）衔接评审办法

（1）片区扶贫规划草案送同级人民政府发展改革部门，由发展改革部门负责与总体规划进行衔接。国家级的片区扶贫规划的发展方针、目标、重点任务要与国家总体规划保持一致，相关规划之间对发展趋势的判断、需求预测、主要指标和政策措施要相互衔接。涉及其他领域的，还应送相关部门进行衔接。

（2）下一级人民政府有关部门编制的片区扶贫规划草案送上级人民政府有关部门，由有关部门负责与其编制的专项规划进行衔接。

（3）涉及其他领域的专项规划，应当送同级人民政府有关部门，由有关部门负责与其编制的专项规划进行衔接。

（4）与相关专项规划之间衔接不成的事项，由同级发展改革部门进行协调；与专项规划之间协调不成的重大事项，由发展改革部门报请同级人民政府决定。

有关部门自收到规划草案之日起30个工作日内反馈衔接意见。

四、审批内容和权限

片区扶贫规划在各级扶贫部门都有，不同级别的片区扶贫规划进行审批的内容不同，各级政府部门拥有的审批权限也不同。片区扶贫规划内容一般要达到以下要求：符合国家总体规划，发展目标尽可能量化，发展任务具体明确、重点突出，政策措施具有可操作性。对需要国家安排投资的规划，要充分论证并事先征求发展改革部门和其他相关部门意见。

（一）审批内容

片区扶贫规划编制部门向规划批准机关提交规划草案时应当报送规划编制说明、论证报告以及法律、行政法规规定需要报送的其他有关材料。其中，规划编制说明要载明规划编制过程，征求意见和规划衔接、专家论证的情况以及未采纳的重要意见和理由。

（二）审批权限

（1）片区扶贫规划草案首先由各级人民政府报同级人民代表大会审议批准后方可上报；

（2）关系国民经济和社会发展全局、需要国务院审批或者核准重大项目以及安排国家投资数额较大的国家级片区扶贫规划，由国务院审批；其他国家级专项片区扶贫规划由国务院有关部门批准，报国务院备案；

（3）跨省（区、市）的片区扶贫规划由国务院批准；

（4）未经衔接或专家论证的规划，不得报请批准和公布实施。

五、规划审批流程

片区扶贫规划的审批首先要经过论证，论证通过后有关部门才能正式审批通过，有关部门对审批通过的规划要备案并公开发布，然后进入实施环节。

（一）片区扶贫规划的论证

对于片区扶贫规划的论证，要召开专门的论证会进行专题论证。片区扶贫规划先由同级发展改革部门与有关部门共同组织论证。有必要的话也可以委托规划专家委员会、有资质的中介机构或组织专家组进行论证。参加论证的其他相关领域专家不少于专家总数的1/3. 论证后应出具论证报告。论证报告应全面、客观、公正，由专家组组长签字，并附每位专家的论证意见。

在论证的过程中，应该本着平等、民主、求真、开放的一种精神，努力进行规划的思想性、可行性、时代性、创新性的探索，提升规划质量。

规划论证的过程，就是观点思想碰撞的一种过程；规划论证的过程，就是思想统一和质量提升的一种过程；规划论证的过程，是着手实施必经的一个过程，也是充分验证规划科学性和可操作性的一个重要过程。

论证之后，并不是片区扶贫规划编制工作的结束，而是一个崭新的开始。重要的是，怎样汲取专家和同仁们集体的智慧以及切实可行的意见，再一次对规划进行修订和完善。在规划修订结束后，应将修订稿打印若干份，呈送参与论证的专家及相关部门，同时片区规划负责部门也要留存。

（二）审批的监督机制

监督应是内部互相监督，外部公众或上级参与监督。主要把片区扶贫规划审批公开化，避免暗箱操作等违法违规行为的发生，而且要对这个操作过程实行考核，即监督考核制，把监督的内容物化存档，作为参与审批工作人员和部门的评优条件或工作优劣的判断标准。建立在考核制基础之上的监督才具有现实意义，这些将对社会公众的宣传教育作用和预防职务违法犯罪也将起到积极作用。

（三）审批

在论证通过后，把修改后的有关审批材料报有关部门，经过主管部门会议讨论通过后，由主管部门正式下发审批意见。国家层面的片区扶贫规划审批程序如下：

（1）由贫困片区所在省、自治区、直辖市人民政府正式向国务院行文提出申请；

（2）由国务院批转片区扶贫开发主管部门（国务院扶贫办）会同国家发改委、民政部、科技部等部门提出初审意见。

（3）在国务院扶贫办、国家发改委、民政部、科技部等部门初审意见一致的基础上，由国务院扶贫办起草请示报告会签国家发改委、民政部、科技部等部门后报国务院审批。

（4）经国务院批准，由国务院扶贫办、国家发改委、民政部、科技部等部门联合发函予以批复。

规划方案一经审批通过后，就要求政府部门严格按照规划执行并保障其实施。

（四）备案和公布

已经审批的片区扶贫规划方案的备案和公布应该遵循如下原则：

（1）国务院授权有关部门印发或批准的专项规划应在印发同时报国务院备案，并抄送发展改革部门。

（2）除法律、行政法规另有规定以及涉及国家秘密的内容外，国家级的片区扶贫规划应在批准后一个月内向社会公布。国家级的片区扶贫规划报批时，应明确公布事项，即全文公布、删去涉密内容后公布或不公布，以及公布机关。

（3）发展改革部门建立规划信息库。有关部门在规划印发的同时，应将电子文档和纸质文件送发展改革部门存档，同时本部门也要做好有关规划所有材料的备案和存档工作。

（4）发布的方式可以是通告，可以通过召开新闻发布会的形式向社会公布，也可以放在片区扶贫开发专题网站上发布；同时也可印发向全社会公布、发行，让更多的人详细地了解片区扶贫规划方案，吸引有关团体和组织参与片区扶贫，并为片区扶贫提供可能的支持。

（五）实施

（1）国家级的片区扶贫规划经批准后，编制部门要及时对规划的主要目标和任务进行分解，明确责任，保障规划中各项工作任务的实施落到实处。

（2）国家级的片区扶贫规划实施过程中，编制部门要加强跟踪监测，应适时对实施情况进行评估，并向审批机关提交评估报告。

（3）国家级的片区扶贫规划经评估或者因其他原因需要进行修订的，编制部门应将修订后的规划报原审批机关批准。

（4）规划期十年及以上的，应进行定期滚动修订。

（5）国务院有关部门组织编制的非国家级专项规划，应参照上述办法加强内部管理，确保规划编制质量。

（6）各级片区扶贫规划编制工作所需经费，由各级规划编制部门商财政部门列入部门预算。

规划的实施是整个规划过程最重要的环节之一，规划实施的保障尤为重要。另外，在实施规划方案过程中，要经常检查规划的可行性和实际效益，针对新发现的情况和问题，对原规划方案做出必要的调整、补充或修改，以更好地适应变化了的形势和环境。

第七章　片区扶贫规划编制的问题讨论

片区扶贫规划的编制，在我国尚无可以遵循的先例，国外的经验与我国的基本国情又不完全相符，因此，在编制过程中，无论是扶贫主管部门还是片区扶贫规划编制部门及有关工作人员难免在思想上存在一些疑问，在实践中也会出现一些问题。在此，我们根据前期调研和研讨会中总结的一些看法或观点进行了简单总结和归纳，以期能够为解决广大片区扶贫工作人员的疑虑提供参考。

第一节　片区扶贫规划编制的认识

一、片区扶贫规划编制理念

从编制一般的区域规划上来理解，编制片区扶贫规划的理念至少包含三个方面的定位：

第一，区域发展扶贫。也就是通过区域发展来带动扶贫，通过扶贫来支撑区域发展，扶贫和区域发展之间构成一种互动关系。

第二，区域发展中的大扶贫。构建大扶贫格局，区域发展创造支持环境。把区域发展看成是扶贫开发的支持环境，协调用于扶贫开发的资源和力量的难度就小的多。

第三，专项扶贫整合行业扶贫、社会扶贫，核心是两轮驱动扶贫。有些领导同志认为只要把专项扶贫资金的那点钱用好、把专项资金布局好就行了，这是比较省事，但显然达不到新纲要的要求，更满足不了贫困地区、贫困人口发展的需求。专项扶贫资金全国只有270亿元，假如每年按照10%的速度增长，每年也就增加30亿元，如果再去掉物价指数上涨的影响，扶贫资金实际上还是很少，做不了多少事。云南省160万贫困人口，仅依靠一点点扶贫资金，是不可能从根本上解决贫困问题的。这肯定需要我们改变认知，多途径争取国家资源，把扶贫工作纳入到国家总体发展的战略格局当中。

二、片区扶贫规划编制的基本共识

形成片区扶贫规划编制的基本共识是顺利推进规划编制工作的基础。这些基本共识包括规划的定位、属性、层次、编制方法、编制主体以及与其他规划之间的关系等方面。集中体现于对“片区扶贫规划的定位与属性”“片区扶贫规划编制的方法”和“片区扶贫规划的实施前提”三个基本问题的认识。

（一）片区扶贫规划的定位与属性这里涉及五个方面：

（1）规划定位。片区扶贫规划应是一个集行业扶贫、专项扶贫和社会扶贫于一体的大扶贫规划，对外与区域经济社会发展规划相衔接，对内专项扶贫规划与行业部门相关规划、社会扶贫规划相结合。

（2）规划属性。根据片区扶贫攻坚的目标任务，需要编制两个规划，即：区域发展规划和片区扶贫规划，前者为后者提供发展环境及基础，后者以贫困区域、贫困人群为目标，两者共同促进片区扶贫攻坚目标的实现。

（3）规划期限。与连片特困地区扶贫攻坚的长期性、艰巨性相适应，片区规划期限应为十年，可以以五年为界分两个实施阶段，既与新扶贫纲要的时间相统一，又与全国及各地的“十二五”规划相一致。

（4）规划目标。片区扶贫攻坚规划目标应体现在“缩小城乡、区域、贫富三大差距”等方面，并以“改善生活、改善生产、改善生态、提高发展能力”为着眼点。

（5）规划内容。需要明确片区规划的组织领导、指导思想、基本原则、目标任务、具体措施、保障政策、评价体系等基本要素，而不应仅仅具体明确扶贫部门做什么、其他部门配合做什么。

（二）片区扶贫规划编制的方法主要是四个方面的问题。

(1)“由谁来编”。考虑到片区扶贫攻坚规划综合性强、跨区域、跨领域，规划必须具有权威性。因此，各级政府牵头由扶贫部门具体组织编制，更能保证规划的严肃性。

(2)“由谁来审批”。一般情况下，编制及审批单位级别越高，贯彻实施力度就越大。所以，尽可能地“向上”编制、审批，以确保规划的效力。理想的方案是，片区扶贫攻坚规划由国务院审批。

(3)“如何保障规划编制”。主要是指编制规划要充分考虑成本。各级政府需要把片区扶贫攻坚规划的预算列入计划，否则规划编制质量就难以保证。

(4)“规划编制、汇总的方式”。应该采取上下结合，交叉推进的方式，将片区规划作为中间的结合点，国家整体的扶贫攻坚规划与县级扶贫攻坚规划同时编制，最后汇集到片区层面进行统筹平衡。

（三）片区扶贫规划实施的前提主要是三方面：

(1) 需要建立完整的实施机制、考核机制、检查机制，以支撑规划付诸实施，避免“规划规划，墙上挂挂。”

(2) 片区扶贫规划编制完成后，片区内的贫困地区按照规划推进扶贫，但片区外的贫困地区也需要有相应的政策措施，否则有可能会由于扶持力度的不同，带来新的贫困问题。

(3) 扶贫投入能否保证是片区扶贫攻坚目标实现的基础和前提。

三、片区扶贫规划编制体系

规划编制包含三个层次。一是片区扶贫攻坚总体规划。每个片区得有一个总体规划，最终 14 个片区是否需要一个总的规划，还需要进一步研究讨论。二是省级实施规划。三是县级实施规划。要注意总体规划和省县级规划有互动联系，省、县不能没有事前参照总的片区规划，盲目编自己辖区的规划。当然这里面也存在一个很大的问题，在总的片区规划还没出现之前，中央总是要求各个地区尽快完成自己的规划，这必然会带来工作的反复。

第二节　片区扶贫规划编制的要求

一、片区扶贫的特殊性问题

集中连片特殊困难地区的贫困具有强烈的区域个性，只有从根本上把握这种特殊性，才能提出有针对性的减贫战略和措施。

从现阶段看，集中连片特殊困难地区的“特殊性”体现在四个方面：

（一）自然环境

我国贫困地区的分布具有分布面广，相对集中连片；分布不均匀，主要集中在西部地带；多分布在山区、边远地区、少数民族聚集地区和革命根据地等特征。在这些地区，大多数贫困人口都居住在自然资源贫乏、缺少可耕地、农业生产条件较差、自然灾害频繁、生态环境脆弱的地区。人类对自然环境的依存度高，人口增长过快增加了对有限的资源和脆弱环境的压力。同时，生态环境脆弱既是贫困的产物又反过来进一步加剧了贫困。

（二）社会环境

经济区位：片区往往属于经济区位较差的地区；人口素质：片区贫困家庭受教育程度低，并具有代际传递性；部分贫困人口本身就缺乏自我发展能力，难以从开发式扶贫政策中受益；基础设施：普遍落后，环境条件恶劣、自然资源匮乏，生产生活条件没有从根本上得到改善。

（三）战略地位

经过三十多年扶贫开发，片区减贫成效显著。不过，经济社会发展对减贫的带动作用逐步减弱，常规扶贫开发手段的减贫效应也在逐步降低。尽管如此，片区扶贫的战略地位却日渐凸显，体现在：一是区域均衡发展和西部大开发战略实施的需要。西部大开发战略和扶贫开发战略都是贯彻落实科学发展观和构建社会主义和谐社会理论的重要内容。二是全面建设小康社会的需要。贫困人群集中、经济发展无法带动、普通减贫政策难以惠及的连片特困地区是全面建设小康社会的难点，其扶贫开发工作及成效将直接关系到2020年我国小康社会实现的程度和水平。

（四）减贫方式

随着经济发展和特殊政策对片区扶贫的边际效应逐渐减弱，与此相对应的传统减贫方式也面临调整。片区特殊减贫方式的研究，至少需要覆盖以下视角：经济发展的减贫效应；社会发展和惠农政策的减贫效果；社会保障与救助体系的完善；扶贫政策的针对性和效率。

二、片区扶贫规划编制特色

第一，从总体布局上要体现发展和扶贫的双重目标。很多规划更多地强调了区域发展，但却遗漏了贫困地区、贫困人口利益，降低了扶贫的效果。

第二，三位一体式扶贫和区域发展的衔接。

第三，从片区内的区域、项目、政策之间要体现出协作和联动，否则就丧失了以片区形式搞扶贫开发的意义。

第四，通过对村、乡镇、县、行业、项目的典型设计，来反映贫困人口的个性化需求，来为其他要素的发展提供范例，扩大减贫目标。

三、片区扶贫规划的可行性

规划可行性包含几个方面：一是体制机制改革。如果不能实现体制机制改革，纲要中的目标就很难达到。二是政策创新。比如说生态补偿政策问题。生态补偿政策一直没有落实，其原因在于各个主体对国家主体功能区的认识还不统一。现在国家在三江源地区做了一些尝试，原本规划了100多亿元，目前只落实了20多亿元。在这个问题上，国家应该更深入地统筹城乡之间利益，测算出乡村这些生态地区为保持生态完整性付出的代价，对这些代价国家应该给予补偿。这些补偿款应该集中用于生态产品的开发和保护生态环境层面上，如果没有这项政策，城乡之间的不平等程度只会越拉越大。三是投入增加。四是社会参与，包含不同区域、不同主体之间怎么互动的问题。五是理念的转变。新阶段扶贫需要的理念和传统扶贫理念是完全不同的，理念转变的程度就决定了我们工作成效的高低，当然，理念的转变也意味着会面对很多新事务，会增加更多的挑战。扶贫工作本就很辛苦，我们分管扶贫工作的县领导以及扶贫办主任等还需要去给其他部门做工作，需要付出的更多，也很困难。但是难不代表不需要做，不能做，有一些地方在这些方面就做得很好，关键是能不能转变理念。六是能力的提高。能力提高的对象是多元化的，包括我们的县政领导、扶贫干部，也包含为扶贫提供支持的社会主体，更包含贫困人群和社区。

四、片区扶贫规划编制的主体参与

要明确规划主体是谁？如果说我们仅仅满足于编出规划，那么这个主体就无关紧要了。但是如果我们想让规划真正体现贫困人口的利益，体现贫困地区发展的需求，那么主体就应该包含贫困人群。其次需要了解主体参与的意义。从20世纪90年代开始，我们就一直在推行参与式扶贫，参与式扶贫的核心是赋权，也即是把应该属于贫困地区、贫困人口的权利交付给他们，由他们来决定如何使用扶贫资金，由他们来决定发展什么产业以及项目实施的好坏，并让他们承担项目实施的责任，以此来提高贫困人群的能力，推动乡村民主化进程。这需要一段很长的历程。不过，我感觉经过十年努力，还是取得了一定的成效。再比如说村级互助资金项目。开展村级互助资金项目不只在于解决农民短期小额资金的问题，其关键在于，通过这样一种机制来提高群众自我组织、自我管理、自我发展的能力。回过头来看，从根本上，贫困地区的发展还是要依赖改变受助人的精神要素。不注重一个地区的软实力，即便这个地区发展起来了，也很难实现可持续。没有广大人民群众能力的提升、素质的改变，单靠一部分精英的努力，是不可能治理好社会的。

附录：片区扶贫规划编制资料选编

21世纪的第一个十年，中国农村扶贫开发继续取得显著成效，贫困人口明显下降，贫困地区基础设施明显改善，公共服务水平明显提高，如期完成了《中国农村扶贫开发纲要（2001～2010年）》的目标任务。近年来，中国的绝对贫困人口在分布上表现大分散、小集中的态势。贫困人口主要集中在一些集中连片特殊困难地区。这些地区由于自然、民族、历史、政治等多种复杂因素的共同作用，一般经济增长已无法带动、常规的扶贫手段也难以奏效。因此，把集中连片特殊困难地区作为扶贫开发的主战场，创新扶贫开发机制，推进片区扶贫开发，实现基本消除绝对贫困现象的目标，帮助连片特困地区在2020年和全国其他地区一起进入全面小康社会，已成为未来十年扶贫开发路径的必然选择。

2011年，扶贫开发进入了一个新的阶段。这一年，正值“十二五”开局之年。“十二五”期间，国家将着力转变经济发展方式，更加关注民生，更加关注城乡统筹，更加关注缩小发展差距，更加关注西部地区和落后地区的发展，这些为扶贫开发政策的创新提供了良好的宏观环境。“十二五”规划明确：深入推进开发式扶贫，逐步提高扶贫标准，加大扶贫投入，加快解决集中连片特殊困难地区的贫困问题。国务院扶贫开发领导小组提出中国将在2011年颁布实施《中国农村扶贫开发纲要（2011～2020年）》，提高扶贫标准，把基本消除绝对贫困现象作为扶贫开发的首要任务，把连片特困地区作为主战场。温家宝总理2011年3月5日在第十一届人民代表大会第四次会议宣布，要“启动集中连片特殊困难地区扶贫攻坚工程”。与此同时，按照国家转变发展方式的总体部署，各行各业在“十二五”发展规划中包含了更多有利于贫困地区、贫困人口发展的项目、政策和措施，连片特困地区的扶贫开发将面临良好的历史机遇。

以连片特困地区推进扶贫开发，是中国扶贫开发体制机制及方式的系统创新。其中，编制好连片特困地区的扶贫开发规划，是开展扶贫开发工作的基础。而如何组织编制连片特困地区扶贫开发规划的编制，对于有关省区的扶贫系统、发改委系统，都是一个新的课题、新的挑战。研究连片特困地区扶贫规划的理论方法不仅必要，而且迫切。

连片特困地区扶贫规划，是区域经济社会发展总体规划的重要组成部分。不仅需要对专项扶贫资金项目进行规划，还需要与区域发展规划、重大项目规划相衔接，更需要和行业发展规划、有利于贫困地区及人口发展的政策措施有机衔接，为社会扶贫构建平台，为体制机制及政策奠定基础。因此，收集和分析相关的背景资料是一项重要的基础性工作。

一、国家有关部门“十二五”规划中与扶贫相关的内容

扶贫开发作为建设有中国特色社会主义的一项重要工程，任务长期而艰巨，涉及社会经济发展的方方面面和众多部门，因此在“十二五”期间制定扶贫规划与政策的时候需要努力做到与各部门的“十二五”规划相衔接，充分整合各部门的资源，发挥各方面的合力，以更强的力度和更有效的举措打好新一轮的攻坚战。在此背景下，拟从各部委“十二五”规划内具体条目和规划间的链接整合两个维度上集成规划背景信息，为连片特困地区扶贫规划编制中的规划衔接提供支持。

本部分收集并梳理了《国民经济和社会发展第十二个五年规划纲要》《城乡社区服务体系建设“十二五”规划》《社会养老服务体系建设“十二五”规划》《中国残疾人事业“十二五”发展纲要》《兴边富民行动规划》《扶持人口较少民族发展规划》《卫生部“十二五”规划纲要》《陕甘宁革命老区振兴规划》《国家中长期教育改革和发展规划纲要（2010～2020年）》《国家中长期人才发展规划纲要（2010～2020年）》《中国妇女发展纲要（2011～2020年）》《中国儿童发展纲要（2011～2020年）》

十二个规划以及只能了解部分内容的《农业和农村经济发展“十二五”规划》《全国水利发展“十二五”规划》《“十二五”住房保障规划》《工信部“十二五”规划》四个规划中与扶贫相关的内容，涉及国家发改委、农业部、水利部、住房及城乡建设部、工业和信息化部、财政部、民政部、教育部、人力资源和社会保障部、卫生部、国家民委、中国人民银行、国务院扶贫办、残联、妇联等十五个部委。虽然一部分规划与扶贫关系较为密切，但是由于内容尚未公开，暂未收集到规划里面，因此该研究内容还不够完整，有待日后的进一部完善。

（一）《国民经济和社会发展第十二个五年规划纲要》与扶贫相关的内容

十一届全国人大四次会议通过的《国民经济和社会发展第十二个五年规划纲要》（以下简称《规划纲要》）对“十二五”时期我国经济社会发展作出了战略部署。在扶贫开发方面，《规划纲要》明确要求要逐步提高扶贫标准，加大扶贫开发投入和工作力度，启动集中连片特殊困难地区扶贫攻坚工程，显著减少贫困人口。与此同时，扶贫开发应坚定不移地贯彻落实《规划纲要》精神，承担改善民生、缩小差距，保障全体人民共享改革发展成果的艰巨使命。

1. 逐步提高扶贫标准，显著减少贫困人口

《规划纲要》在“转变方式，开创科学发展新局面”中将“显著减少贫困人口”列为“十二五”时期经济社会发展主要目标之一。这是党的十七大提出的到2020年要基本消除绝对贫困现象目标的阶段性任务，也是对今后五年扶贫开发提出的总要求。

扶贫标准低，是当前一个突出问题。《规划纲要》明确将“逐步提高扶贫标准”作为一项任务。新的扶贫标准的确定要与我国经济社会发展水平相适应、要与全面建设小康社会的目标相适应；既要考虑贫困人口基本生存的需要，也要考虑部分发展的需要，这样才有可能做到基本消除绝对贫困现象。同时，新标准的确定，既立足当前，又要着眼长远发展；既要符合国情，又要借鉴国际经验；既要聚焦绝对贫困，也要巩固扶贫成果。

提高扶贫标准以后，贫困人口的规模会有所扩大，这对“显著减少

贫困人口”提出了巨大的挑战。《规划纲要》专门针对扶贫工作提出了要求：“深入推进开发式扶贫，逐步提高扶贫标准，加大扶贫投入，加快解决集中连片特殊困难地区的贫困问题，有序开展移民扶贫，实现农村低保制度与扶贫开发政策有效衔接”。

2. 聚焦贫困人群，保障改善民生

《规划纲要》对保障和改善民生提供了一套明确的思路，总的原则是“逐步完善符合国情、比较完整、覆盖城乡、可持续的基本公共服务体系”。具体措施主要体现在：扩大就业保民生、增加收入富民生、完善社保安民生。

增加就业岗位有利于吸收更多的贫困人口，促进稳定脱贫。《规划纲要》提出“促进就业和构建和谐劳动关系”将其列在保障和改善民生的第一位，必将在随后出台一系列政策扩大就业。而且针对农民而言，《规划纲要》强调了要“拓宽农民增收渠道。提高农民职业技能和创收能力，多渠道增加农民收入。”扶贫工作应该抓住此契机，做好政策衔接，让贫困人口通过就业从根本上实现脱贫。

《规划纲要》第一次提出“城乡居民普遍收入较快增加”，强调了要逐步形成有效的分配机制，使得收入在城乡之间、区域之间均得到普遍增加，这将更加有利于贫困地区的减贫。贫困地区由于受区域发展的限制，农民增收的方式有限，随着收入分配在全国范围内的日趋公平，贫困人口将从二次分配中获得更多的收入，因此，地方政府也应该出台相应的政策，提高低保水平，保障增收的公平性。

《规划纲要》强调“要加强社会建设、建立健全基本公共服务体系”，“健全覆盖城乡居民的社会保障体系”。这就规定了国家财政和地方财政要将更多的财政投入到社会保障中去，基础设施的完善、教育和医疗费用的减少、低保的增加将使更多的贫困人口摆脱贫困，降低返贫风险，同时提高了贫困人口的素质，有利于实现多维的减贫目标。

3. 实施区域发展总体战略，促进贫困地区发展

中国的贫困地区大多集中在老、少、边、穷地区，“加大对革命老区、民族地区、边疆地区和贫困地区扶持力度”是党的十七大和十七届三中全会提出的战略重点，《规划纲要》中进一步作了强化，并明确了具体的区域和相应的扶持政策措施。对于民族地区，要“加大支持西藏、

新疆和其他民族地区发展力度，扶持人口较少民族发展。”对于边疆地区，要“加快沿边地区开发开放，加强国际通道、边境城市和口岸建设，深入实施兴边富民行动。”对于相对落后的中西部地区，要“坚持把深入实施西部大开发战略放在区域发展总体战略优先位置，给予特殊政策支持，发挥资源优势和生态安全屏障作用，加强基础设施建设和生态环境保护，大力发展科技教育，支持特色优势产业发展”；“大力促进中部地区崛起，发挥承东启西的区位优势，改善投资环境，壮大优势产业，发展现代产业体系，强化交通运输枢纽地位。”在区域之间，要“加强和完善跨区域合作机制，消除市场壁垒，促进要素流动，引导产业有序转移。实行地区互助政策，开展多种形式对口支援。加大对革命老区、民族地区、边疆地区、贫困地区扶持力度。”

《规划纲要》还明确了要“实施主体功能区战略”。大多数贫困地区由于资源环境承载能力差，因此被列为限制或者禁止开发区域，在制定规划和政策的过程中必将有新的要求，不能以 GDP 作为唯一考核指标，要“形成适应主体功能区要求的法律法规、政策和规划体系，完善绩效考核办法和利益补偿机制，引导各地区严格按照主体功能定位推进发展。”

《规划纲要》着重强调了“加快解决集中连片特殊困难地区的贫困问题”，集中连片特殊困难地区将成为未来扶贫攻坚的主战场，这些地区大多都是革命老区、边疆地区、民族地区、山区。党的十七大以来，国务院扶贫办针对连片特困地区的特殊贫困成因，开展了多项试点，积累了丰富的经验。“十二五”期间，在这些试点的基础上，要进一步加大扶持力度，充实扶持政策，提高扶持效率，努力缩小这些地区与其他地区之间的差距。

4. 加大扶贫开发投入力度，巩固和完善大扶贫格局

《规划纲要》中相关方面政策的进一步完善为加大扶贫开发投入力度提供了政策支持，并有利于巩固和完善大扶贫格局。具体反映在以下几个方面：在农业和农村发展方面，“加快发展现代农业。坚持走中国特色农业现代化道路，把保障国家粮食安全作为首要目标，加快转变农业发展方式，提高农业综合生产能力、抗风险能力、市场竞争能力。”“加强农村基础设施建设和公共服务。按照推进城乡经济社会发展一体化的要求，搞好社会主义新农村建设规划，加快改善农村生产生活条件。”在生态建设

方面，“加强生态保护和防灾减灾体系建设。坚持保护优先和自然恢复为主，从源头上扭转生态环境恶化趋势。实施重大生态修复工程，巩固天然林保护、退耕还林还草、退牧还草等成果，推进荒漠化、石漠化综合治理，保护好草原和湿地。加快建立生态补偿机制，加强重点生态功能区保护和管理，增强涵养水源、保持水土、防风固沙能力，保护生物多样性。”在防灾减灾方面，“加快建立地质灾害易发区调查评价体系、监测预警体系、防治体系、应急体系。加大重点区域地质灾害治理力度，加强救援队伍建设，提高物资保障水平。推行自然灾害风险评估，科学安排危险区域生产和生活设施的合理避让。”在教育方面，“促进教育公平，合理配置公共教育资源，重点向农村、边远贫困、民族地区倾斜，加快缩小教育差距。健全国家资助制度，扶助家庭经济困难学生完成学业。”在社会保障方面，“实现新型农村社会养老保险制度全覆盖，完善实施城镇职工和居民养老保险制度，实现基础养老金全国统筹。”“加强城乡医疗卫生服务体系建设，新增医疗卫生资源重点向农村和城市社区倾斜”。在人口工作方面，“坚持男女平等，切实保障妇女合法权益，加强未成年人保护，发展妇女儿童事业。积极应对人口老龄化，注重发挥家庭和社区功能，优先发展社会养老服务，培育壮大老龄服务事业和产业。支持残疾人事业发展，健全残疾人服务体系。”这些规划的确立有助于扶贫工作的顺利展开，并为扶贫政策的制定提供了依据。

（二）民政部：《城乡社区服务体系建设“十二五”规划》

城乡社区服务体系建设有利于统筹城乡经济社会发展，是实现基本公共服务均等化的重要举措之一，为扶贫工作的展开提供了保障。

1. 统筹城乡，整体进行，能够有效缩小城乡和区域差距。“统筹城乡社区服务体系规划、服务设施建设、服务资源配置、服务队伍建设、服务产品供给，逐步建立城乡统一的社区公共服务制度，促进城乡社区基本公共服务均等化。整体推进城乡社区服务资源共享、组织共建、队伍共管力度，逐步形成以城带乡、以乡促城、优势互补、共同提高的局面。”在区域方面，“加大对革命老区、民族地区、边疆地区、困难地区社区服务体系建设支持力度”。这些规划的实施必将全面缩小城乡和区域社会经济的差距，逐步实现基本公共服务均等化，打破扶贫开发的瓶颈。

2. 公共服务覆盖面的提高有利于保障贫困人口的权益。规划提出要“切实保障优抚对象、老年人、残疾人、未成年人、五保对象、低保对象、农村留守人口等社会特殊群体服务需求。”“公共投入要向农村和中西部地区倾斜，向困难社区倾斜，向特殊困难群体倾斜。”针对特殊群体，要“面向优抚对象、残疾人、精神病人、下岗失业人员、流动人口等特殊群体开展生活照料、精神关怀和困难帮扶等服务。在特殊群体较为集中的城乡社区，依托社区综合服务设施开辟专门的场所及提供相应的服务，有条件的社区可以建设供特殊群体使用的专项服务设施，并向周边社区覆盖。”这些政策使得贫困人口能够获取更多和有针对性的公共资源，在外力的帮助下更容易摆脱贫困。

3. 发展农村社区生产服务，有利于农民的增收和就业。“根据农村居民需求，提供农资营销、农技咨询、农村富余劳动力转移就业等生产性服务，鼓励企业为农村社区建立创业孵化基地，积极培育各类专业合作经济组织，构建综合服务和专项服务相协调的农村社区生产服务网络，提高农村社区服务农业生产能力。”随着农村社区生产服务能力的提高，能够解决长期困扰农民的信息不对称的问题，让农民能够轻易获取有利于生产和就业的信息，降低风险和成本，实现增收。

（三）民政部：《社会养老服务体系建设“十二五”规划》

老人由于丧失了劳动能力以及缺乏足够的保障，往往是贫困人口构成的主要群体之一，社会养老服务体系的建设有助于提高老人的保障水平，降低因步入老年而变成贫困人口的风险。

1. 养老政策向贫困人口倾斜有利于其摆脱贫困。“规划内新建的老年养护机构和社区日间照料设施，优先保障孤老优抚对象、‘三无’、‘五保’及低收入的高龄、独居、失能等困难老年人的养老服务需要。”

2. 在资金筹措方面，贫困地区将得到更多的政策倾斜。“原则上，在中央支持的项目中，中央补助东部地区不超过总投资的30%、中部地区不超过总投资的50%、西部地区不超过总投资的70%。对于财政困难的老少边穷地区、人口老龄化问题比较突出地区和国家有特殊政策的地区，中央视情况采取包建的办法安排补助。”

（四）中国残疾人联合会：《中国残疾人事业“十二五”发展纲要》

由于在生理方面存在的缺陷，残疾人的就业渠道有限，在贫困人口所占的比例较大，因此提高残疾人的保障水平是其摆脱贫困的重要途径之一。

1. 坚持统筹兼顾和分类指导，有助于缩小城乡和区域间差距。“政策、资金、项目重点向中西部地区、革命老区、民族地区、边疆地区、贫困地区、农村和基层倾斜，促进区域和城乡残疾人社会保障和服务均衡发展，增强基层为残疾人服务的能力。做好残疾人社会保障体系和服务体系建设省级试验区和专项试点城市工作，发挥典型示范作用。”

2. 提高残疾人的社会保障水平，降低残疾人步入贫困的风险。“将残疾人普遍纳入覆盖城乡居民的社会保障体系并予以重点保障和特殊扶助”，“将符合条件的残疾人全部纳入城乡最低生活保障制度，实现应保尽保”，“督促用人单位依法为残疾职工缴纳社会保险费，符合条件的残疾人按规定享受失业保险待遇”，“督促用人单位依法为残疾职工缴纳社会保险费，符合条件的残疾人按规定享受失业保险待遇”。

3. 完善残疾人教育体系，提高残疾人受教育水平。“建立完善从学前教育到高等教育的残疾人教育体系，健全特殊教育保障机制，将特殊教育纳入国家教育督导制度和政府教育评价体系，保障残疾人受教育的权利。”“建立完善从学前教育到高等教育的残疾人教育体系，健全特殊教育保障机制，将特殊教育纳入国家教育督导制度和政府教育评价体系，保障残疾人受教育的权利。”“普通高校要创造条件扩大招收残疾学生规模，为残疾学生学习、生活提供便利。要尊重少数民族的风俗习惯，为少数民族残疾学生创造良好学习生活环境。”

4. 针对贫困残疾人制定特殊政策，有利于特殊贫困人群摆脱贫困。其主要任务是“加强农村残疾人扶贫开发，扶持1000万农村贫困残疾人改善生活状况、增加收入、提高发展能力。”“为100万农村残疾人提供实用技术培训。”“继续实施‘阳光安居工程’，改善农村贫困残疾人家庭居住条件。”政策措施包括“将贫困残疾人作为重点扶持群体纳入政府扶贫开发规划，统筹安排，同步实施，优先帮扶。完善贫困残疾人口的识别机制，将家庭年人均纯收入低于当地最低生活保障标准的农村贫困残疾人纳入农村低保范围，将有劳动能力的农村贫困残疾人纳入扶贫范围。帮助有劳动能力的贫困残疾人优先享受国家扶贫开发和惠农政策，做好农村低保制度和扶贫开发政策的有效衔接。中央和地方多渠道安排筹措资金，加大对农村贫困残疾人的帮扶力度。”“继续开展残疾人康复扶贫。”“加强对农村贫困残疾人的培训。”“在移民扶贫和农村危房改造工程中对农牧区贫困残疾人家庭住房建设和改造予以优先安排。”“加强基层残疾人扶贫服务社建设，依托农村金融机构、供销合作社、农民专业合作社、贫困村互助社、各种行业协会组织等农村社会化服务体系，为残疾人提供多种形式的生产生活服务。”“广泛开展‘帮、包、带、扶’活动，动员城乡基层组织、干部、群众、志愿者结对帮扶农村贫困残疾人。”

（五）国家民族事务委员会、财政部：《兴边富民行动规划》

边区往往是贫困程度较深的地区，这些地区由于其特殊的地理位置，在摆脱贫困的方式上与其他地区也有所不同，该规划主要针对此类型地区的特殊性而制定的。该规划实施范围为内蒙古、辽宁、吉林、黑龙江、广西、云南、西藏、甘肃、新疆等 9 个省、自治区的 136 个陆地边境县、旗、市、市辖区，新疆生产建设兵团的 58 个边境团场。

1. 加大对边境地区的资金投入，有利于区域经济的发展。“陆地边境地区享有西部开发政策。对边境县中央安排的公益性建设项目，取消县级并逐步减少市级配套资金。充分考虑边境地区支出成本高的特殊因素，中央财政加大对边境地区均衡性转移支付力度。加大边境地区专项转移支付力度，支持边境地区加快社会事业发展。边境省区相应加大对边境地区的资金投入。”

2. 加大民生保障力度，有助于贫困人口摆脱贫困。“支持边境县义务教育学校标准化建设”；“加强边境地区基层医疗卫生机构服务能力建设”；“加大对边境地区文化事业支持力度”；“加大科技投入”；“扩大边境地区新型农村社会养老保险试点范围”；“扩大边境地区新型农村社会养老保险试点范围”。

3. 实行积极的产业扶持政策，拓宽贫困人口的就业渠道。“扶持边境地区特色优势产业发展，对符合产业政策、对边境地区经济发展带动作用强的项目，在项目核准、备案等方面加大支持力度”；“完善边境地区中小企业扶持体系”；“充分考虑边境地区经济发展用地需求，重点予以倾斜”。

4. 加大扶贫开发支持力度，提高扶贫工作的效率。“加大财政扶贫开发投入力度，并向边境贫困地区倾斜，重点支持国家扶贫开发工作重点县、集中连片分布的贫困区域加快减贫步伐，支持边境贫困地区部分村优先实施整村推进，改善边境群众生产生活状况。”

5. 加大对口支援帮扶力度，增强扶贫开发的力量。“国家鼓励经济较发达省市、大中城市、国有大中型企业支援边境地区加快发展。鼓励、引导、争取各类私营企业、社会团体及个人援助、捐助资金投向边境地区。支持教科文卫机构对口帮扶边境地区发展。边境省区组织开展省区内的对口帮扶。”

（六）国家民族事务委员会、发改委、财政部、中国人民银行、国务院扶贫办：《扶持人口较少民族发展规划》

人口较少民族是贫困人口的重要组成部分，该规划的制定与实施对人口较少民族的减贫有着积极的影响。该规划实施范围为内蒙古、辽宁、吉林、黑龙江、福建、江西、广西、贵州、云南、西藏、甘肃、青海、新疆等13个省（区）和新疆生产建设兵团的人口较少民族聚居区，包括2119个人口较少民族聚居的行政村（以下简称“聚居村”）、71个人口较少民族的民族乡、16个人口较少民族的自治县、2个人口较少民族的自治州。

1. 加强基础设施及配套建设，大幅提升发展保障能力。涉及交通基础设施建设、农田水利基础设施建设、信息基础设施建设、农村能源建设、农村人居环境建设、生态环境保护建设、推进小城镇健康发展七个方面。

2. 发展特色优势产业，促进群众增收。包括推进现代农业建设、推进农业产业化经营、拓宽增收渠道、加强扶贫开发四个方面，其中特别强调了在扶贫开发过程中，要实施人口较少民族聚居贫困村整村推进。实行水、电、路、气、房和优美环境“六到农家”，扶持贫困村整体脱贫；实施以工代赈工程。加强人口较少民族贫困地区基本农田、小型农田水利、乡村道路、草场建设、饮水安全和小流域等基础设施建设，改善生产生活条件，促进农民增收。

3. 保障和改善民生，促进基本公共服务均等化。包括优先发展教育事业、加快发展医疗卫生事业、促进就业和社会保障、加快建设社会服务体系四个方面。

4. 加强人力资源开发，增强自我发展能力。包括加强干部教育培训、培养专业技术人才、培养技能人才、培养农村实用人才、提高劳动者综合素质五个方面。

（七）卫生部:《卫生部“十二五”规划纲要》

因病致贫是贫困的重要成因之一，因此合理的医疗保险和医疗水平是减少贫困的又一重要手段之一。该规划为此目标也制定了相应的政策。

1. 健全医疗保障制度，提高人民特别是贫困人口的疾病经济风险分担能力。提高基本医疗保障制度覆盖面和保障水平，缩小城乡医疗保障差距。新农合人均筹资水平争取达到300元以上。门诊统筹覆盖所有地区。进一步提高政策范围内住院费用报销比例。完善城乡医疗救助制度，提高对贫困家庭覆盖率，扩大重大疾病保障范围，报销比例不低于90%。完善基金管理，防范基金风险。

2. 逐步提高基本公共卫生服务均等化水平，缩小区域与城乡间的医疗水平差距。大幅提高人均基本公共卫生服务项目经费标准，逐步扩大基本公共卫生服务内容并确保覆盖全体居民。解决好流动人口特别是农民工的公共卫生服务问题。

（八）国家发展和改革委员会:《陕甘宁革命老区振兴规划》

革命老区也往往是贫困较深的地区，该文件从发展背景、总体要求、空间布局、交通设施、水资源利用、国家能源化工基地、特色产业、生态环境、新农村建设、公共服务、改革开放、保障措施十二个方面对陕甘宁革命老区的发展进行了规划，值得其他贫困地区的借鉴。

在扶贫开发方面，该规划强调“创新扶贫开发模式，加大整村推进、以工代赈、异地扶贫搬迁、集中连片开发等扶贫开发力度，逐步提高扶贫标准。加大扶贫专项资金投入，切实改善困难群众生产生活条件。支持龙头企业带动贫困人口稳定增收致富。开展创建扶贫开发区示范工程，鼓励贫困地区依靠自身努力，从根本上改变贫穷落后面貌。开展农民收入倍增计划试点工作，提高农民经营性、工资性、转移性和财产性收入。推进农村最低生活保障制度与扶贫开发政策有效衔接，加快脱贫致富步伐。省级贫困县享受国家扶贫开发工作重点县相关政策。”

（九）人力资源和社会保障部：《国家中长期人才发展规划纲要（2010～2020年）》

人才是贫困地区脱贫致富的关键所在，该规划将对贫困地区的人才发展给予政策支持。

对此，规划中提出：“边远贫困地区、边疆民族地区和革命老区人才支持计划”便是其中一项，为了促进边远贫困地区、边疆民族地区和革命老区加快发展，实现基本公共服务均等化目标，该计划将在职务、职称晋升等方面采取倾斜政策，每年引导10万名优秀教师、医生、科技人员、社会工作者、文化工作者到边远贫困地区、边疆民族地区和革命老区工作或提供服务。每年重点扶持培养1万名边远贫困地区、边疆民族地区和革命老区急需紧缺人才。

（十）教育部：《国家中长期教育改革和发展规划纲要（2010～2020年）》

随着社会经济的迅速发展，教育贫困成为社会贫困的最显著特征之一。教育贫困是贫困人口无法长期摆脱贫困的最重要原因之一。教育贫困与经济贫困不同的是，贫困者往往意识不到自己的贫困，因此消除教育贫困缺乏个人动力。消除教育贫困也不可能产生短期经济效益，因此也缺乏市场动力。在这种情况下，国家政策的支持就变得尤为重要。

1. 推进义务教育均衡发展，加快缩小城乡差距。规划强调“建立城乡一体化义务教育发展机制，在财政拨款、学校建设、教师配置等方面向农村倾斜。率先在县（区）域内实现城乡均衡发展，逐步在更大范围内推进。努力缩小区域差距。加大对革命老区、民族地区、边疆地区、贫困地区义务教育的转移支付力度。鼓励发达地区支援欠发达地区。”

2. 大力发展职业教育，拓宽贫困人口的就业渠道。“发展职业教育是推动经济发展、促进就业、改善民生、解决“三农”问题的重要途径，是缓解劳动力供求结构矛盾的关键环节，必须摆在更加突出的位置。职业教育要面向人人、面向社会，着力培养学生的职业道德、职业技能和就业创业能力。”为了提高职业教育的吸引力，促使贫困人口主动接受职业教育，应该“支持各级各类学校积极参与培养有文化、懂技术、会经营的新型农民，开展进城务工人员、农村劳动力转移培训。逐步实施农村新成长劳动力免费劳动预备制培训。”“完善职业教育支持政策。逐步实行中等职业教育免费制度，完善家庭经济困难学生资助政策。”

3. 重视和支持民族教育，积极提高少数民族的文化素质。教育水平不高是少数民族贫困人口较多的重要原因之一，由此带来的语言不通、文化差异等后果进一步增加了少数民族的就业难度。因此“公共教育资源要向民族地区倾斜。中央和地方政府要进一步加大对民族教育支持力度。”“大力推进双语教学。全面开设汉语课程，全面推广国家通用语言文字。尊重和保障少数民族使用本民族语言文字接受教育的权利。”“加强教育对口支援。”

4. 关心和支持特殊教育，提高残疾人的就业能力。“特殊教育是促进残疾人全面发展、帮助残疾人更好地融入社会的基本途径。各级政府要加快发展特殊教育，把特殊教育事业纳入当地经济社会发展规划，列入议事日程。全社会要关心支持特殊教育。”“提高残疾学生的综合素质。注重潜能开发和缺陷补偿，培养残疾学生积极面对人生、全面融入社会的意识和自尊、自信、自立、自强的精神。加强残疾学生职业技能和就业能力培养。”

5. 加大对贫困地区的教育资金投入，缩小教育的城乡差距和区域差距。“进一步加大农村、边远贫困地区、民族地区教育投入。中央财政通过加大转移支付，支持农村欠发达地区和民族地区教育事业发展，加强关键领域和薄弱环节，解决突出问题。”“继续实施农村义务教育学校教师特设岗位计划，吸引高校毕业生到农村从教；加强农村中小学薄弱学科教师队伍建设，重点培养和补充一批边远贫困地区和革命老区急需紧缺教师；”“实施中西部高等教育振兴计划，加强中西部地方高校优势学科和师资队伍建设；实施东部高校对口支援西部高校计划。”

（十一）全国妇联：《中国妇女发展纲要（2011～2020年）》《中国儿童发展纲要（2011～2020年）》

妇女和儿童作为脆弱群体，在贫困人口的构成当中比例较高，两个纲要的出台有利于保障妇女儿童的权益。其中《中国妇女发展纲要（2011～2020年）》确定了健康、教育、经济、决策与管理、社会保障、环境、法律七个发展领域及各领域的主要目标和策略措施，以保障妇女合法权益，提高妇女社会地位，推动妇女平等依法行使民主权利，平等参与经济社会发展，平等享有改革发展成果。《中国儿童发展纲要（2011～2020年）》确定了健康、教育、福利、社会环境、法律保护五个发展领域及各领域的主要目标和策略措施，以保障儿童生存、发展、受保护和参与的权利，缩小儿童发展的城乡区域差距，提升儿童福利水平和身心健康水平，提高儿童整体素质。

（十二）其他相关规划

一些部委的“十二五”规划虽然还未公开，但是透露出的部分信息还是与促进贫困地区的发展有所联系。如农业部的《农业和农村经济发展“十二五”规划》在总体目标中强调了使“农民收入大幅提高，农民生活更加殷实，新农村建设取得明显成效，城乡发展更加协调”。水利部的《全国水利发展“十二五”规划》的八大目标中就包含“农村饮水安全问题全面解决”和“农村水利基础设施条件明显改善”两项内容。住建部的《“十二五”住房保障规划》基本目标之首便是“着力解决低收入家庭住房困难问题”。工信部在“十二五”规划基本思路中强调“着力优化产业空间布局，促进区域协调发展。要按照构建主体功能区要求，实行差别化的产业政策，鼓励各地选择适宜的发展路径，发展优势产业，实现错位发展。”为贫困地区的产业选择和发展提供了依据。

总结：上述各部委的“十二五”规划对贫困地区的发展以及贫困人口增加收入都作出了表述，由于规划的侧重点不一样，对扶贫开发的指导方向也不尽相同，附表1-1通过表格的形式对各规划与扶贫开发相关的内容进行了简单描述。其中与扶贫相关内容包括：该规划是否直接写有扶贫规划，是否有促进贫困区域发展的政策、资金和项目倾斜，是否有推进农村基础设施建设的政策，是否有促进贫困地区发展的产业政策，是否有拓宽贫困人口就业的政策，是否有保障贫困人口基本生活的社会保障政策，是否有增加贫困人口教育机会的政策等。

附表 1－1 各规划中与扶贫相关的内容总结

规划名称	制定部委	规划区域	贫困人群	与扶贫相关内容						
				扶贫规划	区域发展	基础设施建设	产业政策	促进就业	社会保障	教育公平
《国民经济和社会发展第十二个五年规划纲要》	发改委	全国	全部	√	√	√	√	√	√	√
《城乡社区服务体系建设“十二五”规划》	民政部	全国	全部		√	√		√		
《社会养老服务体系建设“十二五”规划》	民政部	全国	老人						√	
《中国残疾人事业“十二五”发展纲要》	残联	全国	全部	√	√			√	√	√
《兴边富民行动规划》	民委、财政部	边区	全部	√	√	√	√	√	√	√
《扶持人口较少民族发展规划》	民委、发改委、财政部、人行扶贫办	民族地区	少数民族	√	√	√	√	√	√	√
《卫生部“十二五”规划纲要》	卫生部	全国	全部		√				√	
《陕甘宁革命老区振兴规划》	发改委	老区	全部	√	√	√	√	√	√	√
《国家中长期教育改革和发展规划纲要（2010～2020 年）》	教育部	全国	全部		√					√
《国家中长期人才发展规划纲要（2010～2020 年）》	人社部	全国	全部		√					√
《中国妇女发展纲要（2011～2020 年）》	妇联	全国	妇女						√	√
《中国儿童发展纲要（2011～2020 年）》	妇联	全国	儿童						√	√
《农业和农村经济发展“十二五”规划》	农业部	全国	全部		√	√	√	√	√	
《全国水利发展“十二五”规划》	水利部	全国	全部			√				
《“十二五”住房保障规划》	住建部	全国	全部						√	
《工信部“十二五”规划》	工信部	全国	全部		√		√			

二、与扶贫相关的经济社会发展政策文献综述

扶贫开发工作涉及面广，与社会经济生活发展的多个方面紧密联系。长期以来，国家通过制定实施相关的社会经济政策推动扶贫开发，我们从不同的角度予以综述。

（一）关于扶贫与农民工问题的社会经济政策

为提高农民工技能水平和就业能力，促进农村劳动力向非农产业和城镇转移，推进城乡经济社会发展一体化进程，2010 年 1 月，国务院发布《国务院办公厅关于进一步做好农民工培训工作的指导意见》。通知指出，农民工培训工作存在着培训项目缺乏统筹规划、资金使用效益和培训质量不高、监督制约机制不够完善等问题。提出要充分发挥人力资源社会保障、发展改革、教育、科技、财政、住房城乡建设、农业、扶贫等有关部门的作用，相互协作，共同做好农民工培训工作。

《国务院关于解决农民工问题的若干意见》（国发【2006】5 号）指出：农民工问题事关我国经济和社会发展全局。农民工分布在国民经济各个行业，在加工制造业、建筑业、采掘业及环卫、家政、餐饮等服务业中已占从业人员半数以上，是推动我国经济社会发展的重要力量。农民外出务工，为城市创造了财富，为农村增加了收入，为城乡发展注入了活力，成为工业带动农业、城市带动农村、发达地区带动落后地区的有效形式，同时促进了市场导向、自主择业、竞争就业机制的形成，为改变城乡二元结构、解决“三农”问题闯出了一条新路。返乡创业的农民工，带回资金、技术和市场经济观念，直接促进社会主义新农村建设和贫困地区的脱贫致富进程。《国务院关于解决农民工问题的若干意见》从抓紧解决农民工工资偏低和拖欠问题、依法规范农民工劳动管理、搞好农民工就业服务和培训、积极稳妥地解决农民工社会保障问题、切实为农民工提供相关公共服务等方面对解决农民工问题提出了具体的工作要求。

（二）关于扶贫资金管理政策

为了切实加强对国家扶贫资金的管理，提高扶贫资金使用效益，1997

年7月，国务院办公厅印发《国家扶贫资金管理办法》。所谓国家扶贫资金是指中央为解决农村贫困人口温饱问题、支持贫困地区社会经济发展而专项安排的资金，包括支援经济不发达地区发展资金、“三西”农业建设专项补助资金、新增财政扶贫资金、以工代赈资金和扶贫专项贷款。《国家扶贫资金管理办法》明确了增加扶贫投入，国家扶贫资金分配的基本依据，实施扶贫项目的对象，扶贫资金的检查、监督制度等重要内容。

2001年，为加强对扶贫贴息贷款的管理，更好地发挥其在扶贫工作中的作用，中国人民银行、财政部、国务院扶贫开发领导小组办公室、中国农业银行等四部门共同印发《扶贫贴息贷款管理实施办法》。扶贫贴息贷款主要用于国家扶贫开发工作重点县，支持能够带动低收入贫困人口增加收入的种养业、劳动密集型企业、农产品加工企业和市场流通企业，以及基础设施建设项目。

（三）针对贫困妇女的扶贫政策

2009年，《全国妇联关于认真学习贯彻〈中共中央、国务院关于促进农业稳定发展农民持续增收的若干意见〉的通知》（妇字［2009］3号）指出，要加大农村妇女扶贫工作力度，加快妇女脱困致富的步伐。2009年，国家上调扶贫标准后，扶贫开发的目标人群增加到4320万人，农村妇女贫困人口数量增加，妇女扶贫的范围扩大，扶贫开发的任务更为艰巨。各级妇联组织要充分认识农村妇女扶贫工作的新形势，进一步加大扶贫开发工作力度。一要继续加大对革命老区、民族地区、边疆地区、贫困地区妇女的帮扶力度，千方百计为贫困地区妇女脱贫协调政策、争取资源。二要继续加大小额到户贷款帮助农村妇女脱贫的工作力度，在加强监管、防范风险的前提下，积极与金融部门合作，拓宽资金来源渠道，加大金融服务力度，推进农村妇女小额到户贷款工作，推动《关于进一步做好小额到户贷款工作的意见》等一系列政策文件的贯彻落实。三要继续配合政府做好汶川地震灾区的恢复重建和对口支援帮扶工作，继续加大对四川、甘肃等地震灾区农村妇女的政策、资金、项目的倾斜，推动有效实施“千村妇女重建家园计划”。

为推进以改善民生为重点的社会建设，提高扶贫开发水平，推动解决农村贫困妇女“贷款难”问题，提高扶贫资金的综合效益，促进妇女共享改革发展成果，2008年8月，全国妇联、国务院扶贫办印发的《关于进一步做好农村妇女小额到户贷款工作的意见》指出，完善的管理和有效的监督是保障妇女小额到户贷款扶贫工作顺利开展的关键。各级妇联组织和扶贫部门要进一步加强对贷前、贷中和贷后的管理、服务和监督，确保资金正常有效运转。小额到户贷款工作涉及面广、政策性强，与成千上万的贷款妇女利益密切相关。各级妇联组织和扶贫部门要以帮助妇女脱贫致富为着力点，加大服务力度，创新服务方式，拓展服务领域，增强她们的贷款风险意识，推动小额到户贷款工作落到实处。

多年来，各级妇联与农业银行密切配合、通力合作，积极开展农村妇女小额信贷工作，在促进农村妇女增收致富方面取得了成效，积累了一定的经验。为继续加大对农村妇女的金融扶持力度，支持农村妇女积极投身新农村建设，全国妇联和中国农业银行2007年联合下发《关于进一步做好农村妇女小额信贷工作的意见》，提出要强化农村妇女小额信贷工作的服务与管理、加大对农村妇女信贷支持力度、建立推进农村妇女小额信贷工作的长效机制。这对于贫困地区妇女加快脱贫致富进程也具有重要意义。

（四）关于残疾人扶贫政策

2008年3月下发的《中共中央　国务院关于促进残疾人事业发展的意见》中提出要加强残疾人医疗康复和残疾预防工作，加快推进残疾人社会保障体系和服务体系，保障残疾人享有基本医疗卫生服务。覆盖城乡居民的基本医疗卫生服务体系要为残疾人提供安全、有效、方便、价廉的服务。中国残联等部门在《关于加快推进残疾人社会保障体系和服务体系建设的指导意见》中特别提出要加强农村残疾人扶贫服务，促进残疾人脱贫。政府有关部门要将农村贫困残疾人作为扶贫开发重点对象予以扶持，农村金融机构要向残疾人提供方便可及的金融服务，农民专业合作社、农业农村各种社会化服务组织等要加强对残疾人的帮扶。充分发挥县乡两级残疾人服务社的作用，依托政府有关部门、农村金融机构和农民专业合作社、农业农村各种社会化服务组织等，扶持农村残疾人从事种植业、养殖业、手工业、家庭副业等多种形式的生产劳动，提供产前、产中、产后配套服务，帮助农村残疾人获得扶贫贴息贷款，保障农村残疾人充分享受各项惠农政策和社会保障政策，推动残疾人扶贫开发政策与各项社会保障政策的有效衔接。

康复扶贫贷款是为解决农村贫困残疾人温饱问题而安排的专项信贷资金。《中国农业银行康复扶贫贷款管理办法》规定了贷款范围和用途、贷款对象、条件及方式，并明确康复扶贫贷款坚持开发式扶贫、扶持到户到人的方针，以扶持贫困残疾人解决温饱为目标，依据政策导向，强化资金管理，优化贷款结构，努力提高信贷资金的使用效益。

（五）少数民族扶贫政策

在我国55个少数民族中，有22个少数民族的人口在10万人以下，总人口63万人（2000年第五次全国人口普查数），统称人口较少民族。新中国成立以来，这些民族政治上得到翻身，经济社会持续发展，人民生活得到明显改善。但是，由于历史、自然条件等方面的原因，这些民族的经济和社会发展总体水平还比较落后，贫困问题仍较突出。2005年8月，国家民委、国家发改委等五部委联合印发《扶持人口较少民族发展规划（2005~2010年）》，提出要通过五年左右的努力，使人口较少民族聚居的行政村基础设施得到明显改善，群众生产生活存在的突出问题得到有效解决，基本解决现有贫困人口的温饱问题，经济社会发展基本达到当地中等或以上水平。再经过一段时间的努力，使人口较少民族达到全面建设小康社会的要求。这项规划从加强基础设施建设、调整经济结构，发展特色产业，发展科技、教育、卫生、文化等社会事业，加强培训，提高人口素质等方面明确了相应的政策措施。

（六）扶贫与社会保护政策

社会保护政策与扶贫减贫密切相关。我国与反贫困相关的社会保护政策涵盖很广泛。为了便于阐述，我们将各项政策概括为五个大类，分别是：养老保险政策与减贫，医疗保险政策与减贫，社会福利政策与减贫，社会救助政策与减贫，就业政策与减贫。

1. 与扶贫相关的社会救助政策。这一部分是社会保护政策与扶贫开发最紧密相关的内容。主要分为几个类别。

第一类直接与扶贫相关，包括《中共中央国务院关于尽快解决农村贫困人口温饱问题的决定》《国务院办公厅关于切实做好扶贫开发工作的通知》《国务院关于印发中国农村扶贫开发纲要（2001～2010年）的通知》，这些决定和通知是我国扶贫开发的纲领性文件，在整个扶贫开发事业的发展中，起到并继续起着不可替代的重要作用。《关于〈共同做好整村推进扶贫开发构建和谐文明新村工作的意见行政许可若干规定〉的通知》《中共中央办公厅、国务院办公厅关于转发〈民政部、国务院扶贫开发领导小组关于在大中城市开展经常性捐助活动支援灾区、贫困地区的意见〉的通知》《国务院办公厅关于印发〈国家扶贫资金管理办法〉》等对扶贫开发中政策推进、捐助活动和扶贫资金管理等具体扶贫方式进行规范，保障扶贫活动有序进行。

第二类关于低保和五保制度相关的政策。《农村五保供养工作条例》《国务院关于在全国建立农村最低生活保障制度的通知》《城市居民最低生活保障条例》《民政部财政部关于妥善安排城市居民最低生活保障家庭生活有关问题的通知》，分别对不同群体的基本生活进行保障。这对于低收入群体有重要意义，在防止低收入人口转变为贫困人口的过程中体现出明显成效。

第三类教育、医疗、计生、救灾捐赠管理和流浪乞讨人员等的专项规定。包括《国务院办公厅转发财政部教育部关于加快国家扶贫开发工作重点县“两免一补”实施步伐有关工作意见的通知》《关于印发〈农村医疗救助基金管理试行办法〉的通知》《关于印发〈基层人口计生专干特困家庭救助专项资金管理办法（暂行）〉的通知》《转发民政部等部门关于建立城市医疗救助制度试点工作意见的通知》和《城市生活无着的流浪乞讨人员救助管理办法》等。

2. 与扶贫相关的养老保险政策。养老保险政策中，与减贫相关的主要有6项。分别是：《救灾捐赠管理暂行办法》《县级农村社会养老保险基本方案（试行）》《关于认真做好当前农村养老保险工作的通知》《国务院关于开展新型农村社会养老保险试点的指导意见》《关于进一步防范农村社会养老保险基金风险的紧急通知》《关于做好农村社会养老保险和被征地农民社会保障工作有关问题的通知》《关于城镇贫困残疾人个体户参加基本养老保险给予适当补贴有关问题的通知》。以下描述各政策大致内容。

《县级农村社会养老保险基本方案（试行）》，1992年1月3日生效。农村社会养老保险是国家保障全体农民老年基本生活的制度，是政府的一项重要社会政策。《县级农村社会养老保险基本方案（试行）》的保险对象是非城镇户口、不由国家供应商品粮的农村人口，也即参保对象是农村的贫困易发人群。此方案对养老保险的基本方案作出基本规定，为包含贫困人口在内的农村人口养老提供了一定程度的保障。《关于认真做好当前农村养老保险工作的通知》，2003年11月20日生效。要求各地因地制宜，分类指导，积极稳妥地推进农村养老保险。提出了保障农村养老保险的若干基本原则。《国务院关于开展新型农村社会养老保险试点的指导意见》提出，年满16周岁（不含在校学生）、未参加城镇职工基本养老保险的农村居民，按自愿的原则参加新农保，阐明了新农保基金的个人缴费、集体补助、政府补贴构成、基金管理等详细内容。《关于进一步防范农村社会养老保险基金风险的紧急通知》（以下简称《通知》），2004年10月10日生效。针对一些地方农村社会养老保险基金通过委托非银行金融机构理财等方式投资资本市场的现象，提出紧急应对策略。《通知》指出，将农村养老保险基金过分致力于获得高于银行存款或国债利率的收益，会导致部分农村社会养老保险基金难以收回，严重危及了农村社会养老保险基金的安全。《通知》对农村社会养老保险基金的使用等进行规范，保障农村贫困人口的养老资金来源。《关于做好农村社会养老保险和被征地农民社会保障工作有关问题的通知》，2007年8月17日生效。《通知》提出推进新型农保试点工作，保障农民参保的待遇水平，保障被征地农民保障工作。农村人口尤其是被征地农民是贫困多发群体，保障他们的养老保险利益，对减贫有直接帮助。《关于城镇贫困残疾人个体户参加基本养老保险给予适当补贴有关问题的通知》由劳保部、财政部和残疾人联合会颁发，2005年6月10日生效。这一通知指出，要对城镇贫困残疾人个体户参加基本养老保险进行适当补贴。

3. 与扶贫相关的医疗保险政策。与减贫相关的医疗保险政策主要有9项，分别是《关于进一步做好新型农村合作医疗试点工作的指导意见》《农村医疗救助基金管理试行办法》《卫生部、财政部关于做好2007年新型农村合作医疗工作的通知》《关于城镇灵活就业人员参加基本医疗保险的指导意见》《关于全面开展城镇居民基本医疗保险工作的通知》《关于城镇居民基本医疗保险医疗服务管理的意见》《农村医疗救助基金管理试行办法》《关于进一步改善建筑业农民工作业、生活环境切实保障农民工职业健康的通知》和《关于妥善解决关闭破产国有企业退休人员等医疗保障有关问题的通知》。

《关于进一步做好新型农村合作医疗试点工作的指导意见》于2004年颁发，针对农村医疗保障的严重缺失，提出对农村医疗合作进行试点。这对于保障为数众多的农村贫困群体意义重大。《农村医疗救助基金管理试行办法》是为了加强农村医疗救助基金管理而于2004年1月5日印发。《卫生部、财政部关于做好2007年新型农村合作医疗工作的通知》于2007年3月2日生效。是2003年以来，各地区新型农村合作医疗试点工作稳妥推进，取得显著成效后，从试点转入全面推进阶段的一个重要举措。其目的在于贯彻落实2007年全国新型农村合作医疗工作会议精神，做好2007年新型农村合作医疗工作。《通知》提出从2007年开始，全国新型农村合作医疗由试点阶段进入全面推进阶段，要在全国80%以上的县（市、区）建立新型农村合作医疗制度。这一制度在保障农村贫困人口方面起到很大作用。

城镇医疗保险方面，《关于城镇居民基本医疗保险医疗服务管理的意见》产生的背景是以非全日制、临时性和弹性工作等灵活形式就业的人员（以下简称“灵活就业人员”）逐步增加，这部分人的医疗保障问题日益突出。这一意见将灵活就业人员纳入基本医疗保险制度范围，给城镇灵活就业的贫困人口提供了一定程度的保障。《关于全面开展城镇居民基本医疗保险工作的通知》和《关于城镇居民基本医疗保险医疗服务管理的意见》对城镇居民的基本医疗保险作了总括性的规定，也涵盖了一定的针对贫困人口的考量。

此外，《关于进一步改善建筑业农民工作业、生活环境切实保障农民工职业健康的通知》和《关于妥善解决关闭破产国有企业退休人员等医疗保障有关问题的通知》分别对农民工、破产国企退休人员的医疗提供保障，这些群体中的贫困人口将受益。

4. 与扶贫相关的社会福利政策。这类政策的针对性强，规定也相对明确。所面向的对象中，有部分群体容易陷入贫困。具体地说，这部分政策有：《民政部关于印发〈民政部关于社会福利基金筹集、管理与使用规定〉的通知》《军人抚恤优待条例》《革命烈士褒扬条例》《残疾人教育条例》《残疾人社会福利机构基本规范》《财政部国家税务总局关于促进残疾人就业税收优惠政策的通知》和《残疾人就业条例》。由于各项政策针对性明显，这里不作进一步阐述。

5. 与扶贫相关的就业政策。在《中华人民共和国就业促进法》《中华人民共和国劳动合同法》的总领下，我国推出多项与就业相关的保障政策。与减贫相关的主要有：《失业保险条例》《国务院办公厅转发劳动保障部关于做好被征地农民就业培训和社会保障工作指导意见的通知》《失业保险金申领发放办法》《关于下岗失业人员再就业有关税收政策具体实施意见的通知》《国务院关于进一步加强就业再就业工作的通知》《国务院办公厅关于下岗失业人员从事个体经营有关收费优惠政策的通知》《关于进一步做好下岗失业人员再就业工作的通知》等。

（七）与扶贫相关的其他社会经济政策

1996 年 10 月发布的《中共中央、国务院关于尽快解决农村贫困人口温饱问题的决定》指出：把有助于直接解决群众温饱问题的种植业、养殖业和以当地农副产品为原料的加工业，作为扶贫开发的重点。根据目前贫困地区的条件，过多地上一般工业项目是不切实际的。从多年的实践看，与其他产业比较，种植业、养殖业、林果业和以当地农副产品为原料的加工业是最有效的扶贫产业。发展这些生产，不仅能够充分发挥区域资源优势，有广阔的市场，投资少，见效快，成功率高，而且覆盖面广，家家户户都能干，家家户户都受益。扶贫攻坚必须把发展这些产业作为重点，优先安排。国家扶贫专项贷款要集中用于这些产业，其他扶贫资金也要向这些产业倾斜并与之配套使用。扶持的方式，主要支持带动贫困户脱贫的龙头企业，把贫困户脱贫致富与发展农业产业化结合起来。

目前，在我国农村实行的最低生活保障（以下简称“农村低保”）制度和扶贫开发政策（以下简称“两项制度”），都是以农村贫困人口为扶持对象的，实现两项制度的有效衔接，对于充分发挥两项制度的作用，确保农村贫困人口共享改革发展成果，进一步激发其自力更生、艰苦奋斗的精神具有重大意义。2010 年，国务院办公厅转发《扶贫办等部门关于做好农村最低生活保障制度和扶贫开发政策有效衔接扩大试点工作意见》

（国办发【2010】31 号），其目的是通过从程序、政策和管理三方面探索两项制度的有效衔接，充分发挥“农村低保”制度和扶贫开发政策的作用，保障农村贫困人口基本生活，提高收入水平和自我发展能力，从而稳定解决温饱并实现脱贫致富，为全面实施“两项制度”有效衔接、实现到 2020 年基本消除绝对贫困现象的目标奠定基础。其基本原则是：坚持公开、公平、公正，合理确定农村低保和扶贫对象；坚持根据农村贫困人口的地域分布特点和不同地区两项制度标准的差异情况，实行分类指导；坚持政府支持、社会各界帮扶和农民自力更生相结合，实现对农村贫困人口的全面扶持。

贫困地区往往和灾害多发易发相联系。2009 年，民政部下发《民政部关于加强救灾应急体系建设的指导意见》（民发【2009】148 号），提出要以提高救灾应急能力为核心，坚持应急救灾与常态减灾相结合、救灾减灾并重、城市农村统筹、政府社会协同、治标治本兼顾，综合运用行政、法律、科技、市场等多种手段，统筹做好灾前、灾中和灾后各阶段的应对工作，全面提高应对自然灾害的综合防范和应急处置能力。

国家还出台相关政策，保障困难群众基本医疗需求，这也是新形势下扶贫的重要内容。2009 年，民政部等五部委联合下发《关于进一步完善城乡医疗救助制度的意见》（民发【2009】81 号）。提出要搞好医疗救助制度与相关社会保障制度的衔接，探索建立城乡一体化的医疗救助制度；坚持突出重点，分类施救，公开便捷，发挥医疗救助的救急救难作用；坚持政府主导，社会参与，大力发展医疗慈善事业。同时还提出：合理确定救助范围、实行多种方式救助、完善救助服务内容，在切实将城乡低保家庭成员和五保户纳入医疗救助范围的基础上，逐步将其他经济困难家庭人员纳入医疗救助范围。其他经济困难家庭人员主要包括低收入家庭重病患者以及当地政府规定的其他特殊困难人员。

1999 年，国家颁布《中华人民共和国公益事业捐赠法》，对救助灾害、救济贫困、扶助残疾人等困难的社会群体和个人的公益捐赠行为进行了规范，有利于保护捐赠人、受赠人和受益人的合法权益，促进公益事业的发展。

《国务院办公厅转发财政部教育部关于加快国家扶贫开发工作重点县“两免一补”实施步伐有关工作意见的通知》提出，对农村义务教育阶段贫困家庭学生实行“两免一补”（免书本费、免杂费、补助寄宿生生活费）政策，并加快对国家扶贫开发工作重点县的实施步伐，对于促进农村税费改革，减轻农民负担，加快贫困地区脱贫致富步伐，巩固农村义务教育“以县为主”的管理体制，加快农村义务教育事业的发展，具有十分重要的意义。各地财政、教育部门要结合农村贫困人口的有关标准和农村贫困家庭学生就学的实际情况，制定科学合理的享受“两免一补”政策的贫困家庭学生标准，合理确定资助对象。

三、专项扶贫政策背景研究报告

（一）中国农村扶贫政策的演化阶段

根据我国经济发展方式和扶贫开发政策的演变过程，我国的农村扶贫政策变化大致可以划分为：

1. 1949～1978年的救济式扶贫政策阶段。建国伊始，贫困在中国还是一种普遍现象。当时实行计划经济体制，集中人、财、物进行社会主义新经济建设。农村经济体制经过社会主义合作化改造后，形成了以人民公社为代表的集体经济体制，实行平均主义收入分配制度。政府扶贫具有扶贫意义的政策主要就是政府针对因灾致贫人口和战争伤残人口进行救济，多采取社会救济、自然灾害救济和优抚救济等方式。这些政策只能是暂时性的救济，并不能从根本上提高贫困地区的自我发展能力，因此这一阶段被称作是救济式扶贫政策阶段。

2. 1978～1985年的经济体制改革减贫政策阶段。党的十一届三中全会以后，中国转变农村扶贫思路，确定贫困人口数量，寻找造成农村贫困的根源，推行农村家庭联产承包责任制，同时配套推出了多项改革措施，如逐步提高农产品收购价格、大力发展乡镇企业等。这些举措极大地激发了广大农民的生产积极性，增加了农民的农业收入和非农收入，农村贫困问题得到大幅度缓解，促进了国民经济的快速发展。中国农村反贫困方式也由改革开放前分散的生活救济式扶贫逐渐向发展带动式转变。

3. 1986～1993年的大规模开发式扶贫政策阶段。在农村改革措施的推动下，中国农村经济整体发展很快，同时农村区域发展不平衡的问题开始凸显，为了有针对性地做好扶贫工作，国务院于 1986 年成立“贫困地区经济开发领导小组”统一规划和指导全国的农村反贫困工作。全国人民代表大会六届四次会议又把扶持“老、少、边、穷”地区尽快摆脱经济、文化落后状况作为一项重要内容，列入国民经济“七五”（1986～1990 年）发展计划。确定了以县为单位的国家扶贫重点地区，为今后的区域反贫困打下了坚实的基础。同时，提出“对口帮扶”的口号，号召社会各界积极参与到农村贫困地区的发展建设中来。重点发展方向是解决绝对贫困人口的温饱问题，提高农村贫困地区的自身积累能力和自我发展能力，逐步实现发展商品经济的能力，从而确立了开发式扶贫的方针。

4. 1994～2000 年的扶贫攻坚政策阶段。这一阶段随着农村改革的深入，随着经济发展的带动，农村因制度引致的贫困人口逐渐减少了；贫困人口体现出越来越明显的地缘性特征，即贫困主要是由于恶劣的自然条件、薄弱的基础设施以及社会发展落后等原因造成的。正因为发生了这种变化，使扶贫逐渐从体制改革带动、经济增长带动和项目开发两种方式并重的局面转变为只能靠项目开发一种方式扶贫的局面。从客观上决定了必须实施扶贫到户战略。因此，在地缘性贫困为主的地区中，只能通过具体的、有针对性的项目开发来带动扶贫。1994 年 3 月以《国家八七扶贫攻坚计划》的公布实施为标志，中国农村扶贫开发进入到了攻坚阶段。

5. 2001 年至今基本消除贫困政策阶段。2001 年 5 月，国务院制定了《中国农村扶贫开发纲要（2001～2010 年）》，就未来十年的农村扶贫开发进行了全面部署。在进入扶贫攻坚阶段后，我国农村扶贫开发的战略重点和战略格局发生了重大变化，即由过去集中全力解决大量贫困人口的脱贫问题转向解决少数绝对贫困人口的温饱问题，并解决已脱贫人口的不再返贫问题，为农村小康社会建设创造条件。但 2003 年出现的全国贫困人口不减反增现象，不仅印证了扶贫开发战略重点和战略格局需要变化，而且也对新时期的扶贫攻坚战役提出了新的警示。2000 年后，开始采用县、村两级目标瞄准机制，扶贫资金主要用于扶贫开发工作重点县和重点村，并且对加强扶贫资金的管理给予了突出强调。

（二）目前中国农村主要扶贫政策及其措施

我国政府自建国以来，采取了多种扶贫政策以解决农村的贫困问题，尤其是在实施《国家八七扶贫攻坚计划》和完成《中国农村扶贫开发纲要（2001～2010年）》时，采用了多种较为有效的措施，主要有：

1. 整村推进扶贫。由于我国经济的快速增长和我国政府贫困工作力度的加强，面临贫困人口分布日益呈现出分散的趋势，只有划小扶贫单元，直接瞄准贫困人口才能取得好的效果。因此，以村为单位的整村推进扶贫开发就成了适合我国当前贫困状况的新的开发模式。

整村推进扶贫开发模式有明显优势：第一是改变了过去以贫困县为对象的分散扶贫方式，充分发挥整体规划、规范运作的优势。第二是集中优势资源，结合各个贫困村的实际情况，充分挖掘当地的比较优势来选择项目，同时对项目的实施过程进行调控，直接提高贫困户的收入水平。第三是可以集中利用较大规模的资金和其他资源，在较短的时间内使贫困村的基础和社会服务设施、生产和生活条件以及产业发展等方面有较大的改善。第四是各类项目之间能相互配合以发挥更大的综合效益。从而使贫困人口在整体上摆脱贫困，同时提高贫困社区和贫困人口的综合生产能力。

2. 产业化扶贫。产业化是指以市场为导向，以效益为中心，围绕一个或多个相关农副产品项目，组织众多主体参与，进行生产、加工、销售一体化的活动，并在发展过程中逐渐形成一个新产业体系的过程。

产业化扶贫主要采取的措施有以下几个：一是实施专业化生产，延长产业链，提高农产品的附加值，进而获得较大的市场收益，以增加农民的收入。二是通过调整农村产业结构，依托农区的特色资源，形成特色产业，提供特色农产品，并通过市场化运营带动贫困地区交通运输业和服务业等相关产业的发展，改变原来贫困农村产业结构单一的局面。三是在推广农业产业化的进程中，促进农业科技的应用和推广。四是培育龙头企业，并对这些在贫困区建立的对扶贫做出突出贡献的龙头企业，政府给予扶持，提供税收优惠、信贷优惠以及土地使用政策等。这样既减少了农民单独面对市场的不确定性和风险，也有利于实现农村剩余劳动力的转移。

3. 自愿移民扶贫模式。自愿移民扶贫模式主要是指将生活在自然条件极端恶劣，生态环境脆弱，发展投入成本高、难度大的地区的贫困人口，集体搬迁到生产生活环境相对较好的地区，从而实现贫困户脱贫的开发模式。采取异地整体搬迁的扶贫模式则既可以改变贫困农户的生存环境和生产条件，又节约了扶贫成本。

目前来看，自愿移民搬迁扶贫方式的组织依然是政府主导。移民搬迁的去向主要是县内搬迁，集中安置。贫困区的农民搬迁之后，生产方式仍然是以农业为主。移民搬迁改善了贫困农户的生产生活条件，扩大了社会效益，使贫困区农民可以享受到包括道路、电力、通讯、教育、医疗、卫生以及农田水利等在内的基础设施建设。增强了农民的市场意识和商品意识，方便了农民进城务工。

4. 劳动力输出培训扶贫模式。农村劳动力转移是解决我国农村贫困地区劳动生产率低下、人均收入较低的一个重要手段。通过农村剩余劳动的转移和输出，一方面增加了农民的就业机会，从而提高了贫困地区人口的收入水平。另一个方面，也提高了农民的技术水平和市场意识，提高了农民素质。其组织形式同样是政府主导，由相关政府部门利用当地中等技术学校和其他教学条件，建立劳动力转移培训基地，并从组织、资金等方面加强指导和扶持。

贫困地区劳动力输出培训提高了贫困剩余农村劳动力的技术水平，掌握一技之长，为获得相对稳定的就业机会，提高收入水平创造了条件。

5. 以工代赈。以工代赈是指政府投资建设基础设施工程，受赈济者参加工程建设获得劳务报酬，以此取代直接救济的一种扶持政策。

实施以工代赈政策：第一，能够充分调动两个积极性。即国家资金投入的积极性和当地民众劳动力投入的积极性，缺一不可。第二，能够充分体现投资者、劳动者的相互权益和责任。第三，能够广泛动员全社会力量，多渠道筹措建设资金，有钱出钱，有物出物，有劳出劳。第四，边远贫困地区进行基础设施建设，大量的投资可以拉动经济的较快发展。第五，贫困农牧民通过务工增加了收入，活跃了国内消费市场。第六，基础设施条件的改变，为可持续发展战略奠定了基础，以工代赈是国家进行基础设施建设聚集建设资金的最佳方式和手段。

6. 科技扶贫。科技扶贫是国家科学技术委员会于1986年提出并组织实施的一项在农村进行的重要的反贫困战略举措，是我国政府开发扶贫战略的重要组成部分。其宗旨是应用先进适用的科学技术改革贫困地区封闭的小农经济模式，提高农民的科学文化素质，提高其资源开发水平和劳动生产率，促进商品经济发展，加快农民脱贫致富的步伐。科技扶贫主要是通过星火计划，实施重大科技示范项目，建立科技示范点，进行科技培训等，使一大批先进、实用的科学技术引入贫困地区，指导和带动贫困农民依靠科技发展生产，提高贫困地区资源开发水平和劳动生产率，促进贫困地区的经济发展，加快当地农民脱贫致富的步伐。

在2001～2010年这十年里，科技部按照《中国农村扶贫开发纲要（2001～2010年）》要求，紧密围绕贫困地区经济社会发展中的科技需求，帮助定点县引进项目资金近4亿元，帮助引进人才1035人次，引进技术378项次，促进了农民增收脱贫，大力推进了贫困地区社会主义新农村建设。

7. 定点扶贫。中国定点扶贫工作始于1986年，最初是由科技、农业、林业、地质矿产等10个部委分别在全国18个集中连片的贫困地区选定一个区域作为联系点开展定点扶贫。从1987年开始，中央和国家机关部门都重点联系一个贫困地区，每年派出工作团组，进行定点扶贫。到2002年，国家确定了272个中央部委和企事业单位定点帮扶481个国家扶贫开发工作重点县。定点扶贫是中国特色扶贫开发道路的一项创举，是整个扶贫开发工作的一支重要力量。

中央国家机关等单位开展定点扶贫工作二十多年的实践经验有三个鲜明特点：一是注重发挥行业优势，推动定点县改善基础设施，发展优势特色产业。二是注重发挥部门特点，为定点县牵线搭桥，引进资金项目。三是注重人才、技术投入，为定点县提供智力支持。

8. 对口帮扶（东西协作）扶贫。在扶贫开发中，我国采取东部较发达省市对口支援西部省、自治区发展的方式，加快西部贫困地区脱贫步伐。协作双方根据“优势互补、互惠互利、长期合作、共同发展”的原则，在企业合作、项目援助、人才交流等方面开展多层次、全方位的扶贫协作。

东西扶贫协作为中国解决贫困人口的温饱问题作出了重大贡献，有力地促进了国民经济的发展、民族的团结、边疆的巩固和社会的稳定。协作双方的团结互助、携手奋斗、共同发展，进一步增强了中华民族的凝聚力和向心力，对于构建社会主义和谐社会具有重大意义。

9. 雨露计划。雨露计划是扶贫部门组织实施的贫困地区人力资源开发计划的总称。它以贫困人口为主要对象，以职业教育、就业培训和农业实用技术培训为主要手段，通过实施多层次、多形式的培训，达到提高贫困人口综合素质的目的。

雨露计划简言之，就是政府出资金，为贫困中青年劳动力提供学习培训与就业机会。以政府引导、社会参与为特色，以提高素质、增强就业与创业能力为宗旨，以引导性培训、职业技能培训、创业培训为手段，以促进转移就业、自主创业为途径，以发展生产、增加收入为目的而实施的一项扶贫开发重要措施。

10. 开展国际合作。进入20世纪90年代，中国政府积极探索借鉴国际反贫困经验，不断扩大与国际组织在扶贫领域的合作。1992年，中国政府与世界银行联合召开了“20世纪90年代中国扶贫战略的研讨会”后，双方于1995年在中国最贫困的西南地区实施综合性、跨行业、跨部门的扶贫开发项目——世界银行中国西南扶贫开发项目，开始了中国政府在扶贫领域与国际社会的合作，具体组织、协调、管理中外合作的扶贫开发项目，取得了很好的效果。

在扶贫领域的国际合作中，世界银行与中国的扶贫合作投入规模最大，近几年随着我国改革开放程度的不断提升，国外的一些慈善基金组织也开始逐步参与支持我国贫困地区的扶贫开发。

四、“集中连片特殊类型困难地区”研究文献综述

这里我们主要对集中连片特殊困难地区研究进行了综述。从空间分布的角度看，贫困地区往往都是由相邻相关的多个地区共同结合而成，这就产生了贫困的集中连片现象。在我国贫困的集中连片现象更为明显，因此集中连片开发是中国的一个重要扶贫思路。目前中国的扶贫工作正处在一个新的历史起点上，集中连片特殊困难地区成为了下一阶段扶贫开发工作的重点[①]（任保平，2005）。

（一）集中连片特殊困难地区研究的基本概述

集中连片特殊困难地区这一基本概念与中国传统的集中连片开发理论

① 人民政协报专访范小建．特殊类型贫困地区将成为扶贫的重中之重．国务院扶贫办官方网站（http：//www.cpad.gov.cn）

有着较强的继承性。过去中国采用了连片开发的扶贫模式，但近年来中国的贫困格局发生变化，贫困逐渐集中在常规手段不能有效推动的区域，这些区域往往在环境因素、区位因素和文化因素等方面存在特殊性，所以也被称为特殊类型贫困地区，由于其仍然呈一定的空间连片性，所以集中连片特殊困难地区概念应运而生。但作为一个新概念，其相关研究仍然非常有限。

事实上，集中连片特殊困难地区的政策导向内涵可能要高于其学术研究内涵，片区的划分和筛选更多地体现了政府意志，客观性还有待事实的检验。目前，具体的集中连片特殊困难地区仍然是政府规划中的内容，在外部研究上存在难度，系统研究较少。总体上只能将环境、区位和文化等特点作为集中连片特殊困难地区研究的总结归纳，但具体的研究报道并不完全意味着能够真正落入到最后政府划定的具体片区内，所以只有参考意义。过去国内关于特殊类型贫困地区的划分有较多种类，影响力较大的主要有两种。未来集中连片特殊困难地区的研究可能也会继承与之相似的脉络。具体问题具体分析，是集中连片特殊困难地区在研究和规划中所应遵循的核心原则。

此外，由于大型自然灾害往往都会造成大范围的因灾致贫和因灾返贫，因此从广义的角度讲，灾区也是一类特殊因素致贫的集中连片地区。尽管未来政府是否会将灾区纳入到集中连片特殊困难地区范畴内还有待事实检验，但从学术的角度讲，灾区应当给予一定的关注。

（二）连片开发与集中连片特殊困难地区

连片开发是中国大规模开发式扶贫阶段（1986～1993年）时期所开始实行的一项扶贫开发政策。如前所述，由于贫困人口在分布上具有空间集中连片的现象，其相对有利于依托政府系统进行各项工作的开展，使“集中力量办大事”成为可能，因此连片开发成为了较为有效的扶贫开发方式。由于连片贫困区往往在致贫原因上有较大相似性和普遍性［如河南省及相邻省区交界地普遍存在的“平原农区现象”（李政新，2005）］，因此采用系统的措施进行整体协调开发效果往往更好。另一方面，中国的绝对贫困问题主要发生在农村，这使得农业开发成为扶贫开发的重要组成部分，由于我国荒芜土地资源相对集中分布，并且农业制约性因素和粗放经营农地呈区域性分异的状态，导致农业开发也表现出了区域性的连片开发特点（刘志群，1993），而一些中低产田的改造工作通常也更适合集中连片治理（曾庆祝，1997）。这些特点使得连片开发的方式在扶贫开发中具有较好的适用性，有利于贫困地区集中力量发展各种产业，在过去实践中其已经成为了实现稳定脱贫的重要途径（朱丽琴等，1998）。在产业发展过程中，连片开发有利于集约化和规模化，并实现村与村之间的优势互补，减少冲突竞争（若见，2010）。此外，集中连片的开发模式也有利于乡镇企业产生聚集效应，节约土地和减少环境污染（杨家禄，1997）。目前我国连片开发的规划在制定上，主要由县级规划对村级规划进行整合，这种板块推进、连片开发式的扶贫战略，有利于资源的整合，在扶贫资源有限的条件下具有很好的效果（路高信，2008）。在新时期，部分少数民族聚集贫困区往往呈连片分布，使连片开发手段仍然具有较大的运用空间（朱志民，2010）。

近年来随着贫困格局变化，集中连片特殊困难地区概念应运而生。集中连片特殊困难地区是指因自然、民族、历史、政治等原因导致一般经济增长不能带动、常规扶贫手段难以奏效的集中连片贫困地区。但在地区的划分标准上并没有形成统一的观点，完全由政府决定，有很强的随意性（任保平，2005）。近年来的贫困地区与20世纪80年代所确定的集中连片地区之间也有所变化（黄科，2010）。最近政府重新划定了11个集中连片特殊困难地区，但关于每个片区的具体涵盖范围还有待考证。

在研究的层面上，集中连片特殊困难地区作为一种同时整合了集中连片贫困地区与特殊贫困地区的新型概念，导致不可避免地存在结构零散、概念模糊、区域重合等问题。为了进行有效的识别和研究，有必要在突出特点的前提下进行分类归纳。致贫因素的多重性会给分类带来了一些分歧。这里选择了两种影响力较大的观点作为框架进行梳理。分别简称为第Ⅰ类分类方法及第 Ⅱ类分类方法。此外也对灾区给予一定的关注。

（三）第Ⅰ类分类方法

第Ⅰ类分类方法基本源自特殊类型贫困地区的分类方法。其将集中连片特殊困难地区分为石山区、荒漠区、高寒山区、黄土高原区、地方病高发区、人口较少民族地区、“直过区”（从原始社会直接过渡到社会主义社会地区）以及边境地区。

1. 石山区。我国西南地区有一个以碳酸盐岩地层为主的喀斯特地貌裸露岩溶带，总面积达到 74 万 km^2，称为中国南方岩溶石山区，其岩石大量裸露，地势险峻，耕地的水土流失严重而且地下水系难以开采。当地居住了 31 个少数民族，人口达 4000 多万以上，“八七扶贫攻坚战”时这一地区便是主要战场之一（贾晔，1994）。该地区对自然资源的过度开采导致了土地石漠化，滥伐、滥牧、滥樵等现象对林业造成了较大破坏，资源的减少进一步加重了当地贫困（花金秋，2002）。目前各方关于石山区的扶贫开发研究仍然主要集中在加强石漠化治理工作的技术环节（朱远峰，1996），加快开发水源的步伐（杨胜元，2002）。在产业方面，因地制宜地开展各色产业，通过项目带动、产业拉动、以工促农的方式实现经济增长（向泽纯，2009）。在制度方面，唐峻东（2008）还提出过应加速推进部分石山区集体林权制度改革的观点。

2、荒漠区。荒漠区是指湿润指数范围在 0.05 ~ 0.65 的干旱、半干旱、亚湿润干旱区。我国荒漠化地区主要位于青藏高原西部、蒙新高原及黄土高原北部边缘，覆盖总人口超过 1 亿人，也是多个少数民族的聚集区域（刘虎祥等，1998）。这些地区的经济资源承载能力大都处于超载状态（宋轩等，2005），草原生态环境已经濒临崩溃，自然灾害多发，土地可利用资源日益减少（陈浩等，2007）。目前的研究观点主要集中在应对的技术性手段上，有观点认为应当通过生态移民等工作减缓当地过重的人口压力，建立行之有效的草原生态补偿机制，完善草原资源的产权制度（樊胜岳等，2010）。而因地制宜地在人工造林基础上开展种枣等特色产业也是新发展方向。

3. 高寒山区。高寒山区在我国西部地区分布较为密集，高寒山区一般是指拥有大量积雪的山脉顶层，海拔大多 800 米以上，通常温度较低，动植物生育期短，而且局部地区的小气候较为明显，雪灾等自然灾害频发（陈全功，1996），生存环境较为恶劣，给生产活动带来不利影响。由于高寒山区远离经济中心，人口稀疏、交通不便，一般支柱产业带动的扶贫工作难以有效惠及（朱玲，2006）。目前，关于高寒山区扶贫开发的针对性研究文献非常少。

4. 黄土高原。黄土高原位于中国北方太行山以西，乌鞘岭以东，秦岭以北，长城以南，面积约为 40 万 km^2，其丘陵沟壑区是全世界水土流失最为严重的地区。落后的产业结构与人口巨大承载所带来的开垦荒地破坏已经成为了当地生态环境恶化的首要因素（董锁成，2003），其减贫必须依赖可持续发展，通过围绕循环经济体系开展未来的经济建设，实现“资源——环境——产业——资源——环境”的大循环（董锁成等，2005）。目前在技术上的主要研究观点认为，黄土高原减贫首先要打破恶性循环机制，缓解日益恶化的水土流失问题（王越，2006）。利用黄土颗粒将降水就地分散入渗拦蓄等具体方法也有所报道（朱显谟，1998）。对于正在进行的治理项目，还需要借鉴先进经验，建立更加科学的管理机制，提高项目实施效果（许成绩，2006）。

5. 地方病高发区。中国地方病高发，全国 592 个国家扶贫工作重点县有 576 个是地方病流行的重病区①。我国地方病不但分布广而且病种多（钱强等，1999）。很多地方病的发生与地下水的污染之间有着较为密切的关系。地方病高发使得贫困地区形成了越穷越病、越病越穷的恶性循环（卫生部地方病防治司，1993）。相关制度研究主要集中在切实增加地方病防治经费（王威，1999），加快农村社保制度建设上（李涛，2005）。

6. 人口较少民族地区。人口较少民族指人口在 10 万以下的民族，我国共有 22 个人口较少民族，大多数人口较少民族经济社会发展水平落后（左岫仙，2010）。有研究将其根据贫困程度划分为四个级别，认为处在三级以上贫困状态的民族有 17 个（吴海鹰等，2005）。部分人口较少民族在民族间的交往中也长期受到周边强势民族的欺压，导致在生产方式和文化上较为封闭，非常脆弱（麻三山，2005）。在对毛南族的研究中，王志勇（2007）提出要立足于村寨，通过教育与交流，改善人口较少民族的思想观念，减少传统观念对经济社会发展所带来的负面影响（王志勇，2007）。起建凌等人（2009）通过对阿昌族的研究，提出了后发优势的概念，认为人口较少民族地区应吸收发达地区技术经验。

7. “直过区”。新中国成立时，中国各地原始社会、奴隶社会、封建社会到资本主义社会几乎同时存在（马进卫，2009）。“直过区”是指在我国民主改革和社会主义改造前，处于原始公社（或其残余）的社会经

---

① 我国将改善地方病高发区饮用水，中国地质环境信息网，http：//www.cigem.gov.cn/

济形态直接过渡进入社会主义社会形态的民族地区（徐俊，2010）。“直过区”绝大部分分布在自然条件恶劣的区域，其自然资源禀赋较差，自然地理环境的限制较为明显（白琳，2010）。而且“直过区”生产力水平差，耕地利用水平低（彭尔瑞等，2010）。白武（2005）通过对元阳县民族“直过区”的研究后发现，尽管目前“直过区”已经在形式上发生了变化，但客观上并没有足够的生产关系、政治制度转变基础，群众的思想意识中传统观念仍然有着很强的惯性作用，对生产力的发展产生了阻碍作用，这些地区减贫首先要实现人的跨越。

8. 边境地区。我国陆地边境线总长度约 2.2 万 km，边境人口超过 2000 万，135 个边境县（旗、市）中 107 个属于民族自治地方，有数个边境民族中在境外建立有民族国家或主体行政区。目前我国边境地区的经济发展比较复杂，水平参差不齐，部分地区更多地表现出经济非均衡特征（张照，2006）。一些观点认为，边境地区由于远离城市等政治经济文化中心，再加上人口分布较为分散，贫困形成机制中呈典型的机会贫困（刘磊磊等，2008）。而长期的历史因素堆积导致边境贫困地区的农牧地区非公有经济本身发展较为缓慢也是贫困的另一诱因（稳宜金等，2001）。由于许多民族跨境而居，经常成为民族分裂和宗教极端势力活动的范围，近年来少数境外分裂分子通过鼓动，使暴力、犯罪等非经济因素成为致贫新源头也逐渐被一些研究者所关注（倪邦贵，2002）。作为应对，除了在边境地区需要加大外部投入，搞好生产基础设施建设外，研究者普遍认为坚持民族平等和谐共处，更是减贫工作推进的基本前提。

（四）第Ⅱ类分类方法

第Ⅱ类分类方法更多地从地理因素上考虑。其将集中连片特殊困难地区分为民族地区、边境地区、革命老区与山区四个部分。

1. 民族地区。民族地区是指以少数民族人民为主聚集生活的地区。其中西部民族地区贫困问题较为严重。不同少数民族的具体条件禀赋之间有着巨大差异，因此其贫困机制及格局都非常复杂，部分村镇中“整村推进”扶贫模式对协调社会关系重视不够（王承江，2010），部分少数民族也缺乏现代商品经济观念（张莹，2004）。在自然资源禀赋缺乏民族区域实施移民开发可能是一种有效的模式（郎永涛，2001）。在对广西少数民族地区研究中发现，比较成功的开发模式都较好地遵循市场经济竞争机制（李甫春，2000）。目前民族地区的旅游扶贫是扶贫开发的研究焦点之一。

2. 边境地区。在边境类型贫困地区的划分上，两种分类方法没有实质性区别，可以参考前面部分。

3. 革命老区。革命老区既是为中国革命作出重大贡献的地区，往往也是经济欠发达地区，其在历史上就是经济发展水平较为落后的地区。而且革命老区中民族杂居地区、直过区、边境地区、人口较少民族地区占了很大比重，不稳定因素较多（王智，2010）。除此以外，自然灾害、耕地不足、疾病多发以及观念落后也是当前革命老区所面临的客观问题。有观点认为实施“振兴革命老区战略”应该从政府发挥主导作用和建立完善反贫困配套体系两个角度出发。而移民扶贫也是研究的重点之一。除了加强物质投入外，老区软环境的优化也很重要（石友金，1999）。开展贫困村互助资金试点和中央彩票公益金试点也是可以采纳的建议（吴晓俊，2010）。此外也有学者研究认为，红色旅游能够给革命老区带来很大的经济贡献，值得推广（黄细嘉等，2008）。

4. 山区。我国山区面积占全国国土总面积的69.1%，592个国家级贫困县中有84%位于山区，人口超过7亿，山区的广泛性也使得各地的致贫因素表现有着一定区别。从整体上讲，投资不足是最重要原因（李津燕，2006）。而且山区政府本位思想严重导致贫困山区各县之间联系很少，没有形成联合的规模效应，对产业化的认识也严重不足（刘东红，2004）。在对四川的20个山区贫困县进行数据研究时研究者还发现，当地人均GDP与农民人均纯收入相关性非常低，因此脱贫工作不能盲目地搞GDP崇拜（龙世华，2006）。此外，山区的搬迁式扶贫也面临着心理障碍、就业障碍和资金障碍的问题（王承江，2010）。还有观点认为，可以在县域循环经济发展路径指导下在山区推广村寨集中、资金集中、产业集中的“三集中”移民扶贫模式（徐孝勇等，2007）。

（五）灾区

2008年和2010年两次地震灾害后，大量的因灾返贫人口使得灾区进入了各方视野。我国自古自然灾害高发，贫困地区往往也是自然灾害多发区和重灾区，贫困群体在面对灾害发生时也表现出明显的脆弱性。目前关于灾区扶贫的相关研究较为零碎。根据实践经验，扶贫办的相关研究人员认为，与其他地区的扶贫工作相比，在灾区需要将防灾减灾、灾后重建与扶贫系统相结合，从宏观、中观及微观的层次全方位开展工作。

（六）总结

在实践中，集中连片特殊困难地区往往是同时具有多重特点，这更增添了减贫的复杂性，也使得针对性的扶贫工作更具有实用价值。因此，未来在集中连片特殊困难地区的扶贫开发工作不仅仅要关注特殊性致贫因素本身，也需要关注多个特殊性致贫因素的相互作用所产生的复杂机制，以具体问题具体分析为集中连片特殊困难地区问题的基本切入点，通过多维的立体扶贫手段真正地实现减贫。

参 考 文 献

除文中引用外，其他参考文献还包括：

［1］吴志强、李德华主编：《城市规划原理》，北京：中国建筑工业出版社，2010

［2］吴殿廷等编：《区域分析与规划教程》，北京：北京师范大学出版社，2008

［3］崔功豪、魏清泉、刘科伟编著：《区域分析与区域规划（第二版）》，北京：高等教育出版社，2010

［4］叶敬忠、刘燕丽、王伊欢编著：《参与式发展规划》，北京：社会科学文献出版社，2005

［5］谭纵波著：《城市规划》，北京：清华大学出版社，2005

［6］张文忠等著：《产业发展和规划的理论与实践》，北京：科学出版社，2009

［7］吴忠、黄承伟等编：《国际减贫理论与前沿问题》，中国农业出版社，2010

［8］黄承伟著：《中国农村反贫困的实践与思考》，北京：中国财政经济出版社，2004

［9］王国良、李小云编：《参与式扶贫教程》，北京：中国财政经济出版社，2003

［10］叶敬忠等编著：《农村发展研究》，北京：中国农业大学出版社，2002

［11］黄承伟著：《新阶段扶贫开发实践前沿》，北京：新华出版

社，2005

[12] 陈文晖、鲁静编著：《区域规划研究与案例分析》，北京：社会科学文献出版社，2010

[13] 杨培峰、甄峰、王兴平等编著：《区域研究与区域规划》，北京：中国建筑工业出版社，2011

[14] 刘永功主编：《参与式扶贫规划与项目管理》，北京：中国农业大学出版社，2007

[15] 刘明亮、谢炳庚、曾毅著：“市州级土地开发整理规划说明书编制技术探讨”，《乐山师范学院学报》，2003（7）

[16] 安虎森著：《空间经济学原理》，北京：经济科学出版社，2005

[17] 杨竹莘著：“区域经济差异理论的发展与演变评析”，《工业技术经济》，2009（8）

[18] 王雨林著：“转型期中国农村贫困问题研究——基于省际数据的分析”，浙江大学博士论文，2007

[19] 刘永功著：《参与式扶贫规划与项目管理》，北京：中国农业大学出版社，2007

[20] 高鸿宾著：《扶贫政策与规划》，北京：经济科学出版社，1997

[21] 高鸿宾、王为民、黄承伟著：《扶贫开发规划研究》，北京：中国财政经济出版社，2001

后　记

《中国农村扶贫开发纲要（2011～2020年）》（以下简称：新扶贫纲要）的颁布实施，标志着中国农村扶贫开发进入了新的阶段。新扶贫纲要明确，未来十年要把连片特困地区作为扶贫攻坚的主战场。连片特困地区的扶贫开发将对新扶贫纲要目标的实现起决定性作用。扶贫攻坚，规划先行。编制好连片特困地区扶贫规划，对于深入贯彻落实新扶贫纲要、有力有序有效推进连片特困地区扶贫开发，意义重大。为了帮助各级扶贫系统和有关部门参与连片特困地区扶贫开发编制人员迅速学习与掌握连片特困地区扶贫规划编制的理论、方法、内容，提高规划编制能力，全国贫困地区干部培训中心联合北京师范大学中国扶贫研究中心组织力量编写了本书。

在本书的编写过程中，得到了国务院扶贫办领导的高度关注和支持，得到了国务院扶贫办政策法规司、规划财务司和有关单位的指导。本书稿在新十年扶贫开发纲要西安（陕甘川）培训班、河北衡水（中部十省）培训班上试用，不少来自国家扶贫开发重点县的党政领导对书稿提出了不少宝贵的意见和建议。

与本书相关的研究，得到了德国国际发展机构驻华代表处和北京师范大学经济与资源管理研究院张琦教授承担的国家“985三期“科学发展观与经济可持续发展基地重点”项目——连片特殊困难地区扶贫战略研究”的支持。

全国贫困地区干部培训中心主任黄承伟博士设计了本书框架、指导各章节编写、审定全书，撰写了第一章、第三章和第七章。北京师范大学中国扶贫研究中心主任张琦教授在王昊博士协助下负责主持其他章节的撰写，范丽娜老师、金飞博士和李庆涛、罗拓、龚绍、艾瑞清、项思璐等硕士参加了编写或协助查找、整理了许多材料。国务院扶贫办王国良副主任对本书的修改提出了重要的指导意见。中国财政经济出版社的陆广德主任及其同事们为本书的顺利出版付出了极大努力。借此机会，谨向支持本书编著完成和顺利出版的单位和人员表示衷心感谢！

由于片区扶贫规划编制是一项新的工作，本书又是在较短时间内编著完成的，错漏在所难免，欢迎读者不吝指教。

编著者

2011 年 9 月